INHALT

Bernd
Stegemann

DIE ÖFFENTLICHKEIT UND IHRE FEINDE

Klett-Cotta

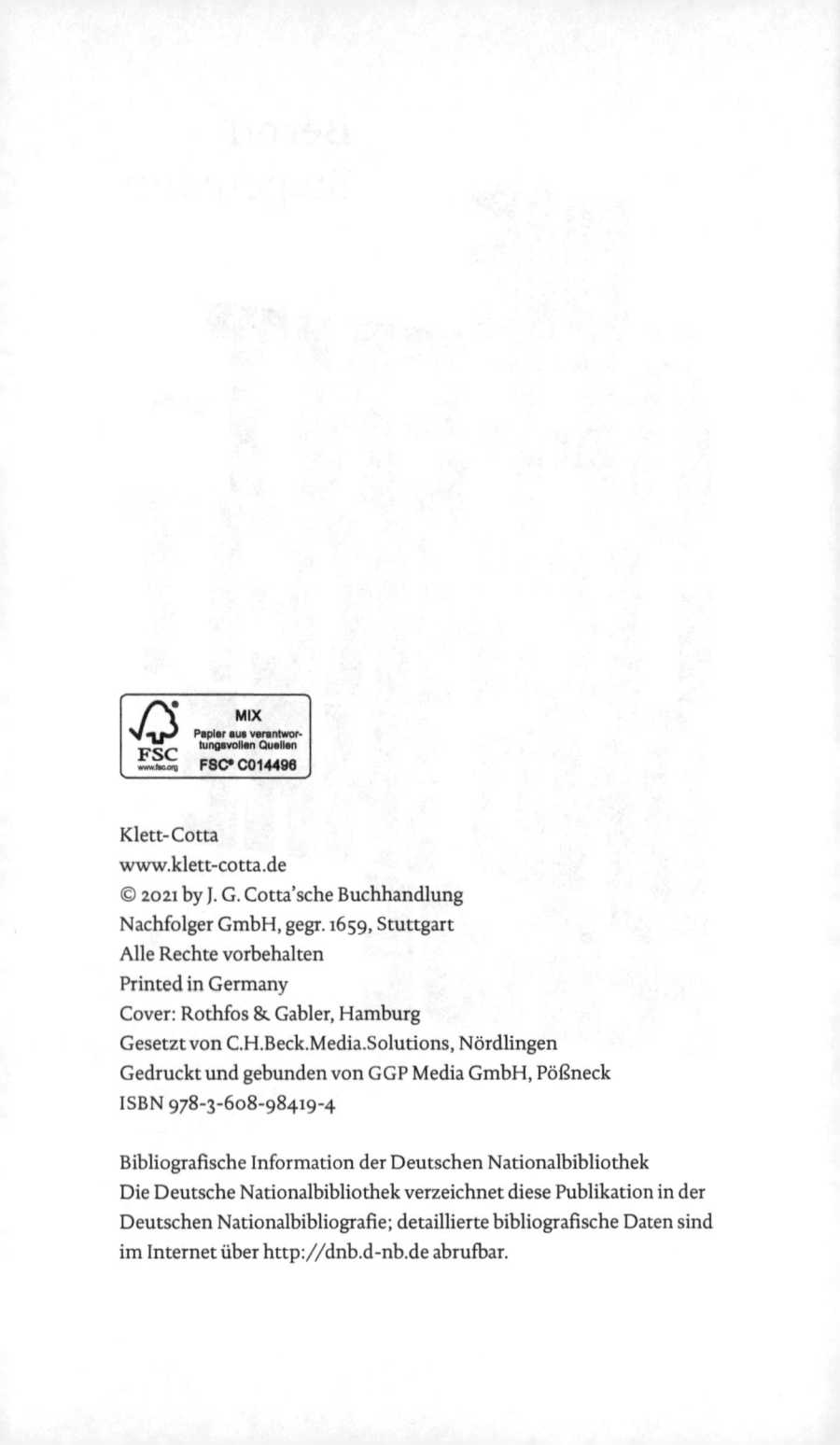

MIX
Papier aus verantwor-
tungsvollen Quellen
FSC
www.fsc.org   FSC® C014496

Klett-Cotta
www.klett-cotta.de
© 2021 by J. G. Cotta'sche Buchhandlung
Nachfolger GmbH, gegr. 1659, Stuttgart
Alle Rechte vorbehalten
Printed in Germany
Cover: Rothfos & Gabler, Hamburg
Gesetzt von C.H.Beck.Media.Solutions, Nördlingen
Gedruckt und gebunden von GGP Media GmbH, Pößneck
ISBN 978-3-608-98419-4

Bibliografische Information der Deutschen Nationalbibliothek
Die Deutsche Nationalbibliothek verzeichnet diese Publikation in der
Deutschen Nationalbibliografie; detaillierte bibliografische Daten sind
im Internet über http://dnb.d-nb.de abrufbar.

EINLEITUNG

Russische Troll-Armeen, chinesische Hacker, US-amerikanische Konzerne, sie alle bedrohen die liberale Öffentlichkeit, wie sie seit dem 18. Jahrhundert in Europa entstanden ist. Seit der Aufklärung entsteht Öffentlichkeit immer da, wo freie Meinungen sich versammeln, um über Themen zu sprechen, die alle angehen. Wenn hingegen Algorithmen, die vortäuschen echte Menschen zu sein, die Öffentlichkeit mit Stimmungsmache überschwemmen, und wenn Facebook, Google und Co. zielgenaue Beeinflussungen platzieren, die am Ende politische Wahlen entscheiden, so könnte man sie als Feinde der Öffentlichkeit identifizieren. Doch ist die Lage so eindeutig?

Der Strukturwandel der Öffentlichkeit schreitet durch die globale Vernetzung rasend schnell voran. Die beiden momentan auffälligsten Veränderungen sind die technische Möglichkeit, dass jeder Empfänger nun auch ein Sender sein kann. Wer immer sich bei Twitter, Facebook oder TikTok anmeldet, kann seine Stimme und sein Bild um die ganze Welt schicken. Die andere Veränderung betrifft die Unsicherheit, ob die vielen Botschaften überhaupt noch eine menschliche Ursache haben. Immer öfter mischen sich künstlich generierte Stimmen in die Debatten ein. Was das mit der Öffentlichkeit macht, erfahren wir täglich neu, und die Probleme für das individuelle Urteilsvermögen werden mit jedem neuen technischen Tool anspruchsvoller. Die jetzt schon für alle spürbaren Folgen bestehen darin, dass die Öffentlichkeit zu einem stark erhitzten Ort geworden ist. Würde man sie als eine Person beschreiben, so wäre man ungern in ihrer Nähe. Sie ist reizbar, versteht alles falsch, reagiert auf die leisesten Töne mit aggressiver Zurechtweisung, und sie stellt sich taub, wenn sie kritisiert werden soll. Die Öffentlichkeit ist ein unangenehmer Zeitgenosse geworden.[1]

Die Frage, die mich auf den folgenden Seiten beschäftigen wird, schließt an diese Beobachtung an. Spätestens seit der Weltfinanzkrise 2008 nimmt die Polarisierung der Gesellschaften in Europa und Nordamerika zu. Überall entstehen Parteien und Bewegungen, die mit dem Konzept der bürgerlichen Aufklärung hadern. Dabei sind die Proteste gegen den »liberalen Westen« nicht auf eine Weltanschauung festgelegt. Rechts-identitäre Verteidiger gegen eine Islamisierung Europas stehen neben den identitätspolitischen Kämpfern für Minderheitenrechte und den Verächtern kapitalistisch bürgerlicher Freiheiten. Ihnen allen ist gemein, dass sie dem System, so wie es ist, kritisch bis zur Ablehnung gegenüberstehen.

Mit den Klimaprotesten, die seit 2019 vor allem durch Greta Thunberg entstanden sind, kam ein wiederum neuer Ton in die erhitzte Öffentlichkeit. Viele Binnenkonflikte einer spätmodernen Industriegesellschaft erscheinen seitdem in einem anderen Licht. Die wachsende Ungleichheit, die unstillbare Gier und der permanente Veränderungsdruck, die das Kennzeichen unserer nervösen Gegenwart sind, bekommen eine andere Überschrift. Das Anthropozän als das neue Erdzeitalter des Menschen stiftet als Epochenbegriff eine neue Perspektive auf unsere Zeit. Das milliardenfache »Ich« der Menschen ist zum geologischen Faktor aufgestiegen, und ob wir wollen oder nicht, wir werden mit den Folgen unseres Handelns konfrontiert werden. Im Anthropozän wird immer sichtbarer, dass alles menschliche Streben und Planen auf einer Erde stattfindet, die eigene Gesetze und Grenzen hat.

Die Art, wie diese neue Perspektive in der erhitzten Öffentlichkeit aufgenommen wird, und die politischen Entscheidungen, zu denen sie führt, werden die Entwicklung unserer Gesellschaft bestimmen. Bleiben wir gefangen im Wachstumsprimat einer konsumgetriebenen Wirtschaft und diskutieren wir die Widersprüche unserer Zeit weiterhin im Modus überhitzter Debatten? Oder schaffen wir es, die Dimension des Anthropozäns öffentlich sichtbar zu machen, so dass alle anfangen, ihr Leben daraufhin zu befragen? Der Kern dieser Frage lautet also: Ist die überhitzte Öffentlichkeit in der Lage, das Anthropozän angemessen zu begreifen? Die Beantwortung dieser Frage hat weitreichende Konsequenzen. Ohne Öffentlichkeit sind keine demokratischen Veränderungen möglich. Es braucht den vorpolitischen, öffentlichen Raum, in dem Werte und Meinungen durch wechselseitige Begegnungen gebildet werden, um zu demokratischen Entscheidungen zu kommen. Vor allem wenn es um Entwicklungen geht, die den Horizont des aktuell Denkbaren überschreiten, ist eine breite und ergebnisoffene Verständigung notwendig. Denn erst wenn ausreichend viele Menschen ihre Meinung bilden konnten, sind Entscheidungen, die den bisher gültigen Rahmen in Frage stellen, überhaupt möglich.

Dass der Status quo unseres Lebens angesichts des Anthropozäns kategorisch verändert werden muss, mag inzwischen einigen Wenigen bewusst sein. Die Dimension dieser

Veränderungen spiegelt sich jedoch in keiner Weise in den Räumen wider, die die Öffentlichkeit diesen Debatten gibt. Und damit ist weniger die Quantität der Aufmerksamkeit gemeint[2] als vielmehr die Art der Kommunikation. Die öffentliche Kommunikation des Anthropozäns verläuft in den Debattenmustern des Holozäns. Dass mit alten Werkzeugen neue Probleme nicht zu bearbeiten sind, ist zwar bekannt, und niemand würde mit einem Schraubenschlüssel einen Softwarefehler im Handy beheben wollen, doch für das Anthropozän stehen die Konsequenzen dieser Erkenntnis noch aus. Es wird noch immer über die Erde gesprochen als wäre sie eine komplizierte Maschine, die im Störungsfall repariert werden kann. Und es wird versucht, Änderungen im Umgang mit dieser Maschine durch Proteste herbeizuführen, die genau so vor Werkstoren im 19. Jahrhundert hätten stattfinden können, oder die so wütend schreien, als wollten sie mit einer viralen Kampagne politisch unkorrekte Meinungen canceln.

Die spätmoderne Öffentlichkeit ist angesichts der Komplexität des Anthropozäns in einem denkbar schlechten Zustand. Doch wie lassen sich die Denkblockaden in der eigenen Gegenwart auflösen? Das erste Hindernis besteht bereits darin, dass die aktuellen Katastrophen nicht daraufhin unterschieden werden können, ob sie Vorboten einer größeren Veränderung sind, oder ob sie zu den normalen Zufällen des Lebens gehören. Es ist schlicht unmöglich, ein Ereignis in der Gegenwart im Hinblick auf alle seine zukünftigen Folgen zu begreifen. Und ebenso schwierig ist es, die wegweisenden von den nebensächlichen Ereignissen zu unterscheiden. Ist das Corona-Virus, das im Jahr 2020 in wenigen Wochen alle Länder der Welt erreicht hat, ein weiterer Vorbote des Anthropozäns, oder gehört es zu den immer wieder auftretenden Seuchen, denen die Menschheit seit jeher ausgeliefert war? Wird man Corona in einigen Jahrzehnten als Anfang vom Ende der globalen Zivilisation bewerten, so wie wir heute die Pest als einen Sargnagel des römischen Imperiums erkennen können? Eine solche Frage ist nicht zu beantworten.

Vielleicht besteht die Antwort auch nicht in einem einfachen Ja oder Nein, sondern in einer sehr viel komplizierteren Beobachtung. Denn eine mögliche Antwort kann lauten, dass das Corona-Virus beides zugleich ist. Es ist eine weitere Seuche, die sich in eine lange Geschichte von ansteckenden Krankheiten einreiht. Und es ist mehr als das, da die Reaktionen der Menschen und Gesellschaften auf diese Seuche neu sind. Das engmaschige Netz biopolitischer Regierungen wird im Seuchenfall sichtbar und führt zu weniger Ansteckungen und Toten. Zugleich wird das Netz der Regeln und Kontrollen selbst öffentlich sichtbar, wodurch die zahlreichen Bruchlinien in den spätmodernen Industriegesellschaften hervortreten. Zwei auf den ersten Blick gegenläufige Erkenntnisse können so gewonnen werden. Der Durchgriff eines biopolitischen Staates auf seine Bevölkerung ist gewaltig und rettet Leben, und zugleich sind die Lebensverhältnisse in der Bevölkerung extrem ungleich. Die Spaltung in das abgehängte untere Drittel, eine zunehmend orientierungslose Mittelschicht und eine kleine Oberklasse wird im unterschiedlichen Ansteckungsrisiko und den Reaktionen auf die Seuchenschutzmassnahmen sichtbar. Doch nicht nur die Widersprüche innerhalb der Gesellschaft treten durch Krisen hervor, auch die Entwicklung von Gesellschaften wird durch die Probleme, mit denen sie konfrontiert werden, angeregt. Die Richtung, die sie dabei einschlagen, hängt hingegen weniger von dem Problem selbst ab als vielmehr von den Reaktionsmöglichkeiten der Gesellschaft.

Die soziologische Theorie, die sich am hartnäckigsten der Erforschung dieser komplexen Verhältnisse gewidmet hat, ist die Systemtheorie.[3] Ihre Ausgangsbeobachtung besteht darin, dass Systeme nur mit der ihr eigenen Logik auf Probleme reagieren können. Diese Beobachtung geht auf die kybernetische Revolution in der Biologie zurück.[4] Hier wurde zur Mitte des 20. Jahrhunderts zum ersten Mal verstanden, warum lebendige Organismen nur dann existieren können, wenn sie eine Grenze zwischen Innen und Außen erzeugen. Diese Grenze ist ein durchlässiger Schutz, der kontrolliert, welche Stoffe in das Innere einer Zelle gelangen können und welche nicht. Im Inneren entsteht so ein System mit eigenen Gesetzen, das mit seiner Umwelt durch eine Membran verbunden ist. Die Differenz zwischen der Zelle und ihrer Umwelt ist die Leistung des Lebens, durch die eine Ordnung im Inneren möglich wird, aus der die Evolution und weitere Ausdifferenzierungen folgen.

Der Clou dieser Beobachtung besteht darin, dass die Zelle durch ihre Zellwand überhaupt erst eine Umwelt für sich hergestellt hat. Nachdem zwei getrennte, aber verbundene Bereiche entstanden sind, existiert die Umwelt für die Zelle nur noch durch die Kriterien, die die Zelle selbst festlegt. Für eine Zelle, die salzhaltiges Wasser braucht, besteht die Umwelt vor allem aus der Frage, wieviel Salz darin vorkommt. Für die meisten anderen Eigenschaften ist sie blind. Zugleich kann die Zelle auf ihre Umwelt nur noch mit den ihr eigenen Möglichkeiten reagieren. Sie hat also zwei Grenzen: die reale ihrer Zellmembran und die systemische ihrer Reaktionsmöglichkeiten. Kommt es zu einer Umweltveränderung, die ihre Systemgrenzen übersteigt, zerfällt ihre innere Ordnung und es bleibt ihr nur der Tod. Die Grenze, durch die sie selbst entsteht, ist darum ein evolutionärer Gewinn und zugleich die Grenze ihres Lebens. Da ihre Wahrnehmung der Umwelt immer nur in einem kleinen Ausschnitt besteht und viele Gefahren darum unsichtbar bleiben, bedeutet jede Zunahme an innerer Komplexität auch eine komplexere Umweltwahrnehmung, die das Überleben sicherer macht.

Die Systemtheorie überträgt diese Beobachtung auf die Funktion von sozialen Systemen. Ihre Ausgangsthese besteht darin, dass sich in der biologischen wie der sozialen Welt Systeme dadurch bilden, dass sie Grenzen ziehen und mit Hilfe dieser Grenzen ihr Inneres ausdifferenzieren können. Die Art der Grenzziehung befähigt die Systeme, mit ihrer dadurch konstruierten Umwelt kommunizieren zu können. Beobachtet man mit dieser Methode die Gesellschaft als soziale Systeme, so sind die Erkenntnisse weitreichend. Als erstes fällt auf, dass kein System alleine existieren kann, sondern alle durch die Art ihrer Grenzziehung in der ihnen eigenen Logik mit ihrer Umwelt verbunden sind.

Die Gesellschaft besteht aus zahlreichen einzelnen Systemen, und die gesellschaftliche Evolution beruht darauf, welche dieser Systeme es schaffen, eine eigene Geschichte zu schreiben. Zugleich existieren die Systeme nicht für sich selbst, sondern sie erfüllen eine Funktion für andere Systeme. Zu den erfolgreichsten sozialen Systemen der Neuzeit gehört z. B. die Wirtschaft. Ihre Eigenlogik besteht darin, alle Handlungen mit der Unterscheidung von Zahlung oder Nichtzahlung zu vereinfachen. Ihre Funktion besteht darin, den Handel von Waren zu organisieren. Ein anderes erfolgreiches System ist die Wissenschaft. Ihre Leitdifferenz besteht darin, wahre von falschen Aussagen zu unterscheiden. Die wissenschaftlich wahren Aussagen grenzen sich von den wahren Aussagen der Religion ebenso ab wie von den Zahlungen in der Ökonomie. Die wissenschaftliche Wahrheit kann man nicht kaufen, und sie ist auch keine Frage des Glaubens.[5] Umgekehrt hat die wissenschaftliche Wahrheit keinen Einfluss darauf, ob jemand bezahlt oder nicht, und ebenso wenig lässt sich die Glaubenswahrheit von ihr vorschreiben, was sie für wahr zu halten hat.

Der evolutionäre Gewinn für Gesellschaften, die es schaffen, möglichst viele solcher autonomen Systeme nebeneinander arbeiten zu lassen, ist groß. Denn die Systeme können nicht nur ihre eigene Funktion immer weiter entwickeln, sondern sie dienen einander als Korrektiv. Da kein System mehr ein Durchgriffsrecht auf alle anderen Systeme hat, sind sie dazu gezwungen, sich gegenseitig zu akzeptieren. Die einzige Möglichkeit der Einflussnahme besteht im Medium der Kommunikation. Aus diesem Grund ist für die Systemtheorie die Kommunikation die zentrale Operation, an der ausdifferenzierte Gesellschaften beobachtet werden können. Die Kommunikation ist das einzige Mittel, mit dem Systeme ihren Grenzverkehr organisieren können. Folgt man dieser soziologischen Beschreibung, so stellt sich die Frage, wie eine solche Gesellschaft überhaupt noch als Ganzes zu organisieren ist und zu Entscheidungen kommt.

Die Macht- und Entscheidungsfrage, die für andere Theorien von überragender Bedeutung ist, wird von der Systemtheorie entdämonisiert und zu eine Operation innerhalb der Systeme erklärt. Macht ist eine von vielen Methoden, mit denen Komplexität reduziert werden kann.[6] Wer Macht hat, kann erwarten, dass seine Entscheidung übernommen wird, weil er sie auch erzwingen könnte. Braucht er dafür jedoch Gewalt, erweist sich, dass seine Macht nicht ausgereicht hat und er zu einem weiteren drastischen Mittel der Reduktion von Freiheit greifen musste. Macht ist also keine eigene Instanz und vor allem kein einzelner Mensch, sondern eine Funktion, die in allen Systemen anzutreffen ist. Die Kritik von Macht muss darum immer reflektieren, welche Funktion die Macht gerade ausübt. Eine einfache Feststellung, dass hier Macht im Spiel ist, reicht für die Systemtheorie ebenso wenig als Kritik aus wie die generelle Ablehnung von Machtstrukturen. Denn alle Systeme brauchen, um überhaupt funktionieren zu können, Grenzen und Methoden, mit denen Komplexität reduziert wird, um zu Unterscheidungen zu kommen.

So sehr sich die Systemtheorie von voreiligen kritischen Diskursen fernhält, ist sie doch nicht naiv in der Beobachtung von Gesellschaft. Ihre besondere Aufmerksamkeit richtet sie darum gerade auf die Systeme, die sich mit der Infragestellung der Systemgrenzen befassen. Hierzu gehören die Religion, die Kunst und die politische Öffentlichkeit. Alle drei Systeme nehmen schon aus ihrer Tradition heraus für sich in Anspruch, dass sie mehr sind als nur eine weitere Wahrheit. Die Religion hat über Jahrtausende die einzige Wahrheit verkündet. Ihr Wissen über den Umgang mit den Fragen der Transzendenz ist groß und vielfältig, darum kann von ihr bis heute vieles über den Umgang mit dem Unbekannten gelernt werden. Die Kunst wurde immer als die Ausnahme von der Normalität begriffen. In der Kunst kann es um alles gehen, da es ohne direkte Konsequenzen für die Realität bleibt. Die Freiheit der Kunst besteht darin, dass sie alle anderen Systeme in Frage stellen darf, ohne dafür nach den Maßstäben der anderen Systeme beurteilt zu werden. Dass in der Spätmoderne die Kunst immer öfter nach moralischen Kriterien bewertet wird, ist von daher erstaunlich und bedenklich zugleich. Die politische Öffentlichkeit schließlich stellt eine besondere Herausforderung für die Systemtheorie da. Denn in ihr treffen alle Systeme durch Kommunikation aufeinander. Religion, Wissenschaft, Wirtschaft, Kunst und alle weiteren Systeme äußern sich öffentlich und reagieren öffentlich aufeinander. Die Öffentlichkeit ist nach einer aphoristischen Zuspitzung von Niklas Luhmann darum der »heilige Geist« der Systeme.[7]

Die Politik hat als eigenes System die Funktion, aus diesem Stimmengewirr immer wieder einzelne Themen herauszugreifen und in eine Form zu bringen, über die eine Abstimmung möglich wird. Die Funktion der Politik besteht also darin, in einer ausdifferenzierten Gesellschaft Entscheidungen herbeizuführen, die dann kollektiv gültig sind. Ein zentrales Mittel, um diese Entscheidungen herbeizuführen, ist die Öffentlichkeit. In ihr werden die Themen sichtbar, die die jeweiligen Systeme umtreiben, und zugleich können die Widersprüche zwischen den verschiedenen Interessen ausgetragen werden. In der Öffentlichkeit selbst werden keine Entscheidungen getroffen. Sie ist aber der wichtigste Ort, um Entscheidungen vorzubereiten, die, nachdem sie getroffen worden sind, wieder öffentlich sichtbar gemacht werden müssen, damit sie akzeptiert werden und kollektive Gültigkeit erlangen.

Je weiter sich die Systeme ausdifferenzieren, desto wichtiger wird die Öffentlichkeit als letzter gemeinsamer Ort, an dem das verhandelt werden kann, was alle betrifft. Und zugleich ist diese Funktion immer schwerer zu erfüllen, je weiter sich die jeweiligen Systemlogiken voneinander entfernen. Im Anthropozän haben z. B. die Naturwissenschaftler immer größere Probleme, ihre Wahrheiten so zu kommunizieren, dass sie von anderen Systemen verstanden werden können. Zu diesen Schwierigkeiten kommt noch eine Veränderung der politischen Kommunikation. Was gegenwärtig unter den Schlagworten von Populismus und Identitätspolitik läuft, meint einen Politikstil, bei dem es nicht mehr um die Anschlussfähigkeit zwischen verschiedenen Systemen und Interessen geht. Wer Populismus oder Identitätspolitik betreibt, spricht vor allem zu seinen eigenen Anhängern und verstößt alle anderen ins Gebiet der Feinde. Eine solche Methode erhitzt die Widersprüche, um die eigenen Anhänger zusammenzuschweißen. Vordergründig werden dadurch die überkomplexen Probleme der Spätmoderne wieder politisch verhandelbar gemacht. Doch die Folgen von Identitätspolitik und Populismus bestehen vor allem darin, die Gesellschaft in unversöhnliche Communities zu spalten. Statt funktional ausdifferenzierter Systeme, die aufeinander abgestimmt operieren, stehen sich verfeindete Lager gegenüber, die die Komplexität auf eine einfache Freund/Feind-Unterscheidung reduzieren. Der Preis, der dafür bezahlt wird, sich durch diese Art der Reduktion von Komplexität Gehör zu verschaffen, ist sehr hoch, und er führt zu immer rabiateren Kollateralschäden. Denn die einfachen Lösungen der Populisten und Identitätspolitiker unterfliegen die anspruchsvollen Probleme des Anthropozäns so kategorisch, dass diese nicht einmal mehr als Problem gesehen werden können.

Die Systemtheorie schult die Beobachtungsfähigkeit, um die Reduktion von Komplexität danach zu beurteilen, was sie in der Realität anrichtet. Will man die Ursachen der Spaltungen innerhalb der Gesellschaft und die zwischen Erde und Mensch besser verstehen, fallen in der spätmodernen Öffentlichkeit besonders die populistischen und identitätspolitischen Reduktionen in besorgniserregender Weise auf. Die Systemtheorie verfügt über eine ungleich komplexere

Art der Komplexitätsreduktion, da sie die sozialen Systeme ebenso wie die natürliche Umwelt als kybernetische Zusammenhänge beobachtet. Die Pointe an dieser Theorieentwicklung ist, dass sie der gesellschaftlichen Entwicklung der Gegenwart entspricht. Erst in modernen Gesellschaften haben sich die sozialen Systeme so weit ausdifferenziert, dass sie voneinander unabhängig funktionieren. Man könnte diese Ausdifferenzierung und die damit einhergehende Vermeidung einer zentralen Machtposition sogar als wichtigstes Kennzeichen moderner Gesellschaften bewerten. Die Systemtheorie konnte sich also erst in der Moderne entwickeln und zugleich ist sie die Theorie, mit der die Moderne realitätsnah reformuliert werden kann.

Zeitgleich mit der Systemtheorie haben sich die postmodernen Theorien als philosophischer Versuch entwickelt, die Gegenwart seit den 1970er Jahren zu beschreiben. Sie haben das Phänomen einer Gesellschaft, die nicht mehr aus einem Punkt heraus zu erklären ist, ebenfalls bemerkt, ihre Schlussfolgerungen sind jedoch völlig entgegengesetzt zur Systemtheorie. Der entscheidende Unterschied besteht darin, dass die postmodernen Theorien die Ausdifferenzierung als einen Zerfall beschreiben, der zu einem weltanschaulichen Wert erklärt wird. Von ihnen wird also nicht nur beschrieben, dass die Systeme unabhängig voneinander existieren, sondern es wird vorgeschrieben, dass es keine Zusammenhänge mehr zwischen ihnen geben darf. In den postmodernen Theorien wird die neue Weltanschauung des neoliberalen Kapitalismus, der die Gesellschaft als atomisiertes Chaos individueller Interessen sieht, philosophisch geadelt.

Die Systemtheorie folgt hingegen auch hier dem ökologischen Denken. Dass die jeweiligen Systeme ihre Funktion verbessern können, liegt daran, dass sie zwar eine eigene Innenwelt hervorbringen, zugleich aber bleiben sie mit den anderen Systemen verbunden. Als alleinstehende Systeme hätten weder Wirtschaft, noch Religion, Kunst oder Wissenschaft eine Funktion. Sie brauchen einander als Umwelt, von der Irritationen ausgehen, wechselseitige Kritik erfolgt und das Material für zukünftige Aufgaben erwächst. So wie der Mensch nicht nur vom Brot allein lebt, so brauchen Systeme eine Umwelt und deren Probleme. Wären sie sich selbst überlassen, wären sie tot. Es geht also gerade um den lebendigen Zusammenhang von gegeneinander differenzierten Systemen. Und der jeweilige Wissensstand in den Systemen ist nur so relevant, wie er an seine Umwelt anschlussfähig bleibt.

Die Systemtheorie versucht moderne Gesellschaften nicht nur auf der Höhe ihrer Komplexität zu beobachten, sondern sie ist zugleich aufgrund ihrer Theoriegeschichte eine ökologische Art des Denkens. Gesellschaften werden von ihr wie die biologische Umwelt als unplanbares Zusammenwirken verschiedener Akteure begriffen.[8] Jede Handlung erfolgt in einer Umwelt, die durch zahlreiche Widersprüche, Regeln und Funktionen bestimmt ist. In den Systemen haben sich wie in den einzelnen Organismen Funktionen zusammengebunden und daraus eine eigene Existenzweise gemacht. Die Systemtheorie schaut darum auf die sozialen Systeme mit der gleichen sorgenden ökologischen Perspektive wie auf die biologische Umwelt. Beide Systeme sind hochkomplex, haben eine lange Vorgeschichte und sind bemüht, ihr eigenes Fortbestehen zu sichern. Und in beiden Systemen kann es zu Fehlentwicklungen kommen, die zum Zusammenbruch der ökologischen Ordnung führen können. Ein solches ökologisches Denken praktiziert damit gerade nicht die politisch verhängnisvolle Art einer Naturalisierung von Gesellschaft, sondern es schaut in die genau andere Richtung. Es betrachtet menschliches Handeln und biologisches Leben als gleichermaßen ökologische Systeme.

Die Gefahren für das Erdsystem werden im Anthropozän erst langsam bewusst. Die zahlreichen Blockaden in sozialen Systemen sind hingegen in den Geschichtsbüchern beschrieben. Fehlentscheidungen, Blindheit gegenüber kommenden Gefahren, menschliche Hybris oder das Festhalten an falschen Traditionen gehören zu den verhängnisvollen Handlungen, die Gesellschaften kollabieren lassen. Dass die Gründe für den Zusammenbruch von der jeweiligen Gegenwart fast nie rechtzeitig zu erkennen sind, gehört zu den grundlegenden Bedingungen des Lebens. Soziale Systeme wie Organismen operieren zukunftsblind. Sie schreiten mit dem Rücken zur Zukunft voran und können immer nur die gerade vergangene Gegenwart erkennen. Der Mensch hat in diese Blindheit die neue Eigenschaft einer Vorausschau und Planung hineingebracht. Diese geistige Fähigkeit ermöglicht die Organisation von Handlungen, die weit über die Gegenwart hinausreichen. Die Pyramiden und Kathedralen hätten ohne eine solche geistige Kraft ebenso wenig erbaut werden können, wie die Methoden der Wissenschaften hätten erfunden oder die Ökonomie eines globalen Kapitalismus sich hätte durchsetzen können.

Im Anthropozän treffen alle diese Entwicklungen aufeinander. Um den Komplex aus geistiger Verfassung, sozialen Systemen und ökologischen Zusammenhängen zu begreifen, wird es große kollektive Anstrengungen brauchen. Ob die Zeit reicht, in der die Menschen die sich verändernde Ökologie noch zu ihren Gunsten beeinflussen können, ist

unbekannt. Dass wir nicht mehr allzu lange mit unserer Lebensweise fortfahren dürfen, zeichnet sich jedoch immer
deutlicher ab. Insofern ist es tragisch, dass die freien Gesellschaften der Spätmoderne in einer verhängnisvollen Art
blockiert sind. Die Blockade besteht darin, dass die öffentliche Kommunikation immer weniger in der Lage ist, die
Zusammenhänge und Ursachen des Handelns reflektieren
zu können. Sowohl die globalen Vernetzungen als auch die
individuellen Widersprüche überfordern die öffentliche
Kommunikation. Die einen sind überfordert, weil diese As-
pekte zu chaotisch und komplex erscheinen, und die anderen, weil das spätmoderne Subjekt sich selbst immer
unerklärlicher wird und zugleich immer radikaler seine Bedürfnisse durchsetzen will. Die realen Verhältnisse spitzen
sich zu und setzen ihre öffentliche Beobachtung unter einen
wachsenden Stress. Und wie alle Systeme, deren Stress die
innere Resilienz übersteigt, gerät auch die Öffentlichkeit in
ein dysfunktionales Verhalten, bei dem komplexe Probleme
durch eine einseitige Perspektive falsch reduziert werden.
Eine der negativen Folgen besteht darin, dass auch die An-
schlusskommunikation auf die falsche Reduktion reagiert,
was zu den aggressiven aber realitätsfernen Konflikten unserer Zeit führt. Die verhängnisvolle Konsequenz besteht
darin, dass die Ideologie, die die Krisen des Anthropozäns
immer weiter verschärft, im Chaos nicht mehr greifbar ist.

Im Zentrum der dysfunktionalen Öffentlichkeit befindet
sich eine Blindheit gegenüber den Ursachen, die die Blockaden hervorgebracht haben. Denn das Besondere der neoliberalen Ideologie besteht darin, dass sie es geschafft hat, für
niemanden mehr als Ideologie zu erscheinen. Sie erscheint
als Natur und ist darum alternativlos gültig. Die beste Verteidigung von Herrschaft besteht seit jeher darin, sich als

Ziel möglicher Angriffe unsichtbar zu machen. Wenn niemand mehr bemerkt, dass er einer Ideologie folgt, gibt es niemanden mehr, der dagegen rebellieren könnte. So wie die Ausdifferenzierung der sozialen Systeme das Kennzeichen der Moderne war, so ist diese selbstreflexive und paradoxe Wendung das Kennzeichen der Spätmoderne. Sie zu erkennen, ist die Voraussetzung dafür, ihre Macht zu kritisieren, und das wäre die Voraussetzung dafür, die Blockaden angesichts des Anthropozäns zu überwinden.

Die Krise der Spätmoderne besteht also in einer doppelten Problemlage. Zum einen wächst das Misstrauen gegenüber den Methoden einer komplexen Gesellschaft. Die politischen Rufe nach einfachen Lösungen, die schnelle und radikale Änderungen versprechen, werden immer lauter. Und zum anderen findet dieses soziale Ringen zwischen den Menschen nicht mehr im Nirgendwo statt, sondern es tritt immer deutlicher hervor, dass wir alle auf einer Erde leben. Und diese Erde ist nicht mehr in der Lage, die Kämpfe der Menschen um ein gutes Leben zu ertragen. Zum einen verzweifeln immer mehr Menschen an der Komplexität ihrer sozialen Verhältnisse, und zugleich braucht es sehr viel mehr Komplexitätstauglichkeit, um unser Verhältnis zur Erde nicht mehr als eines von Ausbeutung zu praktizieren, sondern ökologisch zu denken.

Die Industriegesellschaften sind überaus erfolgreich, die Erde für unseren Konsum zu zerstören, doch zugleich verhindert die geistige Einstellung, die für den ökonomischen Erfolg notwendig ist, jedes ökologische Umdenken. Dieser verhängnisvolle Zusammenhang tritt tragischerweise in einem historischen Moment auf, wo die Öffentlichkeit komplexitätsmüde ist. Die Abwehr von Ambivalenzen und Widersprüchen entspricht dem Effizienzgebot, alles abzulehnen, was das schnelle, nützliche Verständnis übersteigt. Zugleich nehmen die Ambivalenzen stetig zu und erzeugen den Stress, sich in einer unübersichtlichen Welt zurechtfinden zu müssen. Die einfachen Lösungen versprechen einen Ausweg aus der Überforderung. Doch die Widersprüche sind dadurch nicht gelöst, sondern sie türmen sich weiter bedrohlich auf. Das stählerne Gehäuse der Rationalität, das die geistige Heimat der Moderne war, ächzt gewaltig unter der Last der ungelösten und unlösbar scheinenden Probleme. Die einfache Lösung, die wie eine zurückgewonnene Souveränität wirkt, ist in Wahrheit das Eingeständnis, den Problemen nicht mehr gewachsen zu sein.[9]

Die Komplexitätsmüdigkeit hat ihre Ursachen aber nicht nur in den Stress-Faktoren der allgemeinen Entgrenzung, sondern auch in der abgebrochenen Tradition eines lebendigen Umgangs mit der Transzendenz. Mit Transzendenz wurden einst alle die Phänomene beschrieben, die in den Jahrtausenden zuvor das Denken mit einer unerklärlichen Aufgabe provoziert haben. Transzendenztauglichkeit meint nichts anderes als eine besondere Komplexitätstauglichkeit. Die Spätmoderne setzt die Gesellschaften und Menschen unter Stress, in dem sich zeigt, dass sie transzendenzuntauglich und leichtgläubig zugleich sind.

Diese Kombination ist gefährlich: Das Haus brennt ab[10] und seine Bewohner verlieren die Nerven, weil sie die Jahre zuvor mit Nachbarschaftskrächen verbracht haben. Statt zu löschen, schreien sie sich weiter an. Ist es einmal so weit, kommt jeder Rat zu spät. Bliebe uns aber noch ein Tag bis zum Brand, so wäre es jetzt an der Zeit, unser Leben zu verändern. Und sei es nur, damit wir den drohenden Katastrophen nicht weit unter unseren geistigen Möglichkeiten begegnen. Die Feinde der Öffentlichkeit sind also nicht immer so fern wie ein russischer Troll oder ein Tech-Riese aus den USA. Sie sitzen in uns allen, wenn wir unser herrisches Ich in die Arena führen, oder wenn wir mit lustvollem Schaudern den trotzigen Kämpfen der anderen zuschauen.

1.
DIE ÖFFENT-
LICHKEIT UND
IHRE WIDER-
SPRÜCHE

»Niemand kann für sich
allein autonom sein.«
Jürgen Habermas[11]

BINDUNG UND FREIHEIT

Wir alle bewegen uns in der Öffentlichkeit. Wir informieren uns, lassen uns auf neue Ideen bringen, ärgern uns, sind gelangweilt oder regen uns schrecklich auf. Die Öffentlichkeit ist der zentrale Ort unserer Gesellschaft, auch wenn niemand genau zu bestimmen weiß, wo er sich befindet. Öffentlichkeit steckt als Smartphone in jeder Hosentasche und sie steht als Gebäude in unseren Städten. Der Bildschirm verheißt uns virtuellen Zugang zur ganzen Welt, während Parlamente, Theater, Marktplätze und Schulen zu Stein geronnene Formen von Öffentlichkeit sind. In beiden Arten von Öffentlichkeit spielt sich unser Leben ab, und nicht selten droht die Orientierung dabei verloren zu gehen.

Schon als kleine Kinder werden wir in den Kindergarten gebracht, um dort die ersten grundlegenden Unterscheidungen unserer Gesellschaft zu erlernen: Es gibt die Regeln der Familie und es gibt die Regeln der Anderen, die öffentlichen Regeln. Im Kaufhaus lernen wir, dass uns nicht alles gehört, was uns interessiert, im Straßenverkehr müssen wir die roten Ampeln beachten, und in der Schule müssen wir lernen, unsere Interessen nach dem Stundentakt des Lehrplans zu richten. In all den Lebensbezügen vom Marktplatz bis zum Arbeitsplatz formen die sozialen Kontakte unseren

Charakter, und umgekehrt drückt sich unsere Persönlichkeit in unserer Kommunikation aus, bei der wir gelernt haben, zwischen öffentlich und privat zu unterscheiden.

Wir hängen an zahllosen Fäden, von denen uns jedoch nicht alle bewusst sind und nur die wenigsten von uns selbst beeinflusst werden können. Was uns als Freiheit erscheint, zerfällt in dem Moment zu einer Täuschung, wo uns das Chaos von Abhängigkeiten klar wird. Die erste Schulstunde beginnt am frühen Morgen, und der Arbeitstag dauert für die meisten Menschen acht Stunden. Wer daran etwas ändern will, braucht einen langen Atem, und der Erfolg ist mehr als ungewiss. Was wir als Freiheit erleben, ist nur eine kleine Insel in einem Meer von Regeln. Es gehört zu den Eigenarten des menschlichen Bewusstseins, dass es sich auf wenige Punkte zu konzentrieren vermag und so das Netz der Abhängigkeiten ausblenden kann. Und umgekehrt wäre unser Überleben gefährdet, wenn wir nicht durch unzählige Regeln mit unseren Mitmenschen verbunden wären. Solidarität und Entfremdung, Freiheit und Abhängigkeiten stehen in einem permanenten Wechselspiel. Wie ernst dieses Spiel verläuft und was für ein Leben es ermöglicht, darüber wird in der Öffentlichkeit gestritten.

Die neuzeitliche Gesellschaft zeichnet sich nicht nur dadurch aus, dass sie die Komplexität der Regeln immer weiter erhöht, sondern ihr Kennzeichen besteht vor allem darin, dass sie die Realität in zwei unterschiedlichen Fassungen kennt. Es gibt die reale Situation, in der man sich befindet, und es gibt die gedankliche Reformulierung dieser Situation. Es gibt die Schulstunde, die von Lehrern wie Schülern erlebt wird, und es gibt ein Nachdenken über diese Stunde selbst. In diesem Nachdenken öffnet sich der Raum für unendlich viele Fragen: Was muss in dieser Stunde gelernt werden, wie soll es gelehrt werden, ist der Stoff zeitgemäß, gehört die Institution der Schule verändert, reformiert oder gar abgeschafft, wie ist das Verhältnis von Lehrenden zu Lernenden, und wie ist das Verhältnis der Schule zur Arbeitswelt, zur Religion, zur Wissenschaft usw.? Der treibende Gedanke unserer Kultur besteht darin, dass wir leben und zugleich über das Leben nachdenken, dass wir Handeln und zugleich die Prämissen des Handelns reflektieren, dass wir etwas Neues planen und zugleich die Frage nach dem Wesen des Neuen und seiner Planbarkeit stellen können. Was in früheren Kulturen das seltene Privileg der Philosophie und der Religion war, ist zur alltäglichen Praxis geworden. An der Entwicklung dieser Fähigkeit zur Selbstreflexion hat die Öffentlichkeit einen großen Anteil.

Das Kennzeichen moderner Gesellschaften ist die stetig wachsende Beschleunigung, mit der die wissenschaftliche Forschung voranschreitet und technische Erfindungen ermöglicht. Von der Entdeckung der Elektrizität durch die Elektrisiermaschine im 17. Jahrhundert bis zu ihrer ersten alltäglichen Nutzung als Straßenbeleuchtung 1878 sind über zweihundert Jahre vergangen. Von der Erfindung des Computers bis zum ersten PC waren es noch einige Jahrzehnte, seitdem überschlagen sich die Innovationen in allen Bereichen, und inzwischen stehen wir permanent an einer Schwelle zur nächsten technischen Revolution. Der Quantencomputer und die künstliche Intelligenz werden alle bisherigen Kenntnisse der digitalen Revolution weit hinter sich lassen. Die Rechengeschwindigkeit und ihre Anwendungen werden sich von aktuellen Computern so kategorisch unterscheiden wie sich diese vom Rechenschieber unterschieden haben. Was das bedeutet, ist wie bei allen technischen Revolutionen nicht vorhersehbar. Das Einzige, was man sicher wissen kann, ist, dass es passieren wird, und dass die Gesellschaften mit den Folgen werden leben müssen. Im Anthropozän sind die Folgen der menschlichen Erfindungskraft zu einem erdgeschichtlichen Faktor geworden. Die Folgen unseres Tuns betreffen nicht mehr nur uns selbst, sondern die gesamte Erde. Was das für die Öffentlichkeit bedeutet, ist ebenso unbekannt, wie der weitere Verlauf der Erdgeschichte.

Der zukunftsoffene Umgang mit der selbsthergestellten Unsicherheit ist das herausragende Kennzeichen neuzeitlicher Gesellschaften. Zukunft wird geplant, und zugleich ist allen bewusst, dass die Zukunft kontingent ist und Überraschungen bereithält, mit denen niemand rechnen konnte. Kontingenz meint, dass ein Ereignis möglich ist, aber nicht notwendig so eintreten muss. Kontingenz ist das Kennzeichen einer offenen Gesellschaft und zugleich die Ursache für den permanenten Stress, den die Menschen darin aushalten müssen. Die Öffentlichkeit ist der Ort, an dem hierüber verhandelt wird, und sie ist zugleich der Ort, an dem neue Unsicherheit entsteht. Die spätmoderne Öffentlichkeit reagiert auf Kontingenz, produziert Kontingenz, und sie trainiert den Umgang mit der Unsicherheit, die aus der Kontingenz folgt. Darin unterscheidet sie sich grundlegend von der vorneuzeitlichen Öffentlichkeit. Dieser war vor allem an Kontinuität gelegen und daran, die Autorität der Macht für alle sichtbar zu machen und eine Wahrheit für alle und für alles durchzusetzen.

DIE ÖFFENTLICHKEIT DER OFFENEN UND GESCHLOSSENEN GESELLSCHAFTEN

Die Kontingentsetzung des Lebens hat nicht nur den wissenschaftlichen Fortschritt beschleunigt, sondern auch die Organisation und Reflexion der Gesellschaft radikal verändert. Wenn wir heute in einer offenen Gesellschaft leben, so ist das vor allem eine Folge dieser neuen Perspektive. Indem alles, was ist, als kontingent gedacht wird, wird alles als Folge von Entscheidungen begriffen. Und da Entscheidungen von Menschen getroffen werden, können sie hinterfragt werden oder auch anders ausfallen.

In der modernen Öffentlichkeit wird die Kontingenz dadurch hergestellt, dass jede Aussage eine doppelte Form bekommt. Sie wird einmal als Mitteilung gemacht, die verstanden werden kann, und zugleich wird diese Mitteilung beobachtet. Das bedeutet, dass sie in Frage gestellt werden kann. Wer in den Nachrichten hört, dass eine Partei die Steuern erhöhen will, ist frei, diese Mitteilung zu bewerten, wie er möchte. Sind die Steuern einmal erhöht, gelten die neuen Gesetze, die auch der befolgen muss, der gegen eine Erhöhung war. Das bedeutet aber nicht, dass derjenige seine Meinung ändern muss oder die weitere Diskussion darüber verboten wäre. Kant brachte dieses Erfolgsgeheimnis der bürgerlichen Publizität auf die markante Formel: »Räsonniert soviel ihr wollt und worüber ihr wollt; aber gehorcht!«[12]

Die freimütige Kritik an Regeln und Institutionen ist das Erfolgsrezept der offenen Gesellschaft. Und sie ist der wesentliche Unterschied zur geschlossenen Gesellschaft, in der die meisten Regeln als unverrückbare Wahrheiten gelten, die von jeder Infragestellung ausgenommen sind.[13] In einer religiös geschlossenen Gesellschaft ist die Existenz Gottes keine offene Frage. Wer dennoch danach fragt, riskiert viel, ohne mit seiner Frage auf eine ergebnisoffene Debatte hoffen zu können. Stattdessen muss der Fragende damit rechnen, wegen seiner Frage Probleme zu bekommen. Eine geschlossene Gesellschaft verbietet, dass ihre Regeln öffentlich hinterfragt werden können. Die Öffentlichkeit in einer offenen Gesellschaft ist hingegen der Ort, an dem fast alle Regeln in Frage gestellt werden können.

Geschlossene wie offene Gesellschaften haben eine Öffentlichkeit, doch beide unterscheiden sich kategorisch voneinander. Die Öffentlichkeit in einer geschlossenen Gesellschaft ist der Ort, an dem die Macht sich zeigt, und die Einhaltung der Regeln kontrolliert wird. Hier spricht der Herrscher zu einem stummen Volk. Hier werden die Strafen für Regelübertritte vollzogen, um als Abschreckung das Volk zu erziehen. Und hier kontrollieren sich die stummen Untertanen gegenseitig, in Angst vor Strafe und Hoffnung auf Belohnung für regelkonformes Verhalten.

Doch der Freiheitsdrang sucht sich auch in geschlossenen Gesellschaften seine Wege, und so entsteht für einige Aussagen eine besondere Form von Öffentlichkeit. Die Gegenöffentlichkeit grenzt sich von der repressiven offiziellen Öffentlichkeit ab, indem sie sich versteckte Orte schafft. Diese können materiell sein, wenn bestimmte Räume nur für Eingeweihte zugänglich sind oder verbotene Texte nur unter der Hand weitergegeben werden. Das Versteck kann aber auch immateriell sein, wenn es z. B. durch eine künstlerische Form hergestellt wird, die nur für Eingeweihte zu entschlüsseln ist. Das Symbol des Frühchristentums, mit dem sich die Anhänger dieser neuen Religion gegenseitig zu erkennen gaben, erfüllte diese Funktion. Der eine zog eine gewellte Linie in den Sand, und wenn der andere diese durch eine spiegelbildliche Linie ergänzen konnte, entstand ein Fisch. Die Buchstaben des griechischen Wortes für Fisch bilden ein Akronym, das den Erlöser Christus und seinen Glauben bezeichnet. Die Grenze zwischen den Gläubigen und den Ungläubigen wurde in einem Symbol, das aus zwei Hälften zusammengesetzt war, gezogen, und es bildeten sich zwei getrennte Öffentlichkeiten.

Von hier aus entsteht eine lange Tradition von Kunstwerken, in denen Botschaften versteckt werden, die bestimmte hermeneutische Fähigkeiten verlangen, um sie erkennen zu können. Es entscheidet immer öfter die Bildung darüber, ob jemand zur Öffentlichkeit einer bestimmten Kunstform gehört oder davon ausgeschlossen wird.[14] Das Theater in der DDR hatte beispielsweise eine große Formenvielfalt solcher geheimen Botschaften entwickelt. Ihre Funktion bestand nicht nur darin, etwas Verbotenes öffentlich sagen zu dürfen, sondern sie dienten zugleich der Gruppenbildung derjenigen, die über ein Sensorium verfügten, die Botschaften entschlüsseln zu können. Diese Art der Absicherung schützte ihre Urheber nicht nur vor der staatlichen Zensur, sondern bildete auch eine Gegenöffentlichkeit der Eingeweihten. Was schwer zu verstehen war, konnte nicht einfach verboten werden, und zugleich schweißte es die Gleichgesinnten zusammen. Darüber hinaus boten die hermeneutischen Kunststücke Platz für subversive Aktionen, die man offiziell nicht beweisen konnte, und die darum ihre Urheber zu immer neuer Virtuosität provozierten.[15]

Die Öffentlichkeit der offenen Gesellschaft unterscheidet sich in vielfältiger Hinsicht von der in einer geschlossenen Gesellschaft. Die offene Gesellschaft vertritt einen starken Liberalismus. Das ist ihre Qualität und zugleich ihre offene

Flanke, durch die sie zahlreichen Angriffen ausgesetzt ist. Es gilt noch immer das berühmte Diktum von Ernst-Wolfgang Böckenförde, dass eine liberale Gesellschaft von Voraussetzungen lebt, die sie selbst nicht garantieren kann. Und in der Spätmoderne muss man hinzufügen, dass es sich dabei um Voraussetzungen handelt, die dazu einladen, ausgenutzt zu werden.

Die Angriffe auf die offene Gesellschaft erfolgen von zwei unterschiedlichen Seiten. Es gibt die seit dem 19. Jahrhundert bekannten Angriffe des Kapitalismus auf die Freiheit des Einzelnen, und es gibt die vor allem im 20. Jahrhundert erstarkten Angriffe totalitärer und fundamentalistischer Ideologien. Die ökonomischen wie weltanschaulichen Kräfte haben in der Geschichte vorgeführt, dass sie die Macht haben, eine offene Gesellschaft zu zerstören. Der Kampfplatz, auf dem dieses geschieht, ist die Öffentlichkeit. Die doppelte Herausforderung für eine offene Gesellschaft besteht darin, Offenheit für alle Themen und Widersprüche zu gewährleisten, und zugleich die Angriffe auf die Offenheit auszuhalten, ohne von einer radikalen Weltanschauung okkupiert zu werden, oder die eigene Offenheit aufgrund von Angst vor den Angriffen selbst aufzugeben.

Das in diesem Zusammenhang oft zitierte Toleranzparadox reagiert auf diese doppelte Herausforderung, ohne sie tatsächlich bewältigen zu können. Mit diesem Paradox ist gemeint, dass es in einer offenen Gesellschaft keine Toleranz für die Feinde der offenen Gesellschaft geben dürfe. Sein Merksatz lautet: Keine Toleranz für Intoleranz. Was eingängig klingt, besitzt zwei blinde Flecken. Der erste besteht darin, dass nicht transparent ist, nach welchen Kriterien darüber entschieden wird, was als intolerant gilt und was nicht. Und der zweite blinde Fleck betrifft die Frage, ab welchem Grad von Toleranzverweigerung die offene Gesellschaft sich zu verzuschließen droht, und damit zu dem wird, wovor sie sich schützen wollte. Das Toleranzparadox blendet beide Probleme aus und ist darum keine Hilfe angesichts der ökonomischen und weltanschaulichen Angriffe. Es reduziert die Komplexität auf eine eingängige aber wenig realitätstaugliche Weise. Dass es dennoch so breite Zustimmung findet, ist als Warnung zu verstehen, wie weit die problematische Entwicklung der Öffentlichkeit bereits fortgeschritten ist.[16]

ÖFFENTLICH, PRIVAT, GEHEIM

Die alte, robuste Unterscheidung in privat und öffentlich, wie sie seit Kants Schrift zur Aufklärung immer wieder reaktiviert wird, ist mit den Massenmedien, wo jede intime Lebensregung unmittelbar öffentlich werden kann, kompliziert geworden. Schon Kants Unterscheidung[17] reagierte auf die für seine Zeit neue Abgrenzung zwischen einer öffentlichen Aussage und der Funktion, die man innerhalb einer Organisation hat. Diese Grenze wurde für ihn und seine Zeitgenossen zum Problem, weil zum einen die Zahl der Gebildeten zunahm, die nicht kirchlich gebunden waren, und zum anderen durch den Buchdruck und die Möglichkeiten der doppelten Beobachtung eine Öffentlichkeit für kritische Aussagen entstanden war, die sich selbst unter dem Begriff der Aufklärung zusammenfand. Kants Unterscheidung ergreift eindeutig Partei für die Freiheit des Gelehrten, der, wenn er sich als Gelehrter öffentlich äußert, keinerlei Restriktionen unterworfen sein darf. Damit verteidigt er nicht zuletzt seine eigene aufklärerische Position, die ihm in der

Frage der Gottesbeweise einige Schwierigkeiten eingebracht hat. Doch ebenso vehement, wie er eine freie gelehrte Öffentlichkeit fordert, will er dem privaten Gebrauch der Vernunft strenge Grenzen setzen.

Privat ist der Gebrauch der Vernunft für ihn, wenn z. B. ein Lehrer vor seiner Schulklasse seine private Meinung unterrichtet. Eine solche private Meinungsäußerung lehnt Kant ab. Für ihn ist die Abhängigkeit des Lehrers von der Institution Schule wichtiger als die Freiheit seiner privaten Vernunft. Weil der Lehrer ein Angestellter der Schule ist, darf sie von ihm erwarten, dass er seinem Arbeitsverhältnis gemäß unterrichtet. Stellt der Lehrer seine private Meinung über diese öffentliche Funktion, so missbraucht er sie, und muss in seiner privaten Meinungsäußerung eingeschränkt werden. Diese Unterscheidung findet bis heute Beachtung, wenn z. B. in Deutschland das Neutralitätsgebot und das Überwältigungsverbot für Lehrende gegenüber ihren Schülern gilt. Diese Einschränkungen der Meinungsfreiheit sind nachvollziehbar, da gerade in einer Schulsituation ein Machtgefälle zwischen den Meinungen besteht. Der Lehrende spricht vor der Klasse eben nicht als Privatperson, sondern als Autorität, die im Extremfall ihre eigene Weltanschauung zum Maßstab der Prüfung machen könnte. Die Diskussion, ob heute Lehrende eine klare politische Haltung zeigen sollten, indem sie z. B. während der Unterrichtszeit zum Klimastreik aufrufen, trifft den Kern des Problems.

Im Zeitalter der Aufklärung stand der Öffentlichkeit jedoch noch eine andere Instanz gegenüber, die sie einschränken wollte. Das Geheime und das Geheimnis zog die seinerzeit wesentliche Grenze zum Öffentlichen. Die Macht des Adels, die Ämter und Lehren der Kirche und die Geschäfte der Staatskunst, sie alle sind von Geheimnissen umgeben und beziehen den größten Teil ihrer Autorität aus der Geheimhaltung. Nicht nur Gottes Ratschlüsse sind unergründlich, sondern auch die weltlichen Mächte berufen sich auf geheime Quellen. Ebenso gibt es geheime Gerichte, wo unter Ausschluss der Öffentlichkeit Urteile gefällt werden, die sich vor niemandem legitimieren müssen, sondern nur durch ein dunkles Mysterium begründet sind.

Die erstarkende bürgerliche Öffentlichkeit des 18. Jahrhunderts will die Macht, die das Geheimnis sucht, um ungestört wirken zu können, nicht länger dulden. Je größer der Bereich der Öffentlichkeit wird, desto heller leuchtet das Licht der Aufklärung in die dunklen Ecken, und dort findet es eine Pointe, die aus heutiger Sicht wenig überraschend ist. Das Geheimnis der Macht liegt vor allem darin, dass sie sich durch die Behauptung eines Geheimnisses vor neugierigen Blicken schützt. Es existiert kein Geheimnis, sondern die Geheimhaltung selbst erfüllt die Funktion, die Macht vor der kritischen Öffentlichkeit zu schützen. Wenn die Fäden der Macht im Verborgenen gezogen werden, hat derjenige die meiste Macht, der sich am wenigsten dafür rechtfertigen muss. Die Intrige kann zum wirksamen politischen Machtinstrument werden, da sie innerhalb der Geheimhaltung immer neue Machtfäden spinnt und dabei von der abwesenden Öffentlichkeit profitiert. Dass die ersten aufklärerischen Gesellschaften sich vor allem als Geheimbünde zusammenschlossen, ist darum nur zum Teil der Angst vor Verfolgung geschuldet. Die Freimaurerlogen wollten vor allem von der Aura des Geheimen profitieren, um eine Macht vorzutäuschen, die sie in der Realität nicht hatten. Die Geheimhaltung ist Mittel der Macht und der Machtdurchsetzung, sie ist aber auch täuschende Fassade, um eine Macht zu behaupten, die nicht vorhanden ist. Vor allem die Kirchenfürsten wussten virtuos auf dieser Klaviatur zu spielen.

In der Moderne ist die Macht des Geheimen zwar begrenzt, doch nicht wirkungslos. Noch immer reizen die Geheimgesellschaften, deren Macht vor allem ein Inszenierungseffekt des Geheimnisses ist, dazu, ihnen einen über alle Zeiten dauernden Einfluss anzudichten. Die Tempelritter, die den Kelch, in dem das Blut Christi aufgefangen wurde, bis in die Gegenwart hüten, regen bis heute zuverlässig die Fantasie an. Auch in einer aufgeklärten Gesellschaft gibt es die Sehnsucht nach dem Verborgenen, und das Geheimnis scheint noch immer auf eine verborgene Macht zu deuten, deren Reichweite umso größer ist, je weniger von ihr in der Öffentlichkeit bekannt ist.

Verschwörungstheorien gehen auf diesen Mechanismus zurück und nutzen ihn zur Abwehr von rationaler Kritik. Ihr argumentativer Zirkel ist so einfach wie schlagend: Die Macht, die in einer Verschwörungstheorie aufgedeckt wird, ist umso gewaltiger, je überzeugender die Gegenargumente sind. Eine besonders absurde Verschwörung soll z. B. darin bestehen, dass Angela Merkel in Wirklichkeit ein reptiloides Wesen ist, das Außerirdische geschickt haben, um uns alle zu unterjochen. Dass es keinen einzigen Beweis hierfür gibt und auch sonst keine Hinweise existieren, gilt den Anhängern dieser Verschwörungstheorie als ultimativer Beweis. Denn nach ihrer Logik kann nur eine uns überlegene Macht eine so perfekte Täuschung herstellen. Der Fehlschluss ist von atemberaubender Unwiderlegbarkeit: Gerade weil es keine Beweise für die Verschwörungstheorie gibt, gilt sie als absolut bewiesen.

Öffentlichkeit, die sich in der Tradition der Aufklärung bewegt, hat es also mit der immer gleichen Aufgabe zu tun.

Sie dient dazu, das Geheimnis aufzuklären und die Macht kritisierbar zu machen. Dabei entdeckt sie entweder, welche Interessen durch das Geheimnis versteckt wurden. Das wäre die klassische politische Intrige, die von schmutzigen Deals bis zur Korruption und der organisierten Kriminalität der Cum-ex-Geschäfte reichen kann. Oder sie entlarvt das Geheimnis als Betrug, der allein dazu dient, Macht zu erringen. Damit wäre das Opium fürs Volk gemeint, von dem Karl Marx im Hinblick auf die kirchliche Macht durch den religiösen Glauben sprach. Oder sie inszeniert das Geheimnis als Unterhaltung, die mit den Effekten der Spannung ein Publikum bannen will.

Die doppelte Grenzziehung einer aufgeklärten Öffentlichkeit, die das Geheime öffentlich machen will, und zwischen privat und öffentlich unterscheidet, existiert bis heute. Doch beide Funktionen haben sich verändert. Das Geheime dient eher der Unterhaltung und seine Funktion für die Macht ist auf das Ungewisse übergegangen. Was Wahrheit oder Lüge ist und wo Fake-News oder strategische Unklarheiten regieren, wird immer schwieriger zu entscheiden. Diese Verwirrung wird angesichts des Anthropozäns zu einem radikalen Problem der Öffentlichkeit. Die Grenze zwischen privaten und öffentlichen Aussagen ist bereits heute in den sozialen Netzwerke verschwommen.

DIE DELIBERATIVE ÖFFENTLICHKEIT

Die ideale Funktion von Öffentlichkeit besteht darin, Themen sichtbar zu machen, damit sich die widersprüchlichen Interessen darüber eine Meinung bilden können, um dann in einem gegenseitigen Austausch ein Bild der komplexen Lage zu erzeugen. Öffentliche Kommunikation ist also eine anspruchsvolle Kommunikation. Sie macht die Dinge komplizierter, als es den Beteiligten anfangs erscheint. Sie relativiert den Anspruch der einzelnen Meinung auf absolute Gültigkeit, weil sie sie mit entgegengesetzten Ansichten konfrontiert. Und sie verbessert die Bedingungen, aufgrund derer Entscheidungen getroffen werden, weil sie die unterschiedlichen Sichtweisen ans Licht bringt. Die Öffentlichkeit trifft keine Entscheidung, aber sie bereitet die Instanzen, die entscheiden sollen, darauf vor, was ihre Entscheidungen für Folgen haben werden. Öffentlichkeit stellt Entscheidungen auf ein breiteres Fundament. In der Spätmoderne bedeutet das immer öfter, dass die Fülle der widersprüchlichen Interessen jede Entscheidung vor ein unlösbares Dilemma stellt. Windkrafträder sparen CO_2, sie töten aber Vögel, verschandeln die Landschaft und mindern den Wert der benachbarten Häuser.

Das Ideal öffentlicher Kommunikation besteht darin, dass sowohl die Themen als auch die einzelne Meinung durch das Chaos der Stimmen komplexitätstauglicher werden. Dieses Ideal kann man, wie es Kant getan hat, zum Lackmustest für die Vernunft erklären. Weil die Vernunft grundsätzlich frei ist, braucht sie die Freiheit der Öffentlichkeit, um würdig leben zu können. Ohne sie kann die Vernunft nicht zur wahren Erkenntnis der Welt gelangen. Die Öffentlichkeit ist für Kant eine Art menschliches Bewusstsein, das die ganze Welt umspannt.[18] Damit erklärt er die Eigenschaft des Offenen und des offenen Austauschs zu ihrem Wesenszug. In dieser Traditionslinie befindet sich auch die systemtheoretische Beschreibung von Öffentlichkeit, die deren Funktion in der Kontingentsetzung aller Gewissheiten sieht. Dem gegenüber steht der Begriff der deliberativen Öffentlichkeit, wie er in Deutschland vor allem von Jürgen Habermas vertreten wird. Bevor wir die offene Öffentlichkeit weiter untersuchen, soll zuerst der ernstzunehmende Einwand von Habermas betrachtet werden.

Seit seiner Habilitationsschrift »Strukturwandel der Öffentlichkeit«[19] beschäftigt sich Habermas kontinuierlich mit der Frage der Kommunikation und ihrer Funktion für die Gesellschaft. Sein Konzept der deliberativen Öffentlichkeit gehört für die Geschichte der Bundesrepublik zum Kernbestand politischer Ideen. Wenngleich die wenigsten mit dem Begriff etwas Konkretes verbinden, ist er doch in zahlreichen Verfahrensregeln eingeschrieben und bestimmt auf einer vorpolitischen Ebene das Bild einer gelungenen Öffentlichkeit.

Das lateinische Verb »deliberare« bedeutet abwägen, überlegen oder beratschlagen. Eine deliberative Öffentlichkeit macht das gemeinsame Nachdenken zum zentralen Wert. Hierdurch entsteht eine Nähe zwischen dem, was in den Geisteswissenschaften Diskurs genannt wird, und der öffentlichen Kommunikation. Für den Diskurs gelten zahlreiche Vorannahmen. So sollen im Diskurs gleiche Bedingungen für alle Beteiligten herrschen, und die Qualität der Aussage soll allein durch die Art ihrer Argumentation bestimmt werden. Es gelten für alle die gleichen Regeln, die von einer von allen akzeptierten rationalen Basis ausgehen. In letzter Konsequenz bedeutet die Anerkennung der Diskursregeln, dass sich individuelle Interessen durch bessere Argumente überzeugen lassen müssen. Die Formel hierfür lautet: Für alle gilt der zwanglose Zwang des besseren Arguments.

Für das Beispiel der Windkraft würde das bedeuten, dass jemand, vor dessen Haustür ein Windpark entstehen soll, der seinen Wohnort stark beeinträchtigt, anerkennt, dass es für die Energiewende richtig ist, diese Windräder zu bauen. Ein solches Verhalten ist nicht ausgeschlossen, doch es setzt neben der Anerkennung der Rationalität noch eine weitere Gemeinsamkeit aller am Konflikt Beteiligten voraus. Es braucht die Basis einer geteilten Lebenswelt, in der sich alle zumindest in Teilen für das Gelingen des Ganzen verantwortlich fühlen. Ein Kläger, der sich schon vorher ausgegrenzt gefühlt hat und in die Gesellschaft keine Erwartungen mehr setzt, wird sich durch das rationale Argument der Energiewende nicht von seinem Protest abbringen lassen. Insofern kann man schon hier festhalten, dass der Appell an die gemeinsame Basis der Rationalität nur einen Teil dessen betrifft, was für die Öffentlichkeit eine Rolle spielt.

Die deliberative Öffentlichkeit geht im Weiteren davon aus, dass es einen Unterschied zwischen »kommunikativ erzeugter« und »administrativ verwendeter« Macht gibt.[20] In diese Unterscheidung sind drei verschiedene Differenzen eingegangen. Es gibt erstens die auf Carl Schmitt zurückgehende Unterscheidung von Diskussion und Entscheidung. In der Diskussion gelten andere Regeln als für die Entscheidung, und es gibt keine organische Entwicklung, die von der Diskussion zur Entscheidung führen könnte. Im Moment der Entscheidung braucht es eine Macht, die sich bei der Beratung zuvor zurückgehalten hat. Dieser Differenz will Habermas möglichst wenig Beachtung schenken, da ein Abgrund zwischen Deliberation und Entscheidung seinem Konzept ernsthaften Schaden zufügen würde. Stattdessen kommen die beiden anderen Unterschiede ins Spiel.

Es gibt in der Sprechakttheorie die klare Unterscheidung von beschreibenden und performativen Sprechakten. Nur der performative Sprechakt vollzieht eine Handlung und kann darin Macht ausüben. In der Beschreibung wird die Realität nur in Worte gefasst. Man beschreibt z.B. ein vorbeilaufendes Paar als Eheleute. Dadurch verändert sich die Realität des beschriebenen Paares nicht. Der performative Sprechakt hingegen, den der Standesbeamte vollzieht, wenn er ein Paar traut, verändert durch den Satz: »Hiermit erkläre ich Sie zu Mann und Frau«, deren Rechtsstatus.

Die dritte Unterscheidung betrifft schließlich den Bereich, der Zivilgesellschaft genannt wird und der für Habermas die eigentliche Instanz der Öffentlichkeit bedeutet. Hier wird über alle Themen der Gesellschaft verhandelt, und hier stellt sich in verschiedenen Abstufungen eine Fokussierung auf einzelne Widersprüche her. Der Einfluss dieser zivilgesellschaftlichen Öffentlichkeit auf die politische Meinungsbildung und deren Entscheidungen wird von Habermas mit dem treffenden Wort der »Belagerung« beschrieben. »Sie wirkt auf die Prämissen der Urteils- und Entscheidungsprozesse des politischen Systems ohne Eroberungsabsicht ein, um in der einzigen Sprache, die die belagerte Festung versteht, ihre Imperative zur Geltung zu bringen: sie bewirtschaftet den Pool von Gründen, mit denen die administrative Macht zwar instrumentell umgehen kann, ohne sie aber, rechtsförmig verfaßt wie sie ist, ignorieren zu können.«[21] Im Bild der Belagerung ist das Ideal des zwanglosen Zwangs und die Möglichkeit der zivilgesellschaftlichen Einflussnahme auf die politischen Entscheidungen zusammengefasst, um in der normativen Forderung ihren Abschluss zu finden: »keine vernünftige politische Willensbildung ohne das Entgegenkommen einer rationalisierten Lebenswelt.«[22]

Mit dieser Forderung will Habermas vor allem den Nachteilen einer von ihm »republikanisch« genannten Öffentlichkeit entgegentreten. Das republikanische Modell hat für ihn Vor- und Nachteile. Der Vorteil liegt im »radikaldemokratischen Sinn einer Selbstorganisation der Gesellschaft«, in der die Bürger nicht nur durch »deals« zu Entscheidungen kommen, sondern noch kollektive Ziele verfolgen. Der Nachteil dieses Modells liegt für Habermas in seinem Idealismus, da der »demokratische Prozess von den Tugenden gemeinwohlorientierter Staatsbürger abhängig« ist. Politik, so seine wichtige Feststellung, »besteht nicht nur, und nicht einmal in erster Linie, aus Fragen der ethischen Selbstverständigung. Der Fehler besteht in der ethischen Engführung politischer Diskurse«.[23]

Diese Beobachtung machte Habermas bereits 1996, also lange vor dem Erstarken populistischer und identitätspolitischer Kräfte in aller Welt. Schon hier erkennt er die Problemlage, die sich daraus ergibt, wenn sich eine Gesellschaft vordringlich mit der Frage beschäftigt, welchen Umgang sie mit verschiedenen identitären Gruppierungen gutheißen oder kritisieren will. Sein Einwand trifft darum ins Zentrum aller politischen Kommunikation. Er stellt fest, dass in einer multikulturellen Gesellschaft die Ziele, die eine bestimmte Identitätsgruppe vertritt, keineswegs die Ziele des Gemeinwesens sein müssen. Sein Einwand ist zwingend, denn die Ziele der jeweiligen Gruppierungen mögen für sich ethisch sinnvoll begründet sein, und doch können sie für das »Ganze einer intersubjektiv geteilten Lebensform« nicht konstitutiv sein. Die Konflikte, die sich aus den begründeten Sonderinteressen ergeben, können dann mit den Mitteln der republikanischen Öffentlichkeit nicht mehr gelöst werden. Gerade die ethischen Begründungen der widerstreitenden Interessen verhindern, dass es zu einer kollektiven Lösung kommen kann. Als Lösungsweg bleibt dann nur noch die Aushandlung zwischen unterschiedlichen Ansprüchen, die sich je nach Machtposition und Sanktionspotenzial gegeneinander durchzusetzen versuchen. Diese Schwierigkeiten werden in den identitätspolitischen Empörungswellen des 21. Jahrhunderts bis zur Selbstzerstörung der Öffentlichkeit ausgetragen.

Der größte Unterschied zum deliberativen Verfahren liegt für ihn aber darin, dass der Kompromiss nicht die Folge eines rationalen Diskurses ist, sondern dass sich immer der Mächtigste durchsetzt. Damit widerspricht eine solche Öffentlichkeit dem normativen Ideal der Gerechtigkeit. Und die Gerechtigkeit gilt anders als moralische Fragen über alle Identitätsgrenzen hinweg. Gerechtigkeitsfragen müssen, wenn sie überhaupt gültig sein sollen, einen universellen Anspruch erfüllen. Damit stellt Habermas das Recht eindeutig über die Ansprüche der Identitätspolitik. Das Recht gilt universell, während die Ansprüche einer identitär konstruierten Gemeinschaft mit moralischen Forderungen begründet werden können, die allein für die eigene Gemeinschaft gelten.

Der Prüfstein für die deliberative Öffentlichkeit besteht darin, die Konflikte, die sich aus den parteilich vorgebrachten Forderungen ergeben, anders als nur durch ein Kräftemessen zwischen den Interessen auszuhandeln. Die Eigenarten eines solchen Aushandlungsprozesses sind für Habermas Interessenausgleich, Kompromiss, zweckrationale Mittelwahl, moralische Begründung und rechtliche Kohärenzprüfung. Um diese anspruchsvolle Art der Kommunikation zu gewährleisten, kann sich die deliberative Öffentlichkeit nicht auf das individuelle Wohlverhalten oder eine entsprechend geschulte Bürgerschaft verlassen, sondern es braucht eine »Institutionalisierung entsprechender Verfahren«.[24] Damit erreicht sein Modell der Öffentlichkeit sein angestrebtes Ziel einer intersubjektiven Form der Wahrheits-findung. Nicht mehr die Interessen der Beteiligten oder ihre ethischen Werte bestimmen das Ergebnis, sondern das Ver-fahren befähigt alle Beteiligten, eine höherstufige Form der Vernunft zu erreichen als es jedem Einzelnen möglich gewe-sen wäre. Das Ideal der deliberativen Öffentlichkeit ermög-licht eine »subjektlose Kommunikation« und stellt hierfür »Arenen« bereit, »in denen eine mehr oder weniger rationale Meinungs- und Willensbildung über gesamtgesellschaftlich relevante Themen und regelungsbedürftige Materien statt-finden kann«.[25]

Das Modell der deliberativen Öffentlichkeit verfolgt den Plan einer radikalen Ausnüchterung politischer Kommuni-kation. Es will die doppelte Adressierung an die Öffentlich-keit und an die eigenen Anhänger durch die Regel der allge-meinen Rationalität zur Vernünftigkeit zwingen. Ein solcher Plan klingt in den Ohren von wissenschaftlich geschulten Menschen verlockend. Sie haben gelernt, dass die Abküh-lung der Affekte und die vorurteilsfreie Betrachtung der Sachverhalte zu besseren Beobachtungen führen. Insofern entspricht Habermas Versuch dem neuzeitlichen Glauben an die Verbesserung der Welt durch zweckrationales Han-deln. Mit der politischen Öffentlichkeit hat er sich jedoch einen Lebensbereich vorgenommen, der seit der Antike durch eine spezielle Form von Konflikten gekennzeichnet war.

Die antike Unterscheidung in Meinungswissen (Doxa) und rationales Wissen (Episteme) beschreibt einen funda-mentalen Widerspruch in der Demokratie. Für gemeinhin gilt, dass das Expertenwissen zu Rate gezogen wird, wenn eine Entscheidung getroffen wird. In der Demokratie sol-len jedoch alle ein Mitspracherecht haben, aber nicht jeder ist Experte in allen Dingen. Über die meisten Sachverhalte herrscht nur ein Meinungswissen (Doxa). Der Widerspruch verläuft seitdem zwischen der Position, die die Doxa als mindere Art des Wissens kritisiert und von den wichtigen Entscheidungen fernhalten will. Oder man kann im Gegenteil davon ausgehen, dass das Expertenwissen einen zwar genauen aber zu engen Horizont aufweist. Anhand zweier Fragen wird der Unterschied zwischen diesen beiden Positionen deutlich. Wenn es um eine sachliche Frage geht, wie beispielsweise ein Haus gebaut werden soll, so ist es ratsam, einen Architekten zu befragen. Aber wen soll man befragen, wenn es um die Entscheidung von Krieg und Frieden geht? Hier lautet die politische Antwort, dass die Entscheidung nicht den Experten des Krieges überlassen werden darf, sondern dass hier nur die Meinung der Mehrheit zu einer guten Entscheidung führen kann. Fragen, die das Leben von allen betreffen, können nur durch die Meinung aller entschieden werden.[26]

Mit der Unterscheidung zwischen der bloßen Meinung und dem begründeten Wissen operiert seit der Antike jedes Nachdenken über die Demokratie. Je nach politischer Anschauung wird der Pöbel, der nichts weiß, als demokratieuntauglich betrachtet, oder es wird der Wert, one man one vote, als Basis jeder gesellschaftlichen Gleichheit hochgehalten. Im Angesicht von Fragen, die das aktuelle Wissen übersteigen, gilt es, die Unterscheidung von Doxa und Episteme noch einmal neu zu bedenken. Im Anthropozän muss sich die Öffentlichkeit in einen Bereich vorwagen, der in früheren Zeiten von der Religion bestimmt wurde. Die säkularen Gesellschaften können die Unterscheidung zwischen rational entscheidbaren Fragen und Fragen, die die Grenze der Rationalität übersteigen, nicht mehr einfach treffen, wenn die alltäglichen Sachfragen eine Dimension annehmen, die die Bedingungen des Lebens auf der Erde betreffen.

Die Besonderheit der deliberativen Öffentlichkeit besteht darin, dass sie von der Prämisse ausgeht, dass sich eine Meinung durchsetzt, weil sie durch rationale Argumente gestützt wird. Damit operiert eine solche Öffentlichkeit auf zwei Ebenen zugleich. Zum einen folgt ihre Kommunikation unterschiedlicher Interessen dieser Prämisse und zum anderen muss sie einen sozialen Raum herstellen, in dem diese Prämisse überhaupt gilt.[27] Schaut man auf die Vielfalt kommunikativer Möglichkeiten, so ist nicht zu übersehen, dass die rationale Argumentation nur in einem kleinen Lebensbereich befolgt wird, während der übergroße Teil anderen Kriterien gehorcht.

Im Wirtschaftssystem gilt z. B. die Macht des Marktes, auf dem durch Wettbewerb die Preise festgelegt werden. Zwar hält ein Teil der Wirtschaftstheorien noch an der Behauptung des rational agierenden Marktteilnehmers fest, doch schon das Herdenverhalten an der Börse straft eine solche Vorstellung Lügen. Panik- und Euphorie-Wellen bestimmen die Märkte, Werbung beeinflusst die Kaufentscheidungen, so dass sie gerade nicht mehr den rationalen Interessen der Konsumenten entsprechen, und das ökonomische Dogma des unendlichen Wachstums gehört zu den gefährlichsten Irrationalitäten unserer Zeit. Ebenso operiert die Religion seit jeher mit der nicht-rationalen Unterscheidung von transzendenten und immanenten Phänomenen. Und Intimkommunikation basiert auf der Resonanz von Gefühlen, gegen die einzuwenden, dass sie doch auch rational unbegründet sein könnten, zu schweren Konflikten führen würde. Selbst die Naturwissenschaften, die als Kronzeugen für rational geführte Diskurse herhalten, folgen zwar der Prämisse, dass ihre Wahrheiten immer nur so lange gelten, bis sie widerlegt worden sind, doch gerät die Kommunikation dieser Wahrheiten innerhalb der politischen Öffentlichkeit zusehends in die Fallen der strategischen Kommunikation.

Alle diese Probleme kommen bei der Kommunikation des Anthropozäns radikal zum Tragen. Und alle diese Kommunikationsformen widersprechen der normativen Setzung einer deliberativen Öffentlichkeit. Es wird nicht nur zwischen verschiedenen Interessen gestritten, sondern auch zwischen verschiedenen Modellen des »guten Lebens« und zwischen wissenschaftlichen Erkenntnissen und ihrer politischen Bewertung. Die Widersprüche verlaufen darum mehrdimensional und haben die Tendenz, sich auf unterschiedlichen Ebenen wechselweise zu blockieren. So wird dem Anliegen, CO_2 zu sparen, mit dem Argument eines notwendigen Wirtschaftswachstums widersprochen, dem wiederum mit einem postmateriellen Lebensstil entgegnet wird. Umweltschutz, Wirtschaftswachstum und Lebensweise argumentieren aber aus drei verschiedenen Bereichen heraus. Indem sie sich gegenseitig negieren, blockieren sie die Prozesse, die innerhalb der jeweiligen Argumentation möglich wären.

Bei der deliberativen Öffentlichkeit handelt es sich also weniger um eine zutreffende Beschreibung der realen Öffentlichkeit als vielmehr um eine Wunschvorstellung, die den Interessen einer bestimmten sozialen Klasse entspricht. Mit Andreas Reckwitz[28] könnte man diese Klasse als die neue Mittelschicht definieren. Sie erfüllt die Forderungen nach Flexibilität, Bildung und Selbstaktivierung. Und sie hat die Lebenserfahrung gemacht, dass ihr rationaler Umgang mit Problemen erfolgreich ist. Damit vertritt sie die Interessen eines postmateriellen Lebensstils. Das deliberative Verfahren ist also keine neutrale Methode, sondern als Verfahren schon Teil einer bestimmten politischen Haltung. Das Problem besteht darin, dass die Methode die Interessen der Gewinner des Neoliberalismus unterstützt, und dass sie sich dabei nicht als ideologischer Ausdruck eines Klasseninteresses zu erkennen gibt, sondern als objektives Verfahren anpreist.

Der blinde Fleck des deliberativen Verfahrens liegt also darin, dass es die Durchsetzungsstrategien der Marktgewinner zur allgemeinen Regel erklären will, ohne dabei zu sehen, dass die Mehrheit der Marktteilnehmer von genau diesen Regeln benachteiligt werden. Wer nicht über die entsprechende Bildung verfügt, keinen elaborierten Sprachcode erlernt hat, und wessen Leben nicht aus erfolgreich bestandenen Bewährungsproben besteht, findet kaum einen Zugang zum Diskurs des deliberativen Verfahrens. Je mehr Bereiche der Öffentlichkeit aber davon strukturiert werden, desto mehr Menschen fühlen sich davon ausgeschlossen. Zusammen mit der Wut, die sich in den unklaren Verhältnissen gebildet hat und ohne Adressaten irrlichtert, entstehen so Milieus, die sich in keiner Öffentlichkeit mehr wiederfinden. Die sehr niedrige Wahlbeteiligung der unteren Einkommensklassen spiegeln diesen Befund ebenso wider wie die Bildungsungleichheit, bei der 80 Prozent der Kinder aus Akademikerhaushalten ein Studium beginnen, während das nur 28 Prozent der Kinder von Nichtakademikern wagen. In den gespaltenen Gesellschaften der Spätmoderne ist es darum wenig überraschend, dass die deliberative Öffentlichkeit zusehends von chaotisch desorganisierten Formen von Öffentlichkeit überblendet wird.

DIE OFFENE ÖFFENTLICHKEIT

Die offene Öffentlichkeit unterscheidet sich von der deliberativen Öffentlichkeit in zwei Aspekten. Der eine Aspekt betrifft die Art der öffentlichen Kommunikation und der andere die Funktion der Öffentlichkeit für die Gesellschaft. Die Besonderheit öffentlicher Kommunikation besteht darin, dass sie vor Publikum stattfindet. Wenn eine Rede gehalten, ein Zeitungsartikel veröffentlicht, eine Kurznachricht auf Twitter verschickt wird oder jemand im Fernsehen auftritt, allen Äußerungen ist gemein, dass sie ihre Mitteilung nicht für sich selbst treffen, sondern andere Menschen damit erreichen wollen. Aus dieser einfachen Tatsache folgen verschiedene Konsequenzen. Zum einen ist eine öffentliche Aussage nicht nur die Vermittlung eines Inhalts, sondern die Art des öffentlichen Auftritts beeinflusst sowohl den Inhalt als auch die Art des öffentlichen Raums. Wer auf dem Marktplatz eine fanatische Rede hält, bekommt ein anderes Publikum als derjenige, der seine Waren anpreist oder eine Predigt hält. Und wer eine politische Rede hält, die den meisten auf dem Marktplatz gefällt, bekommt eine andere Öffentlichkeit als derjenige, der eine Minderheitenmeinung vertritt. Sowohl die Art als auch der Inhalt des Auftritts bestimmen die Gestalt der Öffentlichkeit.

Im Verlauf der Neuzeit wird der Einfluss technischer Bedingungen auf die Form der Öffentlichkeit immer größer. Ohne Mikrophon braucht der Redner auf dem Marktplatz eine anders geübte Stimme als vor dem Mikrophon in einem Radiostudio. Ein gesprochener Text ist anders aufgebaut als ein geschriebener. Ein Hörer hat eine andere Konzentration und lauscht auf andere Signale als ein Leser. Je differenzierter die jeweiligen Arten der Kommunikation sind und je technisch vermittelter der Raum ist, desto mehr wird die Gestalt der Öffentlichkeit davon bestimmt. Spätestens mit den technischen Möglichkeiten der Massenmedien im 20. Jahrhundert gilt die Faustformel: Die mediale Vermittlung wird umso dominanter für die Inhalte, je komplexer ihre Techniken der Verbreitung sind.

Man muss nicht gleich dem Mantra des Mediengurus Marshall McLuhan glauben, der schon in den 1960er Jahren behauptet hat, dass der wichtigste Inhalt der Medien sie selbst seien, doch die Tendenz weist in diese Richtung. Die Transformation eines realen Ereignisses in die Form einer Fernsehnachricht formt ein ganz eigenes Bild der Realität. Um sich die Tragweite der Veränderung bewusst zu machen, muss man sich nur einmal vorstellen, wie das gleiche Ereignis in dem persönlichen Bericht eines Beteiligten geschildert worden wäre, oder in einer Zeugenaussage vor Gericht. Wer einmal eine Empörungswelle auf Twitter verfolgt hat, kann verwundert beobachten, wie zuverlässig selbstverstärkend die Gesetze dieses Mediums wirken. Die geringe Zeichenzahl zwingt zur Zuspitzung, und der rasche Wechsel der Themen erzeugt eine hohe Reaktionsgeschwindigkeit. Beides zusammen ergibt eine durch das Medium erzeugte Stress-Situation, in der sich in Sekundenschnelle steile Behauptungen und hasserfüllte Anschuldigungen aneinander hochschaukeln.

Als weitere Besonderheit verfügen die sozialen Medien wie z. B. Twitter über eine Funktion, bei der unliebsame Zuschauer ausgeschlossen werden können. Jeder kann dort jeden anderen »blocken«, was bedeutet, dass die geblockte Person die Mitteilungen des Blockierenden nicht mehr sehen kann. In dieser Funktion treffen exemplarisch die entgegengesetzten Funktionen einer offenen Öffentlichkeit auf die einer geschlossenen Öffentlichkeit. Was im privaten Rahmen selbstverständlich ist, über den Zugang und Ausschluss willkürlich zu bestimmen, unterscheidet sich gerade von der öffentlichen Situation. Sie ist prinzipiell für alle offen und ihr Zugang wird nur durch andere Systemlogiken beschränkt. So kann die Sexualmoral den Zugang durch Altersbeschränkungen regulieren, oder der Markt legt Preise für besonders begehrte öffentliche Ereignisse wie Kino, Fußballspiele oder Theater fest. Doch gäbe es diese Einschränkungen nicht, wären die Ereignisse offen für alle, die zuschauen wollen. Jemanden von einer Theateraufführung oder einem Fußballspiel auszuschließen, weil die Haarfarbe oder politische Meinung nicht gefällt, wäre ein Angriff auf die Öffentlichkeit.

Das Blocken bei Twitter steht quer zu diesen beiden Systemlogiken. Es zeigt, dass Twitter zwar ein öffentliches Medium ist, das aber von privaten Nutzern betrieben wird. Es ist ein Stammtisch, der für alle offen ist, außer für diejenigen, die draußen bleiben müssen. Twitter ist ein öffentlich-privater Zwitter. Seine Erregungskurven sind also nicht nur der Empörungslust seiner Nutzer, sondern auch seiner medialen Struktur geschuldet. Man ist unter sich und lässt sich dabei von einer anonymen Menge zuschauen. Man will von vielen gesehen werden und sich zugleich von Einzelnen dabei nicht beobachten lassen. Das Blocken ist die technische Lösung der paradoxen Emotionen, die in den sozialen Netzwerken ausgelebt und provoziert werden. Man will als einzigartiges Individuum anerkannt sein und zugleich die Folgekosten der Individualität nicht tragen. Man will, dass die Öffentlichkeit exakt den Regeln des privaten Nahbereichs entspricht, und zugleich will man die Enge der privaten Welt gegen die Aufmerksamkeit einer möglichst großen Öffentlichkeit tauschen. Es soll so überschaubar sein wie zu Hause, aber so aufregend wie in der Welt.

Je stärker die technischen Bedingungen des Mediums in die Kommunikation eingreifen, desto deutlicher tritt hervor, dass immer auf zwei Ebenen zugleich kommuniziert wird. Es gibt die Mitteilungsabsicht und es gibt die Bedingungen, in denen diese sich äußern muss. Wer gegen einen Sturm anschreit, klingt anders, als wer unter der Bettdecke flüstert. Wer sich im Fernsehen äußert, greift zu anderen Worten, als wer sich im privaten Dialog austauscht. Die deliberative Öffentlichkeit wollte die Eigendynamik des vermittelten Sprechens durch eine allgemein anerkannte Rationalität eindämmen. Das ist verständlich, doch erscheint es spätestens angesichts der Wirkung, die die sozialen Netzwerke haben, wie ein aussichtsloser Kampf. Die Dominanz des Mediums wird zum Hauptkennzeichen moderner Öffentlichkeit.

Auf der praktischen Ebene zeigt sich das darin, dass die Sprechenden nur zum geringen Teil miteinander kommunizieren und zu einem sehr viel größeren Teil mit dem Publikum. In einer Talk-Show z. B. wird diese doppelte Adressierung zum Kern der Unterhaltung. Die Teilnehmer reagieren zwar aufeinander, doch findet diese Kommunikation nicht statt, um den anderen besser zu verstehen oder gar von dessen Argumenten überzeugt zu werden. Diese Kommunikation findet allein statt, um das Publikum von der eigenen Position zu überzeugen und die der anderen abzuwerten. Es handelt sich also um eine Theateraufführung, die aufgrund der Improvisationslust der Beteiligten entsteht. Würden die Kombattanten ohne Publikum zusammensitzen und hätten sie die Aufgabe, für ein strittiges Thema Lösungsvorschläge zu erarbeiten, könnte eine gänzlich andere Kommunikation entstehen. Was öffentlich unvereinbar erscheint, könnte ohne Öffentlichkeit zu einem Kompromiss finden.

Das Modell der deliberativen Öffentlichkeit unterschätzt die Dynamik, die eine Kommunikation bekommt, wenn die Sprechenden nicht aufeinander hören, sondern vor einem Publikum glänzen wollen. Ebenso verkennt eine pauschale Kritik der Öffentlichkeit die dialektische Beziehung, die sich zwischen dem Einfluss des Mediums auf diejenigen, die öffentlich kommunizieren, und der dadurch geformten Öffentlichkeit ergibt. Es ist nicht nur so, dass das Publikum durch die Art der öffentlichen Kommunikation und der dafür verwendeten Medien seine Form erhält, sondern auch die Sprechenden selbst werden durch die Situation der Sicht- und Hörbarkeit geformt. Der emotional einfachste Ausdruck dieser Formung besteht in der Aufregung, die jeder öffentliche Auftritt mit sich bringt. Das menschliche Bewusstsein reagiert auf das öffentliche Angeschautwerden äußerst sensibel. Nicht wenige Menschen sind von diesem Stress so überfordert, dass sie jedes öffentliche Auftreten vermeiden. Auf der anderen Seite gibt es Zeitgenossen, die aus der Veröffentlichung ihres Lebens einen Genuss ziehen. Seien es Youtube-Influencer oder die Stars, die allein dafür berühmt sind, berühmt zu sein, sie alle empfinden die Öffentlichkeit als Steigerung ihres Daseins, und ihr Leben steht unter dem Regime, als Ereignis für die Öffentlichkeit interessant sein zu müssen.

Die Rückwirkung einer öffentlichen Resonanz auf das Verhalten des Einzelnen zählt seit den Anfängen der Kunst zu ihren treibenden Kräften. Der Fetisch des Geniekünstlers, dessen Alltag eine Aneinanderreihung von spektakulären Ausnahmen ist, gehört seit der Renaissance zu den erfolgreichen Techniken der Selbstvermarktung. Und es ist zu vermuten, dass die meisten Zerstörungen von Hotelzimmern durch Rockbands und nicht wenige Seitensprünge von Prominenten, die von Boulevardmedien aufgedeckt werden, allein zum Zwecke der Imagesteigerung passieren. Die Sensation erzeugt ein Publikum, dessen Sinne immer nervöser nach dem Neuen suchen, und zugleich entsteht ein Markt für die Sensationen, der von Menschen, die ihre Besonderheit öffentlich kultivieren, bedient wird.

Auf Seiten des Publikums gibt es wiederum zwei Reaktionsweisen, die jede für sich die Funktion der Öffentlichkeit beeinträchtigen können. Die Schweigespirale und die Massenpanik sind die beiden gefährlichsten Ausprägungen der menschlichen Fähigkeit zur Synchronisation, wie sie in der Öffentlichkeit stattfinden können. Bei der Massenpanik verlieren Menschen ihr Urteilsvermögen und unterwerfen sich einem Herdentrieb. Die Folgen sind oft tödlich und die Ursachen selten gerechtfertigt. Die faschistische Ideologie und die Rhetorik des auratischen Führers provozieren absichtlich eine solche Unterwerfung und produzieren damit eine gefügige Masse. Wie schnell Menschen ihre Eigenständigkeit verlieren, zeigt jede Art von Massenpanik aufgrund einer Gefahr. Wird diese Gefahr durch die politische Rede imaginiert, so taugt die latente Bedrohung zur Vereinigung hinter dem Redner und zur feindseligen Abgrenzung gegenüber dem Feind. Wie einfach das Freund/Feind-Gefühl auch in spätmodernen Gesellschaften hervorzulocken ist, wird in der Identitätspolitik deutlich.

Mit der Schweigespirale[29] wird vordergründig ein gegenteiliger Effekt beschrieben. Menschen geraten in die Schweigespirale, wenn sie ihre eigene Meinung nicht mehr sagen, weil sie bemerken, dass sie in der Minderheit sind und

Gefahr laufen, als Minderheit Ablehnung zu provozieren. Auch bei der Schweigespirale handelt es sich um einen selbstverstärkenden Effekt. Denn je größer die Menge derjenigen wird, die schweigen, desto weniger Menschen bringen noch den Mut auf, ihre Meinung trotz des erwarteten Widerspruchs noch zu sagen. Da die Schweigespirale ein wirkungsvolles Mittel ist, um andere Mehrheiten vorzutäuschen als sie tatsächlich vorhanden sind, wird der soziale Druck von autoritären Regimen ausgenutzt, um konforme Stimmungen herzustellen. Dass diese Methode seit einigen Jahren auch in der liberalen Öffentlichkeit immer häufiger zu beobachten ist, kann als weiteres Indiz für die Krise gelten.

Wenn 63 Prozent der Deutschen nach einer Umfrage 2019[30] meinen, sie könnten nicht mehr frei ihre Meinung sagen, weil sie Angst vor negativen Folgen hätten, so beschreibt diese Zahl genau den Mechanismus der Schweigespirale. Wie tief die Öffentlichkeit inzwischen gespalten ist, kann man daran sehen, dass der eine Teil diese Zahl als besorgniserregende Entwicklung ansieht, während der andere Teil, dessen Empörungswellen maßgeblich dazu beigetragen haben, dass eine Mehrheit verstummt ist, die Zahl selbst für Propaganda hält. Dieser Teil begrüßt die hohe Zahl der Verstummten, weil er darin zu Recht einen Erfolg seiner Einschüchterung sieht. Er unterstellt damit, dass alle, die sich nun nicht mehr frei äußern mögen, ansonsten moralisch anstößige Aussagen getätigt hätten. Dieser Teil sieht in den 63 Prozent keine Einschränkung der Meinungsfreiheit, sondern eine Reinigung der Öffentlichkeit von Stimmen, die kein Recht darauf haben, öffentlich gehört zu werden. Die Höhe der Zahl wird als Erfolg gewertet, und dass über die Ursachen öffentlich diskutiert wird, gilt es zu verhindern, da eine solche Debatte nur der »falschen« Seite nutzt. Die Schweigespirale wird von denjenigen, die davon profitieren, als Phänomen geleugnet oder in ihren Folgen positiv bewertet.

Die offene Öffentlichkeit soll hingegen eine Situation ermöglichen, in der Aussagen und ihr Verstehen kontingent sind und zugleich als Gespräch in einer gemeinsamen Welt realisiert werden. Für die Manifestation der Öffentlichkeit macht es also einen Unterschied, ob das Publikum die öffentlichen Aussagen isoliert oder als Teil einer Menge erlebt. Und es macht einen Unterschied, ob das Publikum sich voneinander abgrenzt, da es Angst hat, seine Meinung öffentlich sichtbar werden zu lassen, oder ob es sich angstfrei zu seiner Meinung bekennt. Wer in der Schweigespirale steckt, gehört nicht mehr zum Publikum einer offenen Gesellschaft, sondern ist zum Untertan einer geschlossenen Gesellschaft geworden.

Begreift man die zentrale Funktion von Öffentlichkeit als Möglichkeitsraum, in dem das Unbekannte und noch nicht Entschiedene verhandelt wird, um es auf seine Realitätstauglichkeit hin zu prüfen und zugleich die Meinung der Beteiligten daran zu entwickeln, so sind alle Versuche, diese Offenheit einschränken zu wollen, vor allem eine Gefahr für die Zukunftsfähigkeit der Gesellschaft. Jede Einschränkung geht davon aus, dass sie schon weiß, was zukünftig das Beste für alle sein wird. In einzelnen Sachfragen mag diese Prognose ihre Berechtigung haben, doch alle Entwicklungen, die über das Tagesgeschäft hinausweisen und damit die eigentlich politischen Fragen bedeuten, werden dadurch in ihrer Komplexität beschnitten.

Unter der Perspektive, dass Öffentlichkeit für die Kontingentsetzung der Gegenwart wichtig ist, um der unbekannten Zukunft möglichst komplexitätstauglich begegnen zu können, sind deliberative Einhegungen darum ebenso zu kritisieren wie alle populistischen Verkürzungen. Beide greifen, so unterschiedlich ihre Verfahren auch sind, in einen Prozess ein, dessen Funktion gerade darin besteht, dass niemand wissen kann, wohin er führen wird. Diese Funktion ist angesichts der alle Kategorien sprengenden Herausforderungen des Anthropozäns so existentiell wie kaum etwas, das die Moderne bewältigen musste. Dass die Öffentlichkeit seit einigen Jahren genau diese Offenheit immer mehr verliert, muss darum mit Sorge gesehen werden.

Die Formenvielfalt, in der Öffentlichkeit entstehen kann, folgt der dialektischen Bewegung zwischen den Interessen der Mitteilung, den Interessen des Publikums und den technischen Medien, die für die Verbreitung verwendet werden. Die systemtheoretische Beschreibung leitet aus dieser Dreiecksbeziehung die Funktion von Öffentlichkeit ab. Diese besteht darin, Kommunikation sichtbar zu machen, so dass Kommunikation über Kommunikation entstehen kann. Damit unterscheidet sich öffentliche Kommunikation grundsätzlich von nicht-öffentlicher Kommunikation.

In der nicht-öffentlichen Kommunikation wird eine Information mitgeteilt. Jemand fragt nach der Uhrzeit und jemand anderes antwortet. Jemand hat ein Problem und jemand anderes soll ihm helfen. Hier sind Missverständnisse und Konflikte möglich, die in Sackgassen enden oder zum Gesprächsabbruch führen können, doch verbleibt die Kommunikation im Raum zwischen den Beteiligten. Findet hingegen ein solcher Dialog öffentlich statt, weil er z.B. auf einer Bühne aufgeführt wird, so entzünden sich daran viele Fragen, die für die Beteiligten nicht Teil ihrer Kommunikation sind. Kennen sich die beiden, handelt es sich um einen

Flirt oder gar um eine geheime Absprache unter Agenten? Was auf der alltäglichen Ebene routiniert abläuft, kann durch eine solche Beobachtung zu einer komplexen Situation werden, da die einfache Mitteilung einer Information zu einem mehrdeutigen Sinnzusammenhang wird. Die Beobachtung von Kommunikation eröffnet Verstehensmöglichkeiten, die von den Kommunizierenden selbst nicht intendiert sein müssen. Und zugleich verändert das Beobachtetwerden, wenn es von den Beteiligten realisiert wird, ihr Kommunikationsverhalten. Sie kommunizieren nun nicht mehr nur mit ihrem Gegenüber, sondern auch mit dem Publikum.

Die Öffentlichkeit institutionalisiert diese Steigerung der Komplexität, indem sie zwischen denjenigen, die öffentlich agieren, und denjenigen, die ihnen dabei zuschauen und zuhören, ein Verhältnis stiftet. Dieses Verhältnis besteht aus einer Trennung und einer Bindung, und beides zusammen führt zu der doppelten Adressierung der Mitteilungen und zu einer doppelten Perspektive der Zuschauenden. Wer einer politischen Rede zuhört, kann sich von ihr anregen lassen, sie prüfen oder ablehnen. Zugleich nimmt er wahr, wie die anderen die Rede bewerten. Er lernt also etwas über sich selbst und seine Meinung, und er kann beobachten, wie die anderen reagieren. Zugleich prüft der Redende, wie seine Worte ankommen und versucht, die Reaktionen durch sein Sprechen so zu beeinflussen, dass sie seinen Absichten entgegenkommen.

Zugleich ist jedes Publikum frei, eine andere Beobachtungsposition zur öffentlichen Kommunikation einzunehmen. Wer einer Messe beiwohnt, kann, statt zu beten und dem Ritual zu folgen, die schöne Architektur bewundern und die Kleidung des Priesters aufregend finden. Öffentlichkeit setzt die Beobachtungssituation selbst kontingent und zugleich arbeitet jeder, der öffentlich kommuniziert, daran, diese Kontingenz einzudämmen. Die Besucher der Messe sollen gläubig dem Ritual folgen und keine kunsthistorischen Überlegungen anstellen.

Doch egal wie frei oder gehemmt sich die öffentliche Beobachtung vollzieht, sie dient dazu, die eigene Meinung auszubilden. Niklas Luhmann bezeichnet die Öffentlichkeit darum als den »heiligen Geist«[31] der Gesellschaft. Damit meint er, dass die Öffentlichkeit kein Ort ist, den man einfach definieren kann, sondern dass es sich um eine besondere Beobachtungssituation handelt, die alle Beteiligten in eine öffentliche Situation versetzt. Mit Öffentlichkeit ist also weder ein Gegenstand wie etwa ein Radio gemeint noch ein Ort wie der Marktplatz, sondern sie kann überall entstehen, wo einer oder mehrere die Kommunikation von einem oder mehreren beobachten. Das Besondere an der öffentlichen Situation ist dabei, und darin unterscheidet sie sich z. B. vom Voyeurismus oder einer geheimen Überwachung, dass beide Seiten wissen, dass sie beobachten, bzw. beobachtet werden, und dass dieses gemeinsame Wissen sich auf die Kommunikation auswirkt.

Der heilige Geist der Öffentlichkeit besteht darin, dass er eine Beobachtung von Kommunikation ermöglicht, die die Kommunikation verändert, so dass sie als Medium für die Belange aller tauglich wird. Luhmanns Metapher vom Heiligen Geist weist also in die Richtung eines emphatischen Begriffs von Öffentlichkeit. Denn so wie die Apostel in allen Zungen sprechen konnten und in alle Teile der Welt auszogen, um das Wort des Herrn zu verbreiten, als der Heilige Geist im Pfingstwunder in sie gefahren ist, so soll die öffentliche Kommunikation die Welt zum Gegenstand eines

gemeinsamen Gesprächs machen. Warum das so selten gelingt und wie nötig eine solche komplexitätstaugliche öffentliche Kommunikation wäre, gehört zu den wichtigsten
Themen der Öffentlichkeit.

2.
UNSER ALLER WIDER-SPRÜCHE

IST DIE ÖFFENTLICHKEIT GUT ODER BÖSE?

Die Öffentlichkeit steht in vielfacher Verbindung zur Tiefenstruktur gesellschaftlicher Widersprüche. Jede öffentliche Kommunikation, sei sie kritisch, populistisch, unterhaltsam oder banal, gibt Auskunft über ihre Zeit. Und jede Gesellschaft hat andere Widersprüche, die sie zu zerreißen drohen, die sie austragen muss und die sie verleugnen will. Das Verhältnis zwischen den Widersprüchen, die es in der Realität gibt, und der Art, wie sie öffentlich sichtbar werden können, entscheidet über den Zustand, in dem sich eine Gesellschaft befindet. Nur die Widersprüche, die öffentlich sichtbar werden können, können auch öffentlich verhandelt werden. Und nur die Widersprüche, die öffentlich verhandelt werden, können zu Veränderungen führen. Und nur die Prozesse, die ergebnisoffen geführt werden, können zu Entwicklungen führen, die den aktuellen Zustand der Gesellschaft erweitern.

Gesellschaften, die die Widersprüche aus der Öffentlichkeit verbannen wollen, die ihre Kommunikation einschränken und die Ergebnisse vorwegnehmen, berauben sich selbst der Qualität einer offenen Öffentlichkeit. Die Beschneidung der Kontingenz kann aus Furcht vor der freien Gesellschaft erfolgen oder ihre Ursache in einer autoritären Führung haben. Sie kann aber auch aus der Behauptung erfolgen, dass ein Expertengremium besser über die großen Probleme der Zeit nachzudenken vermag, und die Öffentlichkeit nur als Ort taugt, wo diese Entscheidungen verbreitet werden. Die alte Unterscheidung zwischen einer geschlossenen Öffentlichkeit, die allein zur Veröffentlichung der Machtdirektiven dient, und der offenen Öffentlichkeit, die für alle Meinungen zugänglich ist, ist heute durcheinander geraten. Wenn z. B. Politiker ihre schlechten Wahlergebnisse damit begründen, dass sie ihre Politik nicht gut genug erklärt haben, so gestehen sie damit ein, dass Öffentlichkeit für sie eine Einbahnstraße ist. Sie beugen sich dem Wählerwillen und signalisieren zugleich, dass es der Wähler leider nicht besser gewusst hat und darum weiter belehrt werden muss.

Die kritische Theorie der deliberativen Öffentlichkeit geht ebenfalls von dieser Unterscheidung aus und stellt von da aus Forderungen an eine gelungene Öffentlichkeit. Damit unterscheidet sich diese Theorie grundlegend von der funktionalen Beschreibung von Öffentlichkeit, wie die Systemtheorie sie vornimmt. Für diese ist Öffentlichkeit kein Instrument, das eine bestimmte politische Agenda durchsetzen soll, sondern sie ist ein Beobachtungsverhältnis, durch das Meinungen und Themen kontingent gesetzt werden. Eine solche funktionale Beschreibung der Öffentlichkeit ist für die kritische Theorie nicht ausreichend, da sie mit der Öffentlichkeit ein normatives Modell verbindet. Der kritische Blick auf die Dummheit und Verrohung der Öffentlichkeit, ihren Missbrauch durch politische Regime und ihre Manipulierbarkeit durch Werbung und Ideologie bestimmen ihre Analyse. Schon Karl Marx beschreibt 1843 in einem Brief an Arnold Ruge, dass die Aufgabe der Öffentlichkeit darin bestehe, eine »Selbstverständigung der Zeit über ihre Kämpfe und Wünsche«[32] zu ermöglichen. Öffentlichkeit wird seitdem von der kritischen Theorie nicht als eine besondere Form der Kommunikation verstanden, sondern sie bekommt eine Aufgabe, die sie besser oder schlechter erfüllen kann.

Wie oben gezeigt, funktioniert für Habermas die Öffentlichkeit um so besser, je mehr sie sich nach den Regeln der Deliberation richtet. Ein solcher normativer Blick kann helfen, einzelne Phänomene besser zu beschreiben. Er versagt jedoch zusehends vor der Fülle der Ereignisse, die öffentlich kommuniziert werden. Spätestens mit den technischen Möglichkeiten des Internets verschwimmen die Grenzen zwischen privat und öffentlich, da jede Mitteilung ein potenziell weltweites Publikum hat. Wenn die Zahl von Sendern und Empfängern gleich groß ist, gelten alle Einhegungsbemühungen nur noch für kleine Inseln im Meer einer unendlichen Vielfalt von öffentlicher Kommunikation.

Nur der kleinste Teil der spätmodernen Öffentlichkeit beschäftigt sich noch mit ernsthaften Fragestellungen, die in deliberativ verantwortungsvollen Diskursen behandelt werden. Der meiste Raum wird von chaotischen Kommunikationsereignissen ausgefüllt. Diese Fülle als Verhängnis einer Kulturindustrie abzutun, die dem Zweck der Volksverdummung dient, oder die als gefährliche Bosheit einer unbedachten Masse zu beargwöhnen ist, folgt der Gewohnheit, mit der die gebildeten Stände seit jeher auf das einfache Volk geblickt haben. Dabei schwankt die bildungsbürgerliche Einschätzung zwischen der Sorge, dass sich dort gefährliches Unheil zusammenzubrauen droht, und der Herablassung, dass die einfachen Leute nicht unterscheiden können, was Wahrheit ist und wo sie belogen werden. Dieser Dünkel findet sich bis heute als Grundton in allen mah-

nenden Untersuchungen, die die öffentliche Kommunikation in den weltweiten Netzwerken einhegen oder gar
verbieten wollen.

Was im Einzelfall eine justiziable Beleidigung sein kann,
die bestraft wird, ist als Ereignis in einer technisch entgrenz-
ten Öffentlichkeit eher als Symptom für eine Kommunikation anzusehen, bei der die soziale Situation durch die technischen Möglichkeiten der Distanzierung und Verbreitung
aus der Balance geraten ist. Jeder dumme Spruch, der im
Nahbereich maximal ein Achselzucken oder eine ebenfalls
scharfe Entgegnung provoziert hätte, wird, wenn er millio-
nenfach bemerkt werden kann, zu einem öffentlichen Poli-
tikum. Schaut man normativ auf diese Entgleisungen, so
droht die kritische Analyse aufgrund der Vielzahl der Ereignisse selbst zu entgleisen. Sie gerät dann entweder ins Fahr-
wasser des Kulturpessimismus, der in jedem aggressiven
Tweet den Untergang des Abendlandes heraufziehen sieht,
oder sie fühlt sich genötigt, einen immer dringlicheren moralischen Ton anzuschlagen, um die Masse der Idioten doch
noch auf einen guten Weg zu leiten. Beides mag berechtigt
erscheinen, doch werden weder der Kulturpessimismus
noch die Belehrung dem Phänomen der spätmodernen Öffentlichkeit in befriedigender Weise gerecht. Darum soll
hier ein anderer Blick versucht werden.

Öffentlichkeit ist immer da vorhanden, wo Kommunikation die im vorigen Kapitel beschriebenen zwei Kriterien
erfüllt: Sie findet für zwei Adressaten zugleich statt – das
Gegenüber und ein Publikum –, und sie ermöglicht die Beobachtung von Kommunikation durch ein Publikum. Beide
Verdopplungen dienen der Funktion, Themen, Argumente
und Meinungen kontingent zu setzen und damit einer Reflexion zugänglich zu machen. Welche Themen hier auf

welche Art verhandelt werden, spielt für diese Bestimmung erst einmal keine Rolle. Der Gewinn einer solchen neutralen Beobachtung liegt darin, dass auch die Formen, in denen Widersprüche verhandelt oder ausgeblendet werden, als eigene Inhalte beobachtet werden können.

Wenn z. B. ein bestimmter Widerspruch öffentlich gar nicht verhandelt wird oder ein anderer Widerspruch nur in einer bestimmten Form öffentlich werden kann, so sind diese Verzerrungen ein wahres Abbild der gesellschaftlichen Haltung gegenüber diesen Widersprüchen. Es wird hier also kein normatives Modell einer guten Öffentlichkeit zu Grunde gelegt, sondern ihre Funktion in den jeweiligen konkreten Widersprüchen beobachtet. Wenn es eine Qualität herauszufinden gilt, so liegt sie allein darin, dass eine bestimmte Art der Kommunikation einen Widerspruch konkret verhandeln kann, oder dass eine andere Art der Kommunikation den Widerspruch verschlimmert oder sogar ausblendet. Für alle drei Fälle gibt es eindringliche Beispiele.

Ein Beispiel für die konkrete Benennung von Widersprüchen ist die Art, wie die Ungleichheit in den Industriegesellschaften verhandelt wird. Die soziale Frage gehört zum Zentrum der Widersprüche aller Gesellschaften. Sie wird je nach Wirtschaftsordnung und politischer Macht aber anders gestellt. Die Arbeiterbewegung des 19. Jahrhunderts hatte mit Hilfe der sozialistischen Analyse zu einer Sprache und zu Konfliktformen gefunden, mit denen sie die systemischen Ungerechtigkeiten ins öffentliche Bewusstsein bringen und damit zumindest teilweise verbessern konnte. Die Ungleichheit konnte zwar nicht aufgehoben werden, aber sie konnte an vielen Stellen gemindert werden. Dass ein Sozialstaat entstanden ist, hat mit den Kämpfen der

Arbeiterbewegung ebenso zu tun wie mit einem öffentlichen Bewusstsein dafür, dass Ungleichheit kein göttliches Schicksal ist, sondern aus ökonomischen Gesetzen resultiert. Die unablässige Aufklärung über die Ursachen der Ungleichheit hat das Leben vieler Menschen besser gemacht. Und dass noch immer täglich über soziale Missstände berichtet wird, ist eben nicht nur ein Zeichen für die Schlechtigkeit der Welt, sondern auch für die allgemeine Sensibilität gegenüber der Ungleichheit und für den Unwillen, diese einfach hinzunehmen.

Ein Beispiel für eine Verschlimmerung der Widersprüche sind die Probleme, die sich aus der Integration unterschiedlicher Kulturräume ergeben. Von der einen Seite des politischen Spektrums wird bis heute geleugnet, dass Deutschland eine Einwanderungsgesellschaft ist. Die Leugnung führt in der Öffentlichkeit zu zahlreichen Schieflagen. So können weder konkrete Einwanderungsgesetze debattiert werden, noch kann die Überdehnung der Asylgesetze problematisiert werden, die aufgrund der fehlenden Einwanderungsgesetze für Arbeitsmigration missbraucht werden. Verschärft werden die Probleme der Leugnung dadurch, dass seit einigen Jahren eine gegenläufige Haltung immer stärker wird. Hier wird behauptet, dass es überhaupt keine Probleme mit der Integration unterschiedlicher Kulturen geben würde, und darum eine unbegrenzte Zuwanderung nicht nur möglich, sondern sogar wünschenswert sei.

Im Konflikt legen sich nun beide blinden Flecken – wir sind kein Einwanderungsland, jede Einwanderung ist gut – aufeinander und führen zu einer Frontstellung, die die konkreten Probleme ignoriert. Stattdessen werden die Ursachen der Probleme im jeweiligen Gegner verortet. Für die eine Seite muss über Migration nicht debattiert werden, weil es sie gar nicht geben soll, und die andere Seite will über die Bedingungen und Probleme von Migration nicht sprechen, weil sie als fraglos gut bewertet wird. Statt über die Vorzüge und Nachteile von Migration zu debattieren, wird darüber gestritten, ob die Meinung des Gegners überhaupt statthaft ist. Indem sich beide Seiten das Recht auf ihre Meinung absprechen, wird vermieden, die Widersprüche konkret zu benennen. Stattdessen führt die Vermeidung der Widersprüche zu einer erregten Sprachlosigkeit, bei der sich die Parteien gegenseitig ihr Rederecht und ihre Meinung absprechen. Die negativen Folgen sind alltäglich zu beobachten und können inzwischen als ein Kennzeichen spätmoderner Öffentlichkeit angesehen werden. Man spricht nicht über den Widerspruch, sondern will verhindern, dass der andere überhaupt sprechen darf.

Das dritte Beispiel, bei dem die Widersprüche ausgeblendet werden, betrifft die Probleme der Zukunft. Übersehen wird in allen Industriegesellschaften, wie fundamental der Paradigmenwechsel ist, den das Anthropozän bedeutet. Auf den ersten Blick könnten die Klimaleugner, die vor allem als Lobbyisten der Carbon-Industrie aktiv sind, als Hauptproblem erscheinen, und die vielen Protestbewegungen der letzten fünfzig Jahre könnten als Antwort darauf verstanden werden. Doch beide Parteien übersehen, wie viel komplexer das Erkenntnisproblem ist. Eine Ahnung von der Reichweite des neuen Denkens, das vom Anthropozän ausgeht, kann man bekommen, wenn man versteht, dass die Art der öffentlichen Proteste genau die Paradigmen des neuzeitlichen Subjekts reproduziert, die zum Klimawandel und zur Naturausbeutung geführt haben. Klimaleugner und Klimaprotestierer operieren beide mit der gleichen Vorstellung von handlungsmächtiger Subjektivität. Und für beide ist das

Anthropozän eine Herausforderung, die innerhalb der Logik der gegenwärtigen Gesellschaften zu lösen ist. Die einen blenden aus, welche Folgen das menschliche Handeln hat, und verlangen, den eingeschlagenen Weg mit kleinen Korrekturen weiterzugehen, und die anderen setzen ihre Erkenntnisse als neuen Maßstab und blenden dabei aus, dass auch ihre Orientierung den Mustern der neuzeitlichen Naturbeherrschung folgt. Die von beiden ausgeblendete Ungeheuerlichkeit besteht darin, dass die Menschheit aufgrund ihre Macht über die Welt in eine Lage versetzt ist, wo sie die Folgen ihrer Herrschaft nicht mehr beherrschen kann.

Die Art der öffentlichen Kommunikation ist bei allen Beispielen auf der systemischen Ebene gleich. Wie die Inhalte verhandelt werden, unterscheidet sich jedoch je nach politischer Absicht und weltanschaulicher Orientierung. Es kann dabei zu Widersprüchen kommen, die produktiv ausgetragen werden, oder zu blockierten Widersprüchen und zu verschleierten Widersprüchen. Das Kennzeichen spätmoderner Öffentlichkeit besteht darin, dass sowohl die Anzahl der Themen als auch die Variationen ihrer Darstellung ins Unermessliche angewachsen sind. Die Öffentlichkeit produziert nicht mehr nur Kontingenz, sondern wird mit einem Chaos an Kontingenzen konfrontiert, die in ihr nach Sichtbarkeit suchen. Je nach Perspektive kann man an diesem Chaos verzweifeln und die irrsinnigen Übertreibungen und Verzerrungen kritisieren, oder man nimmt diesen Status quo als Realität unserer Zeit. Schlägt man letzteren Weg ein, so verschiebt sich die Kritik von einer generellen Klage über eine verrohte und unübersichtliche Öffentlichkeit zu konkreten Einzelereignissen, in denen die großen gesellschaftlichen Widersprüche aufscheinen.

DER WALD VOR LAUTER BÄUMEN

Jedes menschliche Zusammenleben produziert Widersprüche und jeder einzelne Mensch muss lernen, mit den eigenen wie den fremden Widersprüchen umzugehen. Was man im Alltäglichen erlebt, wiederholt sich auf allen Ebenen von Organisationen und Systemen. Die Spätmoderne zeichnet sich dadurch aus, dass sich viele psychische, soziale und systemische Widersprüche überlagern, so dass die Frage nach dem alles bestimmenden Widerspruch unbeantwortbar geworden ist. Im Feudalismus war es eine bekannte, wenngleich gefährlich auszusprechende Wahrheit, dass der Hauptkonflikt zwischen den Adeligen und den Bauern verlief. In der Hochphase der Industrialisierung erkannte die marxsche Analyse den Klassenkampf zwischen den Ausbeutern und den Ausgebeuteten als Hauptwiderspruch. Gibt es eine solche Konfliktlinie und ist sie öffentlich bekannt, können sich alle weiteren Widersprüche an ihr orientieren. Der Adel begründet seine Privilegien mit einer göttlichen Ordnung, also muss auch die Religion kritisiert werden, da sie Teil der ungerechten Herrschaft ist. Die Kapitalisten ziehen die Staatsmacht, die Kirche und vor allem die Moral zur Hilfe, um ihre Vormachtstellung zu sichern. Staat, Kirche und Moral gehören darum zu den Hauptgegnern im Klassenkampf.

Auch in der Spätmoderne gibt es Versuche, die das Chaos der Widersprüche aus dem Hauptwiderspruch von Kapital und Arbeit ableiten wollen.[33] Ihre Prämisse besteht darin, dass das Chaos der spätmodernen Gesellschaften in zweifacher Hinsicht eine Bestätigung des einen Hauptwiderspruchs ist. Zum einen lassen sich alle Widersprüche auf den zwischen Kapital und Arbeit zurückführen. Und zum anderen gehört das Chaos der Bruchlinien, bei denen kein Hauptwiderspruch mehr zu erkennen ist, zur Verteidigungsstrategie des Kapitals. Beim Chaos handelt sich also nicht nur um die Folgen einer ausdifferenzierten Gesellschaft, sondern es wird absichtlich vergrößert, da die neue Unübersichtlichkeit die Interessen des Kapitals verschleiert. Wie hinter einer Nebelwand ist es den Blicken entzogen und kann öffentlich nicht mehr kritisiert werden.

Am Beispiel der Migrationsdebatte lässt sich diese Argumentation gut nachzeichnen. Ein Grund für Migration ist die ökonomische Ungleichheit in der Welt. Ein Grund für diese Ungleichheit ist die globale Wirtschaft, bei der die entwickelten Volkswirtschaften die ärmeren Länder übervorteilen können, was u.a. dazu führt, dass die Menschen von dort in die reichen Länder fliehen wollen. Gegen diese Migration gibt es in den reicheren Ländern Widerstand, der wiederum durch die Ungerechtigkeit des Kapitalismus zu erklären ist. Denn auch in den reicheren Ländern ist der Reichtum ungleich verteilt, und die Folgen der Migration gehen vor allem zu Lasten der ärmeren Bevölkerung. Die Migranten konkurrieren um die schlechter bezahlten Jobs, den günstigeren Wohnraum und die Sozialleistungen. So bringt derselbe Mechanismus Migranten und einheimische Bevölkerung gegeneinander in Stellung, obschon beide Seiten die Globalisierung als Hauptursache ihrer miserablen Lage erkennen müssten.

Seit Beginn des Sozialismus ist es ein Hauptärgernis für seine Vordenker, dass der Hauptwiderspruch die einzelnen Beteiligten nicht überzeugt und sie ihre »wahren« Interessen nicht erkennen. Die beiden wesentlichen Ursachen für diese Irrtumsanfälligkeit werden seitdem in der mangelnden Bildung und der absichtlich herbeigeführten falschen Bildung erkannt. Die mangelnde Bildung führt dazu, dass die alltäglichen Probleme als absolute Tatsachen erscheinen, ohne dass die hinter ihnen liegenden systemischen Strukturen begriffen würden. Statt den Zusammenhang zu durchschauen, erscheint das Naheliegende als das Konkrete. Für den Arbeiter wird der um seinen Arbeitsplatz konkurrierende Migrant zum Gegner, statt zu erkennen, dass der Kapitalist, der die Herrschaft über die Auswahl seiner Arbeitskräfte hat, der Nutznießer dieser Konkurrenz ist.

Die mangelhafte Bildung wird dann noch durch eine falsche Bildung verfestigt. Hier wird verbreitet, dass der Migrant nicht nur ein Konkurrent ist, sondern dass er dieses in böser Absicht tut und vielleicht sogar von den Kapitalisten ins Land geholt worden ist, um die einheimischen Arbeitskräften besser ausbeuten zu können. Diese Erklärungen fallen nicht selten auf fruchtbaren Boden, da die sichtbaren Folgen sie zu bestätigen scheinen. Dass Arbeitsmigration vom Kapital deutlich positiver bewertet wird als vom arbeitenden Teil der Bevölkerung, bestätigt zusätzlich die Vorurteile.

An dieser Stelle kommt die zweite Begründung ins Spiel, warum das Meinungschaos vor allem den Interessen der Gewinner des Hauptwiderspruchs dient. Sie geht von dem naheliegenden Verdacht aus, dass das Chaos nicht nur aus der zunehmenden Komplexität folgt, sondern auch eine absichtlich herbeigeführte Verwirrung ist. Die Absicht dahinter ist auch nicht schwer zu erkennen. Um die Ausbeutung gegen Kritik zu immunisieren, ist es die beste Strategie, wenn die Widersprüche zwischen Kapital und Arbeit hinter einem Schleier anderer Widersprüche versteckt werden. Um die Gegner des Kapitals zu schwächen, ist es die beste Methode, wenn man unter ihnen Streit sät, so wie zwischen

Migranten und einheimischen Arbeitskräften, oder auch zwischen Männern und Frauen sowie allen anderen gesellschaftlichen Milieus. Schon hier wird deutlich, welche Funktion die Identitätspolitik, die den Streit zwischen den verschiedenen Milieus befeuert, für das Kapital erfüllt, und warum sie deswegen vor allem aus sozialen Gründen kritisiert werden muss.

Das Meinungschaos der Spätmoderne ist darum kein unschuldiges Verirren in einer komplizierten Gegenwart, sondern eine ideologische Form, die konkreten Interessen dient. Diese Beschreibung schließt an Adornos Konstruktion der Kulturindustrie an. Adorno sah einen Zusammenhang zwischen einer Industrie, die Kulturgüter als Waren herstellt, und der mangelhaften Kritikfähigkeit der Menschen. Die Arbeiterklasse muss nicht nur entfremdet arbeiten, sondern bekommt in ihrer Freizeit auch noch Gefühlskitsch in Form von Pop-Musik, Hollywood-Filmen und Fernseh-Serien verabreicht, der die Subjekte von sich selbst entfremdet. Erst aus dieser doppelten Entfremdung durch die Arbeit und die Produkte der Kulturindustrie entsteht das manipulierbare Geschöpf, das der Kapitalismus als Arbeitskraft und Konsument benötigt. Die Erholung von der Arbeit mit Hilfe der Kulturindustrie macht nicht nur fit für den nächsten Tag, sondern sie verhindert auch, dass jemand auf rebellische Gedanken kommt.

Die raffinierteste Form der falschen Bildung besteht heute darin, dass in einer vermeintlichen Kritik am Kapitalismus sein Lob am lautesten verbreitet wird. Die jährlich wechselnden Moden der Filmindustrie bieten hierfür ausreichendes Anschauungsmaterial. Nach der Bankenkrise 2008 gab es zahlreiche Hollywood-Filme, in denen gierige Banker gezeigt wurden, die Drogen nehmen und mit kriminellen Machenschaften die Börse zu ihrem eigenen Vorteil manipulieren. Was oberflächlich wie Kritik an dem Berufsstand der Bankleute wirkt, ist auf der ideologischen Ebene das genaue Gegenteil. Die emotionale Botschaft dieser Filme ist: Das System wird von bösen Menschen missbraucht. Das System ist aber eigentlich gut. Vermittelt wird diese Botschaft dadurch, dass die bösen Banker einen hohen Unterhaltungswert haben, und jeder ihnen gerne bei ihrem aufregenden Leben zuschaut.

Um diese versöhnliche Botschaft wie Kapitalismuskritik aussehen zu lassen, werden zwei Aussagen miteinander vermengt. Zum einen werden die systemischen Ursachen der Bankenkrise auf einzelnes aber aufregendes Fehlverhalten reduziert, und zum anderen werden die Auswirkungen der Weltfinanzkrise auf Millionen Menschen ausgeblendet und stattdessen zur spannenden Geschichte eines irren Brokers gemacht. Die vermeintliche Kapitalismuskritik wird zur Unterhaltung, in der der Kapitalismus wie ein brutales Spiel unter großen, bösen Jungs wirkt. Man schaut ihnen fasziniert zu und erfährt nichts darüber, warum solche offensichtlich sozial gestörten Menschen so viel Macht bekommen konnten, und inwiefern das System solche Menschen planmäßig hervorbring, anlockt und vor allem benötigt. Durch eine solche Darstellung wird die systemische Gier des finanzialisierten Kapitalismus zur individuellen Charaktereigenschaft. Das System wird verteidigt, indem seine Gewalt einzelnen Menschen zugerechnet wird.

Der ideologische Gehalt einer Mitteilung liegt also nicht nur darin, was gesagt wird, sondern er liegt auch darin, was nicht gesagt wird, und was an dessen Stelle tritt und damit die Aufmerksamkeit auf sich zieht. Das »falsche Bewusstsein«, wie es Adorno von der Kulturindustrie hervorgebracht sah, wird alltäglich reproduziert, und zugleich ist seine Bewertung als »falsch« heute weniger eindeutig zu treffen. Das Besondere an der Hollywood-Bankenkritik, um bei diesem Beispiel zu bleiben, ist nicht, dass sie vollständig falsch wäre. Natürlich spielte die individuelle Gier und der Wettbewerb unter bösen Jungs bei der Finanzkrise eine Rolle, doch es handelt sich dabei nur um die eine Hälfte der Wahrheit. Die zweite Hälfte, die systemische Gier der Börse, durch die alles zum Gegenstand von Spekulation gemacht wird, ist ausgeblendet. Erst dadurch, dass die Psychologie der Börsenjunkies als die ganze Wahrheit erscheint, wird aus der halben Wahrheit eine ideologische Lüge.

Deren Folgen sind weitreichender als es die einer offen-sichtlichen Lüge gewesen wären. Jeder hätte eine plumpe Verteidigung der Börse nach 2008 als Propaganda durch-schaut. Die Verteidigung durch die Vortäuschung von Kritik ist ungleich wirkungsvoller, da sie zuerst ein Einverständnis herstellt, um dann eine falsche Erklärung als Lösung unter-zuschieben. Die halbe Wahrheit, die Bankenkrise ist die Folge von individueller Gier, besetzt nun den ganzen Platz der Kritik. Jeder, der nun das System der Finanzindustrie kritisieren will, konzentriert sich auf die Charakterfehler seiner Mitarbeiter. Mit dieser Dramaturgie täuscht der Hol-lywood-Film vor, sich an die traditionelle Enthüllungsfunk-tion der kritischen Öffentlichkeit anzuschließen und ver-kehrt deren Absicht dabei ins Gegenteil. Eine Aussage wird öffentlich wirkungsvoll, wenn sie wie ein Tabubruch wirkt, durch den ein lange gehütetes Geheimnis gelüftet wird. Der Blick hinter die Kulissen scheint einen Einblick in die wah-ren Zusammenhänge zu geben. Tatsächlich besteht der Trick darin, eine ideologische Absicht als Wahrheit erscheinen zu lassen, indem man sie als mutige Kritik und Blick hinter die

Kulissen inszeniert. Die Enthüllung der charakterlichen Fehler von Bankern erfüllt darum gerade nicht die Enthüllungsfunktion einer kritischen Öffentlichkeit, sondern missbraucht diese Tradition, um eine besonders raffinierte Verteidigung des Systems zu inszenieren.

Von daher hat die kulturkritische Analyse recht und unrecht zugleich. Es gibt in der Spätmoderne die ideologische Absicht, Widersprüche durch andere Widersprüche unsichtbar zu machen. Doch zugleich ist diese Methode selbst zum Gegenstand neuer Widersprüche geworden, die die Öffentlichkeit beschäftigen. Um diesen komplizierten Zusammenhang besser zu verstehen, ist ein Ausflug in die Nicht-Ideologie des Neoliberalismus nötig.

NEOLIBERALE ENTHEMMUNGEN

Das Spannungsfeld in offenen Gesellschaften erstreckt sich zwischen der Freiheit der Menschen und der Freiheit des Kapitals. Der Mensch kann sein Leben frei führen, doch seine Stellung innerhalb der ökonomischen Ordnung ist unfrei. Als Staatsbürger ist er frei, als Arbeitskraft und Konsument ist seine Freiheit materiell begrenzt. Im Unterschied dazu ermöglicht die ökonomische Ordnung dem Kapital, die liberale Freiheit für seine Geschäftsinteressen zu nutzen. Sein Ziel ist ein freier Markt, der ein unendliches Wachstum ermöglicht. Mensch und Kapital wollen gleichermaßen frei sein, doch ihre Freiheit bedeutet etwas komplett Unterschiedliches. Die Ansprüche der individuellen Freiheit und die Ansprüche des Kapitals auf freie Entfaltung begegnen sich auf dem Markt und stehen dort in einer systemischen Konkurrenz zueinander.

Die Industriegesellschaften Mitteleuropas und Nordamerikas haben in Reaktion auf diesen Widerspruch verschiedene Phasen durchlaufen. Nach dem Zweiten Weltkrieg folgten die »goldenen dreißig Jahrer« einem sozial-korporatistischen Paradigma. Vor allem in Deutschland wurde ein starker Sozialstaat entwickelt, der die schwankenden Anforderungen des Weltmarktes für die vom Export abhängige Wirtschaft ausgleichen sollte. Mit der Ölkrise der 1970er Jahre brach die Konjunktur ein und für das Erlahmen der Wirtschaft wurde die Überregulierung der Märkte verantwortlich gemacht. Rückwirkend ist zu erkennen, dass die Krise ausgenutzt wurde, um die lästigen Regulierungen des Kapitals abzuwerfen. Galt bis dahin die Systemkonkurrenz zwischen dem sozialistischen Teil der Welt und dem kapitalistischen Westen als Argument, den Sozialstaat auszubauen, damit die Arbeiter nicht auf revolutionäre Gedanken kommen, wurde diese Vorsicht nun immer mehr beiseite gewischt.

Unter der Fahne des Neoliberalismus werden seitdem die Märkte dereguliert, und damit wurde eine Dynamisierung in Gang gesetzt, die mit dem Zusammenbruch des Ostblocks nach 1990 Fahrt aufnahm. Der Westen betrachtet sich nun als Sieger der Geschichte, was nicht wenige dazu verleitet hat, gleich das Ende der Geschichte auszurufen. Die nivellierte Mittelschicht und der Konkurrenzkampf auf freien Märkten wurden für das Reich des ewigen Friedens gehalten. Der Triumph währte jedoch nur kurz. Der von sich selbst berauschte Westen und sein Modell einer offenen Gesellschaft sieht sich seitdem immer ohnmächtiger den globalen Finanzströmen ausgeliefert und ist in eine Kette von Krisen und Kriegen verstrickt. Spätestens seit der Weltfinanzkrise 2008 hat sich die Einsicht durchgesetzt, dass im

Inneren der freien kapitalistischen Gesellschaften etwas Grundlegendes nicht stimmen kann.

Nachdem fast vierzig Jahre lang vor allem die Wirtschaft widersprüchliche Forderungen nach weitreichenden Deregulierungen einerseits und andererseits nach einem starken Staat, der ihre Interessen schützt, erhoben hat, beginnen nun die Menschen, ihre Lage in einer deregulierten Welt zu beklagen. Die Anzahl von schmerzhaften Erfahrungen, bei denen ihr Leben durch Entscheidungen beeinträchtigt wird, auf die sie nicht nur keinen Einfluss haben, sondern die sie nicht einmal mehr verstehen können, ist zu hoch, und die Beispiele dafür, wie ein Heuschreckenkapitalismus die Lebenswelt zerstört hat, sind zu zahlreich. Wenn etwa ein international agierender Investmentfond ein Unternehmen kauft, um die profitablen Unternehmensteile herauszutrennen und die Kaufsumme als Schulden dem verbliebenen Restunternehmen aufzubürden, so ist die Zukunft von Menschen und Firma ruiniert. Der Profit fließt in die Taschen unbekannter Investoren, die Existenz vieler Familien ist gefährdet, wenn nicht zerstört. Dass eine solche Geschäftspraktik möglich ist, verdankt sich der Logik des globalen Kapitalismus; dass sie erlaubt ist, erklärt sich aus der Ohnmacht der offenen Gesellschaften gegenüber dem Weltmarkt. Doch warum es so etwas überhaupt geben soll, ist der betroffenen Öffentlichkeit immer schwerer zu vermitteln.

Das Band zwischen den allgemeinen Regeln, ihren wenigen Nutznießern und ihren zahlreichen Opfern ist zerrissen. Wenn eine Regel von denjenigen, die am meisten durch sie beeinträchtigt werden, nicht mehr verstanden wird, dann entsteht Widerstand. Doch wenn die Nutznießer der Regel ebenso abstrakt sind wie die Regeln selbst, dann findet der Widerstand keinen konkreten Gegner mehr. Der Widerspruch, der zum Leid geführt hat, bleibt nebulös. Der Nebel, der die Interessen schützen soll, indem er Opfer und Täter füreinander unsichtbar macht, führt auf Seiten der Opfer anfangs zur Frustration und mündet schließlich in eine orientierungslose Aggression. Das ist der aktuelle Zustand, in dem sich spätmoderne offene Gesellschaften befinden.

Die Dialektik der neoliberalen Öffentlichkeit besteht darin, dass die Deregulierung der Märkte und der Abbau der sozialen Sicherungen hinter einem Schutzschirm von abstrakten Beteuerungen versteckt wird und dass die daraus resultierende doppelte Ohnmacht – unsichere Arbeitsverhältnisse und verschleierte Ursachen – zu einer Gesellschaft des Zorns[34] geführt hat. Die Ideologie des Neoliberalismus und ihre Tarnung durch chaotische Bruchlinien haben zu einer wachsenden Ablehnung des gesamten Konzepts von offener Gesellschaft geführt.

In der Hochphase neoliberaler Erfolge sah es so aus, als könnte es gelingen, eine Ideologie dadurch unangreifbar zu machen, dass sie sich selbst als Nicht-Ideologie tarnt. Der Anschein einer Nicht-Ideologie wird vor allem dadurch hervorgebracht, dass die Kernaussage des Neoliberalismus darin liegt, keine zentrale Aussage mehr zu haben. Er versteht sich selbst als eine Regel, die alle Regeln außer Kraft setzen soll. Übrig bleiben sollen ein freier Markt und bindungslose Menschen, die sich nur noch als Akteure im Wettbewerb begegnen. Doch dieser Anschein blendet aus, dass für die Organisation einer solchen Freiheit sehr robuste Staaten erforderlich sind, die sämtliche Folgekosten übernehmen, die vom freien Spiel der Marktkräfte nicht abgegolten werden. Die Folgekosten eines hemmungslosen Kapitalismus sind für Menschen, Gesellschaft und Natur gewaltig. So haben die Glaubenssätze vom Menschen, der ein Unternehmer seiner selbst sein soll, und die Predigt von den Vorzügen einer grenzenlosen Welt, in der Diversität und Flexibilität herrschen, nicht nur die Märkte dereguliert, sondern vor allem die Menschen zuerst verunsichert und dann enthemmt.

Die entsicherte Öffentlichkeit ist kein Problem, das durch individuelle Charakterfehler erklärt werden kann, sondern sie folgt aus einer Entwicklung, bei der die Widersprüche immer weiter in jeden einzelnen Menschen hineinverlagert werden und die öffentliche Verhandlung der Widersprüche immer unmöglicher wird. Wenn jeder ein Unternehmer seiner selbst werden soll und zugleich das Opfer von unternehmerischen Entscheidungen wird, die weit außerhalb des Bereichs getroffen werden, auf den die Gesellschaft noch Einfluss hat, so fühlt sich die aktivierte Arbeitskraft nicht nur betrogen, sondern ihre geforderte Bindungslosigkeit setzt sich in Wut um, die keine Rücksicht mehr nimmt. Wer diesen Zusammenhang ignoriert und stattdessen die entsicherte Öffentlichkeit als Folge von individuellem Fehlverhalten erklärt, verfolgt also eine politische Absicht. Wer die wachsende Wut auf individuelle Charakterfehler reduziert, betreibt das Geschäft der neoliberalen Agenda. Indem die Zusammenhänge zwischen den öffentlichen Emotionen und den ökonomischen Tiefenstrukturen ausgeblendet werden, soll die Gegenwart weiterhin der Nicht-Ideologie des Neoliberalismus unterworfen bleiben.

Die Interessen des Kapitals profitieren von einer Öffentlichkeit, in der die Wut auf die Rendite keinen Adressaten findet und die sich stattdessen in Hassbotschaften verirrt, die sich gegen irgendjemanden richten, der zum Sündenbock taugt. Die wohlmeinenden Verteidiger der neoliberalen Gesellschaft nehmen nun diese falsch adressierte Wut zum Anlass, um die Wutbürger zu maßregeln. Statt die falsch formulierte und an die Falschen gerichtete Wut in die richtige Form zu bringen, werden die Wütenden selbst zum Problem erklärt. So werden die Verteidiger einer zivilisierten Öffentlichkeit zum besten Schutzschild des Kapitals.

Falsch adressierte Wut und ihr Missverstehen sind gleichermaßen Symptome einer Öffentlichkeit, in der eine Krise anwesend ist, die noch nicht zu ihrer Sprache gefunden hat. Andreas Reckwitz hat für die latente Krise im Neoliberalismus den Begriff der »Überdynamisierungskrise«[35] gefunden. Damit ist der Kern der Nicht-Ideologie gut beschrieben: Der Einzelne muss dynamisiert werden, indem er für sich selbst und alle anderen zum Problem erklärt wird. Das Mittel dafür ist eine generelle Vertrauenskrise. Niemand soll sich mehr darauf verlassen können, dass ihn eine solidarische Gemeinschaft unterstützen wird, denn eine solche Gewissheit macht nur faul. Zugleich soll sich niemand mehr auf universelle Rechte verlassen dürfen, da die Gesellschaft in einzelne Interessengruppen zersplittert ist, von denen jede für sich besondere Rechte beansprucht. Die generelle Vertrauenskrise versetzt den Einzelnen in den permanenten Stress der Spätmoderne. Das aggressive Menschenbild des Neoliberalismus geht davon aus, dass die letzten Reserven nur dann aktiviert werden, wenn jedes Vertrauen in die Gemeinschaft fraglich gemacht worden ist. Seit der Finanzkrise 2008 und noch einmal verstärkt durch die Corona-Pandemie 2020 wird hingegen deutlich, dass eine so dynamisierte Gesellschaft wenig resilient gegenüber Krisen ist und eine nervöse Öffentlichkeit erzeugt, die Probleme nur noch im Modus der Übertreibung verhandeln kann. Gerät eine überdynamisierte Gesellschaft unter Druck, so verliert das mentale Gefüge schnell die Balance.

Zu welchen Verkürzungen der Einzelne dann kommen kann und wie diese zum absichtlichen Missverstehen einladen, zeigt ein Beispiel aus der Flüchtlingskrise 2015. Wenn eine alte, ärmlich gekleidete Frau im Winter 2015 vor einer Containersiedlung, die mitten in einem sozialen Brennpunkt errichtet wird, demonstriert und auf die Journalistenfrage, was sie denn gegen die Flüchtlinge hätte, antwortet: »Die bekommen alle Spülmaschinen«, so wird diese Antwort nicht als Ausdruck einer sozialen Schieflage bewertet, sondern als Ausdruck von Rassismus. Eine solche Einordnung findet bei den Wohlmeinenden große Zustimmung. Denn zum einen wird damit jede Kritik an der Migrationspolitik abgewehrt, zum anderen wird der Hinweis auf die Armut vieler Menschen in Deutschland ausgeblendet, und schließlich wird signalisiert, dass Kritik an den herrschenden Verhältnissen damit rechnen muss, als moralisches Fehlverhalten verurteilt zu werden.

Wer sich öffentlich äußern will, sollte also nicht arm sein, und sollte über ausreichend akademische Bildung verfügen, um seine Kritik so zu formulieren, dass sie keine Möglichkeit für missverständliche Deutungen zulässt. Sehr viel klüger hat es darum die deutlich wohlhabendere ältere Dame gemacht, die vor einem Grundstück im noblen Blankenese gegen den Bau einer Flüchtlingsunterkunft protestiert. Ihre Antwort auf die Journalistenfrage lautete: »Wir sind hier alle für Flüchtlinge. Aber auf diesem Grundstück brütet ein seltener Vogel. Und wir sind auch für Naturschutz.« Was sie dabei geschickt verschwiegen hat, ist der materielle Grund, dass der Wert ihrer Immobilie sinkt, wenn eine Flüchtlingsunterkunft in der Nachbarschaft entsteht. Wer seine Wut unverstellt auf den Punkt bringt – »Die haben alle Spülmaschinen« – ist ein leichtes Opfer für die Wohlhabenden und die gut ausgebildeten Medienprofis, deren Urteil einfach ist: eine alte weiße Frau, die sich rassistisch äußert und darum zu »Dunkeldeutschland« gehört. Wer seine Migrationskritik mit einem anderen Wert aus dem Moralkosmos der Wohlmeinenden tarnen kann, ist im Vorteil. Im Kern handelt es sich hier um den Widerspruch zwischen einer anerkennungspolitischen Kategorie (Rassismus, Vogelschutz) und einer ökonomischen Kategorie (Spülmaschinen, Grundstückspreise in Blankenese). Dieser Widerspruch findet sich in einer neoliberalen Öffentlichkeit in vielfältigen Variationen, und er wird ideologisch dafür genutzt, mit der anerkennungspolitischen Wertung (die Frau ist eine Rassistin) die ökonomische Kritik (ich bin arm) abzuwehren. Umgekehrt nutzen die Gebildeten ein moralisches Thema wie Naturschutz, um ihre materiellen Interessen zu tarnen.

Schon an dem Beispiel mit den Spülmaschinen ist zu erkennen, wie sich öffentliche Kommunikation und privates Leben wechselseitig durchdringen. Indem die alte Frau ihre Beschwerde über eine für sie unverständliche Ungerechtigkeit öffentlich macht, wird sie zur Projektionsfläche. Die einen wollen in ihr das hässliche Gesicht des deutschen Rassismus sehen, während andere sie zum Opfer einer gedankenlosen Migrationspolitik machen wollen. Was als private Aussage einfach zu verstehen gewesen wäre, wird im öffentlichen Raum zum Anlass für zahlreiche Missverständnisse. Zu zeigen, dass die Missverständnisse Interessen verfolgen, wäre wiederum Aufgabe einer kritischen Öffentlichkeit. Doch diese Arbeit an den inneren Widersprüchen wird immer öfter vermieden und durch eine andere Art der Sprachkritik ersetzt.

DIE FRAMING-THEORIE

Viele Begriffe, mit denen Grundwerte der Gesellschaft beschrieben werden, sind inzwischen von inneren Widersprüchen erfasst. Wer Flexibilität fordert, nutzt den positiven Klang, den das Wort hat, und verlangt doch etwas Negatives. Wenn eine Einzelhandelskette ihre Mitarbeiter flexibel einsetzen will, bedeutet das für die Angestellten, dass sie keine Planungssicherheit mehr haben, sondern nach dem Bedarf des Unternehmens zur Verfügung stehen müssen. Wenn Flexibilität erwartet wird, wird das gut klingende Wort benutzt, um die Risiken der Arbeitsplanung zum Problem des Angestellten zu machen.

Der gleiche Mechanismus findet sich in allen neoliberalen Lieblingsworten wie etwa Vielfalt, Grenzenlosigkeit, Diversität oder Innovation. Sie alle haben einen optimistischen Klang, doch dahinter verbirgt sich eine Belastung für den Einzelnen. Wenn Innovationen verlangt werden, wird meistens etwas Unvorhergesehenes zugemutet. Wenn Vielfalt zum Programm wird, bedeutet das, dass die knappen Ressourcen anders verteilt werden sollen. Und wenn das Studium, die Rente oder das Gesundheitswesen reformiert werden sollen, weiß inzwischen jeder, dass das vor allem eine Verschlechterung für Studierende wie Dozierende, Rentenempfänger oder Kranke bedeutet.

Die Methode, Zumutungen hinter positiven Begriffen zu verstecken, ist inzwischen so verbreitet, dass sich ein genereller Argwohn gegenüber dieser Art der Kommunikation gebildet hat. Wenn auf den Vertrauensverlust mit einer noch plumperen Variante von Schönsprech reagiert wird, indem z. B. Gesetze verschnuckelte Namen wie das »Gute-Kita-

Gesetz« bekommen, stellt sich die Frage, ob Gesetzgeber und Öffentlichkeit überhaupt noch ein Interesse daran haben, eine realistische Sprache zu verwenden. Es scheint eher so, dass sich beide Seiten damit abgefunden haben, dass öffentliches Sprechen immer halbwahres Sprechen ist, weswegen immer offensichtlicher manipuliert werden darf.

Diese Entwicklung passiert nicht zufällig, sondern folgt einer Theorie, die in den 1960er Jahren in den USA erfunden wurde, und seitdem immer mehr Anhänger findet. In Deutschland ist die Framing-Theorie zuletzt dadurch bekannt geworden, als sie zum Gegenstand eines Skandals wurde, der 2019 von der ARD und ihrem »Framing-Manual« ausging. Die Theorie ist einfach gebaut und geht von einigen intuitiv einleuchtenden Annahmen aus. Ihr Urheber ist der US-amerikanische Soziologe Erving Goffman, der in zahlreichen Fallbeispielen die manipulierende Macht von Sprache untersucht hat. Dabei benutzt er das Wort »Framing«, um einen Bedeutungsrahmen zu beschreiben, durch den ein Sachverhalt sprachlich gefasst wird.

Wenn man z. B. ein Eis verkaufen will, ist es ratsam, die Eis-Kugel als besonders lecker anzupreisen. Wenn im Werbetext von biologisch einwandfreier Produktionsweise gesprochen wird, und die Zutaten besonders wohlklingende Namen bekommen, so verlockt die Eiskommunikation zum Genuss. Würde in der Werbung hingegen von Zucker, Fett und Geschmacksverstärkern berichtet, bräche der Umsatz wohl ein. Das Framing »edles und biologisches« Eis erhöht seinen Wert, das Framing »zuckerhaltiges, fettes und chemisch verändertes« Eis beeinträchtigt den Konsum. Da es sich in beiden Fällen um das gleiche Eis handeln kann, das den Menschen auch gleich gut schmeckt, ist für Goffman und seine Anhänger die Macht des Framings erwiesen.

Je mehr sich diese Theorie herumspricht, desto größere Anstrengung wird darauf verwendet, die eigenen Absichten durch ein vorteilhaftes Framing zu befördern. So entschloss sich auch die ARD, ein Institut[36] zu beauftragen, um eine Framing-Strategie zu entwickeln, mit der die Bevölkerung zu einem positiveren Urteil gegenüber den Rundfunkgebühren bewegt werden könnte. Was als normale Werbemaßnahme wenig Aufmerksamkeit bekommen hätte, wurde jedoch zu einem veritablen Imageschaden für die ARD. Ein internes Papier, in dem das Institut seine Maßnahmen in Form einer Gebrauchsanweisung aufgelistet hat, geriet in die Öffentlichkeit. Und die wunderte sich nicht wenig, zu welchen Methoden die Rundfunkanstalten inzwischen greifen, um das Publikum von ihrer Bedeutung zu überzeugen. Das als »Framing-Manual«[37] publik gewordene Papier ist nicht weniger als eine detaillierte Anweisung, wie mit sprachlichen Tricks das Publikum manipuliert werden soll. Die Prämisse dieser Beeinflussung besteht darin, dass das Publikum falsche Bilder und Framings über die ARD hat. Früher hätte man gesagt, es ist zu ungebildet, als dass es die unverzichtbaren Qualitäten der ARD würdigen könnte. Um diesem Defizit abzuhelfen, wird empfohlen, nur noch bestimmte Framings zu verwenden.

Es ist unstrittig, dass Sprache die Realität verändern kann und damit die Einstellung der Menschen zur Realität beeinflusst. Das Problem entsteht, wenn eine solche Basismanipulation zur offiziellen Strategie einer großen Sendeanstalt werden soll. Dass Sprache manipulieren kann, ist Alltagswissen eines jeden Menschen, und Redakteure sollten in diesem Wissen professionell geschult sein, denn ein verantwortungsvoller Umgang entscheidet über ihre Reputation. Es ist also mehr als irritierend, wenn die ARD als Antwort auf eine Vertrauenskrise, die seit der tendenziösen Berichterstattung über die Flüchtlingskrise 2015 zugenommen hat,[38] ein Papier in Auftrag gibt, in dem manipulative Formulierungen empfohlen werden, um den Ruf der ARD zu verbessern. Das neue Framing, so der Vorschlag, soll lauten: »Die ARD ist von uns, mit uns und für uns geschaffen: Und die ARD existiert einzig und allein für uns.« Die kürzeste Formel dafür ist: »Wir sind Deins.«[39]

Die politische Brisanz dieses Glaubensbekenntnisses findet sich ebenfalls im Framing-Manual, wo gefordert wird, dass eine »kontrollierte Demokratie [besser sei], statt jeder wie er will«. Diese Forderung offenbart die Ideologie, die hinter der Framing-Theorie und ihrer Anwendung im Framing-Manual steckt. Für sie gilt der Auftrag, dass ein manipulierbares Publikum so zu beeinflussen ist, dass es den Werten der »guten« Seite folgt und nicht durch die Manipulationen der »bösen« Seite verführt wird. Eine solche Öffentlichkeit wird von zwei Prämissen bestimmt. Die eine besteht darin, dass es sich bei der Öffentlichkeit nicht um einen Raum handelt, der von widersprüchlichen Interessen genutzt wird, um eben diese Widersprüche auszutragen, sondern es soll sich um eine eingehegte Öffentlichkeit handeln. Die zweite Prämisse besagt, dass eine freie Öffentlichkeit, wo jeder sagt und tut »wie er will«, zu einem unkontrollierten Raum mit unabsehbaren Gefahren wird. Die Gefahren, die dort angeblich drohen, bleiben unausgesprochen, doch die Wertung ist deutlich. Die ARD soll eine Aufgabe bei der Einhegung und Erziehung der latent gefährdeten Öffentlichkeit erfüllen.

Die Massenmedien als Volkserzieher sind in der deutschen Geschichte vor allem durch die Rundfunkpropaganda während der Nazi-Zeit und die Staatsmedien der DDR be kannt. Dass es im Pressecodex der jungen BRD Passagen gibt, die auf einen erzieherischen Auftrag hinweisen, ist durch seine Entstehung nach 1945 zu erklären. Von den Deutschen, die für die größten Verbrechen der Menschheit verantwortlich waren, konnten einige Anstrengungen erwartet werden, um wieder Teil der zivilisierten Welt zu werden. Die »Reeducation« war ein historisch gut begründeter Auftrag. Im Jahr 2018 noch von den gleichen Prämissen auszugehen, ist hingegen nicht nur falsch, sondern gefährdet sogar die Funktion der Öffentlichkeit. Es ist falsch, weil die historische Situation nicht mit der nach 1945 zu vergleichen ist, und es ist gefährlich für die Funktion der Öffentlichkeit, weil eine offensichtliche Manipulationsabsicht das Vertrauen in die öffentliche Kommunikation weiter zerstört.

Dass die ARD ein Papier bezahlt und ein Jahr lang intern zirkulieren lässt, das von solchen Prämissen ausgeht, die sich in der Forderung einer »kontrollierten Demokratie« ausdrückt, wäre schon Grund genug für einen Skandal. Doch das eigentliche Problem liegt in der verwendeten Methode. Was die Framing-Theorie so kritikwürdig macht, ist ihr naiver Umgang mit den manipulativen Möglichkeiten der Sprache. Da sie für sich in Anspruch nimmt, für die gute Sache zu sein, führt sie ohne jeden Selbstzweifel aus, wie mit Worten die Meinung beeinflusst werden soll. Um erfolgreich manipulieren zu können, spart sie dabei nicht mit praktischen Tipps. So soll man z. B. auf Negationen verzichten, da diese doch das falsche Framing wiederholen. Wenn jemand die GEZ-Gebühren kritisiert, soll man nicht antworten, dass GEZ-Gebühren doch aus diesen und jenen Gründen sinnvoll sind. Denn mit einer solchen Antwort wird das falsche Framing der »GEZ-Gebühren« wiederholt. Stattdessen soll man dagegen eine andere Sprache setzen. Es heißt dann nicht mehr GEZ, sondern Rundfunkbeitrag, und der wird nicht zwangsweise eingezogen, sondern »von allen für alle« entrichtet, und das dient dem Wohle der Demokratie.

Nun gibt es zwei Möglichkeiten, wie die Öffentlichkeit, deren Funktion gerade in der kritischen Beobachtung von Kommunikation besteht, auf ein solches Framing reagieren kann. Sie kann ihm folgen und die Rundfunkgebühren als sinnvolle Investition betrachten, oder sie wird misstrauisch. Der erste Fall trifft wohl für diejenigen zu, die bisher auch kein Problem in den Gebühren sahen. Für diesen Teil der Öffentlichkeit hätte es also kein neues Framing gebraucht. Die Gebührenkritiker hingegen sind die Zielgruppe, für die die ARD die ganze Anstrengung unternommen hat. Und bei dieser Gruppe führt das neue Framing aller Voraussicht nach nicht zu einer Einsicht, sondern es wird im Gegenteil der Argwohn verstärkt, dass die Medien manipulieren wollen. Ein Framing, das als solches erkannt wird, ist für denjenigen, der die Wertung teilt, unproblematisch. Für diejenigen, die anderer Meinung sind, ist ein offensichtliches Framing ein weiterer Grund, die Wertung abzulehnen, da ihnen das Framing als Manipulationsversuch und nicht als Argument erscheint.

Der Fehler der Framing-Methode liegt darin, dass sie den Unterschied in ihrer Wirkung nicht reflektiert. Ihr blinder Fleck besteht darin, dass sie die Vielfalt der verschiedenen Methoden, mit denen Meinungen verändert werden können, nicht sieht. Sie blendet dadurch aus, dass die rhetorischen Mittel nicht auf die Framing-Worte beschränkt sind. Es gibt daneben den viel größeren und wirkungsvolleren Bereich der Argumente, des emotionalen Ausdrucks und der Appelle an Vernunft oder Gefühl. Die Framing-Theorie stellt die Wortwahl, mit der ein Sachverhalt wertend gerahmt wird, über alle anderen sprachlichen Möglichkeiten. Durch diese einseitige Fokussierung glaubt sie, eine Art von magischer Formel gefunden zu haben: Wenn etwas nur positiv genug beschrieben wird, dann werden es schon alle glauben. Dabei übersieht sie, dass schon kleine Kinder die Manipulationsabsichten ihrer Eltern durchschauen. Der ungeliebte Spinat wird auch mit den schönsten Worten nicht leckerer.

Die Framing-Theorie geht davon aus, dass in der Öffentlichkeit nur manipulierbare Konsumenten aufeinander treffen, und zugleich macht ihre Methode aus jedem Widerspruch einen Konflikt zwischen Konsumenteninteressen. Eine solche Methode reduziert die Öffentlichkeit zu einer Werbeplattform und macht die darin handelnden Menschen zu Empfängern von Gebrauchsanweisungen. Sie macht aus Widersprüchen Fehler, die noch nicht korrigiert worden sind, weil die richtige Wertung noch nicht bekannt ist. Eine solche Reduzierung der Öffentlichkeit ist folgenschwer. Denn hat der Glaube an die magische Wirkung des richtigen Framings erst eine größere Menge überzeugt, so wird er zu einem sich selbst verstärkenden Mechanismus. Je mehr Teilnehmer die Methode der Einhegung praktizieren, desto schwerer haben es diejenigen, die die Offenheit verteidigen wollen. Die Framing-Theorie liefert den Feinden einer offenen Öffentlichkeit sowohl die Mittel, um sie einzuhegen, als auch die passende Weltanschauung, warum eine Beschränkung der widersprüchlichen Interessen auf manipulierbare Werte-Entscheidungen richtig ist.

Dabei hilft der Framing-Theorie ihr eigener blinder Fleck. Denn sie verkennt die systemische Dimension öffentlicher Kommunikation, die darin besteht, dass Kommunikation kritisch beobachtet werden kann. Das Framing funktioniert nur bei weitestgehend unkritischer Beobachtung. Wer gerne ein Eis isst, glaubt gerne der Werbung, dass er damit auch etwas Gesundes tut. Wer hingegen Eis-Essen kritisch sieht, der wird die schönste Werbung als das erkennen, was sie ist: Manipulation. Das Framing kann die Publikumsbeobachtung nicht verändern, sondern nur den Rückenwind der jeweiligen Vorlieben nutzen. Wer der Framing-Theorie folgt, verhält sich affirmativ gegenüber den für ihn richtigen Meinungen und versucht alle anderen von der Öffentlichkeit auszuschließen. Wer vor allem auf Frames vertraut, um seine Meinung überzeugend erscheinen zu lassen, verweigert die Möglichkeit von Gegenargumenten. Denn diese verwenden für ihn den falschen Frame, weswegen sie nicht widerlegt, sondern nur ignoriert werden können. Die Framing-Theorie verweigert damit nicht nur die spezifische Beobachtungsmöglichkeit der öffentlichen Kommunikation, sondern widerspricht auch der deliberativen Öffentlichkeit, in der Argumente ausgetauscht werden. Ihr naives und magisches Sprachverständnis gehört ebenso wie ihre plumpe Manipulationsabsicht in eine voraufklärerische Zeit. Ihre Inszenierungsabsichten passen zur Selbstdarstellung von autoritären Herrschern, die gütig erscheinen wollen und zugleich signalisieren, dass jeder Kritiker mundtot gemacht wird. Dass eine solche Methode dennoch so erfolgreich ist, lässt bedenkliche Rückschlüsse auf die Medienmacher in der Spätmoderne zu. Wer Geld für neue Frames ausgibt, glaubt erstens daran, dass Menschen sich davon beeinflussen lassen, und will zweitens genau diese Beeinflussung zu seinen Gunsten nutzen.

KOGNITIVE DISSONANZEN

Wenn reale Widersprüche in der Öffentlichkeit nicht mehr vorkommen sollen oder nur noch in einer verschobenen Gestalt kommuniziert werden dürfen, entstehen zahlreiche Folgeprobleme. Wie jeder aus seinem Familien- oder Arbeitsumfeld weiß, verschwinden Probleme nur selten dadurch, dass sie nicht angesprochen werden, sondern in den meisten Fällen verlagern sie sich auf andere Bereiche, wo sie zu unlösbaren Knoten werden können. Eine der Konsequenzen der Verschiebung besteht in einer kognitiven Dissonanz. Damit bezeichnet man eine Wahrnehmung, bei der zwei offensichtlich unvereinbare Eindrücke miteinander konkurrieren. Die alte Frau aus dem Beispiel oben erfährt die kognitive Dissonanz zwischen einem großzügigen Staat, der freigiebig Spülmaschinen verteilt, und einer peniblen Behörde, die ihr eine kleine Rente auszahlt, und die auf jede weitere Bitte mit Formularen und Misstrauen reagiert. Da ein solcher Widerspruch nicht mehr einfach aufzulösen ist, wird das Bild des Staates dissonant. Er scheint willkürlich seine Zuwendungen zu verteilen, was für diejenigen, die sich davon benachteiligt fühlen, ärgerlich und unverständlich ist.

Eine solche widersprüchliche Wahrnehmung führt zu einer Frustration, die sich in Übersprunghandlungen entladen kann, die häufig aggressiv oder zynisch sind. In der Fabel vom Fuchs, der die Trauben über seinem Kopf hängen sieht, wird diese Spannung bildhaft vorgeführt. Die Trauben locken ihn, aber zugleich sind sie für ihn unerreichbar. So kommt es zur Übersprunghandlung, bei der er sich einredet, dass die Trauben bestimmt sauer sind und sich darum keine weitere Mühe lohnt. Die Übersprunghandlung verbindet zwei gegenläufige Emotionen. Zum einen dient sie als Entlastung von dem unlösbar erscheinenden Problem: Die Trauben hängen zu hoch, also wäre es gut, wenn sie nicht süß sind. Zum anderen kann die Übersprunghandlung zu einer falschen Schlussfolgerung führen: Der Staat ist ungerecht zu mir, also sind die Flüchtlinge das Problem. Um die Folgen einer kognitiven Dissonanz zu vermeiden, muss der ihr zugrundeliegende Widerspruch öffentlich werden. Wird nur auf die fehlerhafte Übersprunghandlung reagiert, ist das reale Problem bereits unsichtbar geworden, und es bleibt nur das Symptom übrig: eine alte, fremdenfeindliche Frau. Eine Öffentlichkeit, die sich vor allem um die individuellen Übersprunghandlungen kümmert, verdrängt damit die eigentlichen Widersprüche.

Die spätmoderne Öffentlichkeit verbindet die Suche nach Aufmerksamkeit mit dem Wunsch, bestimmte Widersprüche nicht sehen zu wollen. Indem vor allem auf die Übersprunghandlung und nicht auf die darin verschobenen Widersprüche reagiert wird, werden beide Vorlieben befriedigt. Die Gefühlsexpression schafft Aufmerksamkeit, und die dahinter liegenden Probleme können durch eine Skandalisierung des »bösen« Gefühls weiter ausgeblendet werden. So bestärken sich die Struktur der spätmodernen Öffentlichkeit und die Folgen der kognitiven Dissonanz gegenseitig. Was im privaten wie ein psychologischer Trick wirkt, um die Frustration eines unbefriedigten Begehrens zu überwinden, hat darum weitreichende Folgen für die Öffentlichkeit. Denn die Ursachen für solche Dissonanzen sind zahlreich und schwerwiegend. Wenn Menschen bei immer mehr Worten erleben, wie der schöne Schein eine harte Zumutung kaschiert oder positive Worte einen gegenteiligen Inhalt verschleiern sollen, dann führt das zu einer kognitiven Dissonanz gegenüber dem gesamten Bereich der öffentlichen Kommunikation. Und ebenso führt es zu Verärgerung, wenn immer mehr Worte, mit denen eine problematische Realität beschrieben wird, »böse« sein sollen und die Erklärungen hierfür häufig unverständlich erscheinen.[40] Die immer wiederkehrende Frustration, dass hinter der Fassade eine ganz andere Realität liegt, führt anfänglich zu einem Misstrauen, das sich schließlich in einer Aggression gegenüber öffentlicher Kommunikation entlädt.

Die kognitive Dissonanz und ihre Folgen müssen darum als Ausdruck für eine tiefere Verwerfung der Öffentlichkeit verstanden werden. Denn tatsächlich ist die Janusköpfigkeit der Worte nicht nur ein rhetorischer Trick, der in Werbung und Propaganda seit jeher eingesetzt wird, sondern er ist der Ausdruck für eine paradoxe Widersprüchlichkeit, die das Signum spätmoderner Gesellschaften ist. Andreas Reckwitz hat für die Charakterisierung unserer Gesellschaft den interessanten Begriff eines apertistischen, also öffnenden Liberalismus gefunden.[41] Damit ist ein Liberalismus gemeint, der nicht nur wie der historische Liberalismus für die Freiheit eintritt, sondern der aktiv die Freiheit befördert, und der von jedem Einzelnen verlangt, sich selbst frei zu verwirklichen. Nur wer sich permanent selbst revolutioniert und diese Herausforderung auch mit ganzem Herzen will, der gilt als erfolgreiches Mitglied der Gesellschaft. Die Quellen des öffnenden Liberalismus liegen in der von Michel Foucault eindringlich beschriebenen Biopolitik und der ökonomischen Ideologie des Neoliberalismus.

Die Wurzeln der Biopolitik reichen weit in die Kulturtechniken des christlichen Abendlandes zurück. Die Beichte der katholischen Kirche und die Hygienevorschriften des

19. Jahrhunderts verfolgten die gleiche Absicht. Sie wollten durch Wissen eine Macht über die Menschen erreichen, und zugleich sollte dieses Wissen dem Wohle der Menschen dienen. Mit Biopolitik ist eine Regierungsform gemeint, die sich aktiv um das Leben der Bevölkerung kümmert. Die Machttechniken, die dafür erfunden werden, greifen in alle Lebensbereiche ein. Die Geburten werden kontrolliert und die Nahrung wird überwacht. Von der Einschulung bis zur Impfung, vom Arbeitsschutz bis zur Kategorisierung von Krankheiten werden alle Lebensphasen durch Gesetze organisiert. Uns Menschen der Spätmoderne kommt diese Regulierung aller Lebensbereiche normal vor, und nicht selten werden wir dankbar dafür sein, dass unsere Gesundheit und unser Wohlergehen so feinmaschig überwacht und gesichert wird. Doch die Überwachungsdichte wächst nicht nur mit den technischen Möglichkeiten, sondern die Sensibilität für die Auswirkungen der Überwachung wächst im gleichen Maße. Ein zentraler Widerspruch biopolitischer Gesellschaften liegt in den Interessen nach lückenloser Absicherung und der Angst vor einer lückenlosen Überwachung. Dieser Widerspruch wird nicht nur durch die technischen Möglichkeiten verschärft, sondern auch durch eine psychologische Folge.

Das Sicherheitsbedürfnis ist keine allgemeine menschliche Konstante, sondern es ist eine paradoxe Folge, die aus der Vorsorge entsteht. In der Systemtheorie kennt man diesen Zusammenhang als Regenschirmparadox. Wer ohne Schirm aus dem Haus geht, kann nass werden oder auch nicht. Wer einen Regenschirm mitnimmt, kann sich bei Regen schützen, wird sich aber, wenn er den Schirm einmal verloren oder vergessen hat, beim nächsten Regen ärgern, dass er nun – überflüssigerweise – nass wird. Jeder Gang ohne Schirm birgt von nun an ein Sicherheitsrisiko, denn ohne Schirm ist man dem Regen schutzlos ausgesetzt, was man mit Schirm hätte vermeiden können. Ein Mittel, das eine Widrigkeit mindern sollte, wird dadurch zu einem Zwang, da der vormals harmlose Zufall des Regens nun wie eine ständige Gefahr droht.

Dieses Sicherheits-Paradox bestimmt den Alltag mehr als uns häufig bewusst ist. Wer einmal damit angefangen hat, seine Wohnungstür mit einem besonders sicheren Schloss abzuriegeln, wird eine schlaflose Nacht haben, wenn er das einmal vergessen haben sollte. Und wer einmal mit einem Versicherungsvertreter gesprochen hat, wundert sich, dass sein bisheriges Leben überhaupt so lange ohne Totalschaden gewährt hat. Auf die Gesellschaft übertragen, wächst das Sicherheitsbedürfnis mit der Menge an Vorkehrungen, die getroffen werden, um sich gegen Unsicherheiten abzusichern. Inmitten der Sicherheit wächst die Sorge, dass doch etwas passieren könnte, für das man noch nicht ausreichend vorgesorgt hat. Um das wachsende Sicherheitsbedürfnis der Bevölkerung zu befriedigen, ist die Regierung gezwungen, das Netz an sorgender Biopolitik immer engmaschiger zu stricken.

Das Sicherheitsparadox treibt wachsendes Sicherheitsbedürfnis und sorgenden Staat in eine Überbietungsspirale, bei der jeder Sicherheitsgewinn zu neuen Ängsten führt. Das subjektive Sicherheitsgefühl nimmt darum in den biopolitischen Gesellschaften eher ab als zu. Das Regenschirmparadox ist aber nicht nur auf die Sicherheitsfragen beschränkt, sondern findet sich auch in anderen Bereichen. So ist seit einiger Zeit zu beobachten, dass in Gesellschaften, die sich besonders sensibel mit den Fragen von Diskriminierung und Rassismus beschäftigen, das subjektive Empfinden, diskriminiert zu werden, zunimmt. An US-amerikanischen Colleges wächst z. B. die Angst vor rassistischen Übergriffen, je mehr Safe-Spaces für Minderheiten eingerichtet werden.

Der Nanny-Staat ist aber nicht nur eine Folge des Sicherheitsparadoxes, sondern erfüllt auch eine ökonomische Funktion. Der Neoliberalismus verbindet ein hohes Maß an staatlicher Organisation mit einer größtmöglichen Freiheit ökonomischer Kräfte. Der Markt soll frei sein für die Interessen des Kapitals, und die Menschen sollen als Konsumenten und Arbeitskräfte diesem Markt möglichst gewinnbringend ausgeliefert sein. Um die Folgeprobleme für die Natur und die sozialen und psychologischen Nöte soll sich hingegen die Biopolitik kümmern. Diese ungleiche Verteilung von Lasten und Gewinn führte in der Weltfinanzkrise von 2008 dazu, dass die Verluste dem Steuerzahler aufgebürdet wurden, während die Gewinne bei den Banken blieben. Das war kein zufälliger politischer Fehler, sondern entspricht dem Glaubenskern des Neoliberalismus.

Das Sicherheitsparadox der Biopolitik und die Deregulierung der Märkte führen zu der Überdynamisierungskrise des Einzelnen wie der Gesellschaft. In immer mehr Lebensbereichen grenzt die Einhegung an Bevormundung und zugleich gilt auf den existentiell wichtigen Märkten von Wohnung, Arbeit und Gesundheit ein Konkurrenzkampf, bei dem immer mehr Menschen nicht mehr mithalten können. Die Dynamisierung befeuert also einen immer schonungsloseren Wettbewerb, und zugleich greift sie immer vorsorgender in das Selbstbewusstsein jedes Einzelnen ein. Was Andreas Reckwitz die »Gesellschaft der Singularitäten«[42] nennt, beschreibt anschaulich die Folgen. Wer mithalten will, muss nicht nur seine Arbeitskraft auf der Höhe der Anforderungen halten, sondern er muss sein gesamtes Leben zum Projekt der Selbststeigerung erklären. Jede Konsumentscheidung ist auch eine Entscheidung, wer man sein und wie man wirken will. Vor allem in die Selbstbildung muss investiert werden, nicht weil es ein Wert ist, sich in der Welt zu bilden, sondern weil das lebenslange Lernen den Wert der Arbeitskraft erhält. Wer hier nicht mitmacht, macht bald nirgendwo mehr mit.

Da nicht alle bei dieser Konkurrenz mithalten können, driftet die Gesellschaft in drei Klassen auseinander. Die neue Mittelklasse ist hochgebildet, weltoffen, flexibel und kompetent, ihren Status ganzheitlich zu verkörpern. Die alte Mittelklasse verfügt über keine dieser Eigenschaften und ist darum vom Abstieg bedroht. Hierzu gehören überwiegend die Bewohner der kleineren Städte, die nur einen Beruf erlernt haben, kaum Auslandserfahrung vorweisen können und darauf hoffen, dass ihr Leben nicht zu sehr von der Globalisierung betroffen wird. Am unteren Ende steht schließlich die prekäre Klasse. Hier verfügt man über kein ökonomisches und wenig Bildungskapital. Die Qualifikation reicht nur für einfache Tätigkeiten und das Einkommen deckt knapp den täglichen Bedarf; an Statuskonsum ist nicht zu denken. Hier ist man schutzlos den neoliberalen Reformen der verschiedenen Märkte ausgeliefert und am meisten auf den sorgenden Staat angewiesen.

Die Überdynamisierung bedeutet für die drei Klassen sehr Unterschiedliches. Die neue Mittelklasse profitiert davon, dass Selbstverwirklichung und Offenheit belohnt werden. Die alte Mittelklasse fühlt sich davon zusehends ökonomisch bedroht und psychologisch gedemütigt. Die prekäre Klasse sieht sich von der Beschleunigung der Forderungen immer weiter abgehängt und dadurch zu einem Leben am

Tropf staatlicher Transferleistungen verdammt. Von einer Krise der Überdynamisierung spricht Reckwitz, da die drei Klassen immer weiter auseinander driften, und die Folgen für die Mitglieder der jeweiligen Klassen immer negativer werden.

Die Spaltung betrifft nicht nur die materiellen Bedingungen, sondern vor allem die Art, wie das Leben gelebt und mit welchen Werten über das Leben reflektiert wird. Die Kultur der singulären Subjekte in der neuen Mittelschicht grenzt sich nicht nur in bestimmten Stadtteilen wie dem besonders homogenen Prenzlauer Berg in Berlin ab, sondern sie führt zu harten Klassenschranken in allen Bereichen. Kleidung, Habitus, Sprachniveau, Weltanschauung, Schulen, Reisen und Beruf, sie alle sind Statussymbole und zugleich Ausweis der zur Schau gestellten Offenheit, die klare Grenzen zieht, wer dazu gehört und wer nicht. Der Ausschluss wird nicht nur über die Milieugrenzen der Mietpreise geführt, sondern auch über die Statussymbole von Bildung und Konsum und aufgrund der weltanschaulichen Einstellung. Wer sich der Offenheit nicht gewachsen fühlt und wer nach der Ordnung einer sozial homogenen Welt sucht, gilt nicht nur als rückständig, sondern wird schnell als reaktionärer oder gefährlich rechter Zeitgenosse abgestempelt und ausgegrenzt.

Das Neue an der Statusgrenze des öffnenden Liberalismus ist, dass er im Unterschied zu den harten Grenzen der bürgerlichen Klassengesellschaft seine eigenen Abgrenzungstechniken nicht sehen will. Der blinde Fleck der neuen Mittelschicht liegt damit genau an der gleichen Stelle wie der der Nicht-Ideologie des Neoliberalismus. Beide behaupten, dass sie größtmögliche Inklusion wollen, und beide schieben die Verantwortung dafür, wer in welcher Weise teilnehmen darf, dem Einzelnen zu. Wer genügend Geld hat,

die richtige Bildung, Weltanschauung und Lebensgewohn-
heiten vorweisen kann, der ist im symbolischen Prenzlauer
Berg willkommen. Wer anders lebt, der sollte besser wo-
anders wohnen. Die Pointe dieser Exklusion liegt darin, dass
sie sich selbst als Inklusion versteht. Die Grenzen der neuen
Mittelschicht sind für sie selbst unsichtbar, für alle anderen aber umso unüberwindlicher. Denn wie soll man eine
Grenze kritisieren, deren Existenz vom Grenzwächter geleugnet wird?

Die dialektische Folge dieses blinden Flecks besteht darin,
dass alle, die noch Grenzen benennen, also nicht über die
Technik der Verschleierung verfügen, als rückständige Zeitgenossen ausgegrenzt werden. Wer z. B. die Frage stellt, wie
ein Sozialstaat mit einer grenzenlosen Migration zu verein-
baren ist, wird von den Mitgliedern des neuen Liberalismus
als gefährliches Subjekt beschimpft. Denn ihre Antwort ist
ganz einfach gut: Alle sollen kommen dürfen, um den Rest
kümmert sich dann »die« Gesellschaft. Und da es sehr unwahrscheinlich ist, dass die Migranten sich ein Leben in den
teuren Stadtvierteln leisten können, ist die Gesellschaft
dann überall, nur nicht vor der eigenen Haustür. Die Gewinner des Neoliberalismus vertreten die moralische Position
der offenen Grenzen im sicheren Gefühl, dass die Folgen sie
niemals betreffen werden. Damit sind sie die spätmoderne
Variante eines Tartuffe. Ihre Doppelmoral folgt dem be-
währten Motto aller Moralisten: »Wer moralisiert, der will
es radikal und zugleich gemütlich haben.«[43]

Da die professionellen Stimmen in der Öffentlichkeit
überproportional häufig aus diesem Milieu stammen, bestimmt deren Haltung zusehends die Öffentlichkeit. Die
Abgrenzung der Klassen ist nicht mehr nur ästhetisch und
sozial, sondern betrifft immer mehr die Ausgrenzungstech-

niken der politischen Kommunikation. Die Überdynamisierungskrise verstärkt sich dadurch, dass nicht nur Ungleichheit produziert wird, sondern dass die öffentlichen Räume, in denen die Widersprüche ausgetragen werden können, immer weniger dafür bereit sind, weil die eine Seite die Beschwerden der anderen Seite sowohl in Form als auch Inhalt ablehnt. Die für den Neoliberalismus wünschenswerte Pointe besteht darin, dass Kritik an seiner Deregulierung und Offenheit als unmoralisch abgewehrt werden kann. Hier löst sich die von Žižek beschriebene ideologische Schließung der Spätmoderne endgültig ein. Denn eine Ideologie ist erst dann hegemonial, wenn Kritik an ihr nicht mehr formuliert werden kann, weil jeder Kritiker sich dadurch automatisch selbst diskreditiert. Was die totalitären Regime des Sozialismus immer versucht und nur selten geschafft haben, die Diffamierung dissidentischen Denkens als gefährliche Idiotie, dass ist den neoliberalen Gesellschaften gelungen. Wer sie kritisiert, gilt entweder als Versager, der die Freiheit nicht zu seinen Gunsten nutzen konnte, oder er gilt als politisch verdächtig, da ihn die kognitive Dissonanz des öffnenden Liberalismus argwöhnisch macht.

DIE NEUE LEGITIMATIONSERZÄHLUNG

Jede herrschende Klasse verteidigt ihre Privilegien. Die Mittel, die sie dazu anwendet, sind vielfältig und passen sich dem gesellschaftlichen Klima an. Konnte der Adel vor der Aufklärung seinen Stand durch göttliche Gnade und Tradition behaupten und diese Behauptung mit höfischem Zeremoniell und roher Gewalt durchsetzen, musste das aufsteigende Bürgertum des 19. Jahrhunderts zu anderen Mitteln greifen. Ihre Legitimationserzählung des Kapitalismus publizierte in zahlreichen Variationen die Behauptung, dass allein der unternehmerische Mut dafür sorgt, dass die arbeitslosen Massen eine bezahlte Arbeit bekommen. Flankiert wird diese Erzählung von einer staatlichen Gewalt, die das Eigentum schützt, einer Moral, die dieses für gut hält, und einer materiellen Gewalt, die die Menschen zwingt, ihre Arbeitskraft zu verkaufen, um überleben zu können. Doch je länger die Geschichte des Kapitalismus dauert, desto mehr verbreitet sich das Wissen um seine systemische Ungerechtigkeit, und umso raffinierter werden seine Verteidigungen.

Bis heute taugt die Legitimationserzählung der bürgerlichen Klasse als Muster für die Verteidigung der Ungleichheit. Unter der Überschrift der Meritokratie wird die Herrschaft der Besten zur besten Herrschaft erklärt. Dass die Qualifikationen, die zum Herrschaftsanspruch führen, jedoch eine wesentliche Funktion für die Interessen des Kapitals erfüllen, wird im Konzept der Bestenherrschaft verschleiert. Die neue Mittelschicht hat die meritokratischen Abgrenzungen auf alle Lebensbereiche erweitert. Die permanenten Bewährungsproben, die bei der Bildung, der Arbeit und beim Konsum bestanden werden müssen, optimieren das Subjekt und führen zugleich zu einer für alle sichtbaren Kennzeichnung von Erfolg und Misserfolg. Die Statussymbole der akademischen Anerkennung gelten ebenso wie die Statussymbole des Konsums als überzeugender Beweis, dass jemand es geschafft hat, und der Erfolg aufgrund der eigenen Leistung berechtigt ist. Das meritokratische Ethos ist so tief verwurzelt, dass selbst die Erben eines großen Vermögens dieses für gerechtfertigt und verdient halten.

Das Selbstverhältnis des spätmodernen Menschen wirkt dabei in zwei Richtungen. Er soll einzigartig erscheinen, und zugleich soll ihm die eigene Besonderheit Ansporn sein, sich immer weiter zu optimieren. Die Wirkung auf andere und die Wirkung auf sich selbst befördern sich und provozieren zu immer weiterem Statuskonsum wie zur Selbststeigerung. Tritt ein so perfektionierter Mensch in die Öffentlichkeit, so muss auch hier die gesamte Komplexität seines Wesens zur Erscheinung kommen. Dieses stellt den Zeitgenossen vor die bekannten Probleme, als einzigartig erkannt werden zu wollen, ohne als Besonderheit unangenehm aufzufallen.

Die Schauspielkunst hatte bereits im 19. Jahrhundert das Problem erkannt, wie in der besonderen Stress-Situation der Öffentlichkeit die feinen Seelenregungen lebendig bleiben und sichtbar werden können. Die Methoden, mit denen dieses trainiert wird, erfordern eine längere Ausbildung, was zur Folge hat, dass die Ausbildung zum Schauspieler professionalisiert werden musste und sich die schauspielerische Darstellung zugleich verändert hat. Bis heute können im Film und manchmal noch im Theater die Folgen dieser Entwicklung bewundert werden: Die psychologisch glaubwürdige Darstellung einer besonderen Subjektivität. Die faszinierende Wirkung, die davon ausgeht, resultiert aus einer doppelten Bewegung. Zum einen steigert die Schauspielkunst das menschliche Empfindungsvermögen, und zum anderen normalisiert sie seinen Ausdruck. Damit steht die psychologische Schauspielkunst diametral entgegengesetzt zur bisherigen Tradition des Schauspiels. Der vormoderne Schauspieler hatte wenige eindeutige Emotionen, die dann besonders wirkungsvoll theatralisiert wurden. Der psychologische Schauspieler kann die gesamte Bandbreite der menschlichen Empfindungen und Seelenregungen in sich hervorrufen, ihre Darstellung soll aber so wenig theatralisch wie möglich sein. Im Idealfall entspricht ihr äußerer Anschein dem Ausdruck, den das Gefühl im Alltag auch hätte. Der psychologische Schauspieler wird zu einem professionellen Menschen. Er kann in der künstlichen Situation der Bühne die differenzierten Gefühlsregungen absichtlich herstellen, und zugleich sollen diese hergestellten Gefühle wirken, als wären sie spontan entstanden und darum echt.

Der Mensch der neuen Mittelschicht trainiert diese Kunstfertigkeit in allen Lebensvollzügen. Auch er schult sein Empfindungsvermögen und achtet zugleich darauf, dass sein Ausdruck nicht schablonenhaft oder übertrieben wirkt. Er will dezent bleiben und zugleich komplex wirken. Er vereinigt in sich eine verfeinerte Sensibilität, die er in seinen Geschmacksentscheidungen gerne zur Schau stellt, und zugleich versteckt er seine Absichten und Entscheidungen hinter der Fülle von alltäglichen Statushandlungen und notwendigen Zwängen. Die soziale Kontrolle und die Selbstkontrolle haben zum Ideal des neoliberalen Subjekts zusammengefunden. Es bewegt sich scheinbar mühelos im Chaos der Zielkonflikte, reflektiert offensiv die Komplexität und wirkt bei alle dem souverän und unideologisch.

In der Öffentlichkeit verkörpert ein Politiker wie Robert Habeck diese sich selbst kontingent setzende Subjektivität, und es ist von daher wenig überraschend, dass er zur Sehnsuchtsfigur der neuen Mittelschicht geworden ist. Dass diese gelungene Erscheinungsform nicht als bewusste Form wirkt und schon gar nicht als Ausdruck der herrschenden Ideologie, gehört zu ihrem Erfolgsgeheimnis. Die Nicht-Ideologie des Neoliberalismus besteht gerade darin, als natürlicher Ausdruck von Intelligenz im Umgang mit Widersprüchen zu erscheinen. Die Intelligenz besteht darin, die Widersprüche, die die materielle Ungleichheit betreffen, weitestgehend auszublenden, und vor allem diejenigen Widersprüche stark zu machen, die mit der abwägenden Rationalität lösbar erscheinen. Entscheidungen wirken nicht mehr wie etwas, das jemand entschieden hat, sondern wie die bestmögliche Lösung eines Problems. Ein solcher Politikertypus ist der Traumprinz einer deliberativen Öffentlichkeit.

Die Wurzeln eines solchen Führungsstils reichen bis zu den Anfängen des Neoliberalismus zurück. Schon in den 1990er Jahren wurde der Begriff des postheroischen Managements geprägt.[44] Gemeint war damit eine Führungsphilosophie, die nicht durch klare Entscheidungen prägt, sondern die Probleme moderiert und dabei die Eigendynamik und Selbstheilungskräfte des Unternehmens fördert. In komplexen Bürokratien und Unternehmen ist ein solches Verfahren wirkungsvoller, als es jede Basta-Politik sein könnte. Diese Führung durch Nicht-Führung wird jedoch problematisch, wenn sie zur allgemeinen Regel gemacht wird und dabei auf Widersprüche angewendet wird, die sich nicht von allein lösen werden. Zu einer ideologischen Machttechnik wird die postheroische Politik, wenn sie den Nimbus der Komplexitätstauglichkeit zum Schutzschild ihrer eigenen Agenda erklärt. Dann entsteht eine Politik, die sich selbst als rational und darum als »alternativlos« beschreibt. Der Politikertypus, den Angela Merkel verkörpert, ist hier Vorbild für minimalinvasives Auftreten bei größtmöglicher Machtausübung.

In Gesellschaften, deren herrschende Klassen dem Ideal der Nicht-Ideologie folgen, ist die Nicht-Politik der Alternativlosigkeit aufgrund von rationalen Erwägungen und nachvollziehbaren Sachzwängen die wirkungsvollste Art der Regierung. Mit ihr lassen sich Entscheidungen vor allem dadurch legitimieren, dass sie gar nicht wie Entscheidungen wirken, und es darum auch keinen Entscheider mehr dafür gibt. Wenn es keine Instanz mehr gibt, deren Interessen in einer Entscheidung sichtbar werden, gibt es für den Protest auch keinen Adressaten mehr. So ist die neue Subjektivität des postheroischen Führers ein weiterer Grund dafür, dass sich die Gesellschaft des Zorns weiter ausbreitet. Die hilflosen und darum oft übertriebenen Reaktionen auf eine Herrschaft, die ihre Macht hinter dem Schleier der wohl begründeten Alternativlosigkeit versteckt, prägen die spätmoderne Öffentlichkeit. Durch die Dethematisierung der unliebsamen Widersprüche und die Verschleierung der Interessen hinter den postheroischen Sachzwängen verändert sich die Struktur der Öffentlichkeit zu einer Nicht-Öffentlichkeit. Es ist also gerade nicht mehr so, dass wir alle Theater spielen, wie es ein soziologischer Klassiker der 1960er Jahre behauptet hat,[45] sondern im Gegenteil: Alle Lebensregungen sollen wie der authentische Ausdruck einer wohlbedachten Souveränität wirken. Dass dieser Anschein seinen blinden Fleck genau darin hat, dass er die Behauptung des authentischen Seins nicht als ideologische Fassade erkennen kann, schlägt sich in einer erregten Sprachlosigkeit der öffentlichen Kommunikation nieder.

POSTMODERNE SACKGASSEN

Die Öffentlichkeit ist also nicht nur ein Spiegel gesellschaftlicher Widersprüche, der zu so starken Verzerrungen führen kann, dass die Widersprüche darin zu verschwinden drohen, sondern sie ist auch ein Mittel, mit dem die Widersprüche zum eigenen Vorteil manipuliert werden können. Das Unbehagen der Spätmoderne an sich selbst drückt sich hier

nicht nur aus, sondern beschädigt die Öffentlichkeit so tiefgreifend, dass man fürchten muss, dass sie ihre Funktionsfä-
higkeit zu verlieren droht. Die spätmodernen Gesellschaften stecken nicht nur in den zahlreichen Krisen, die ihren
Alltag erschüttern, sondern auch in einer Krise der Öffentlichkeit. In einer Phase, wo ihre Funktion der gemeinsamen
Verständigung mehr denn je gebraucht würde, trägt sie nicht
nur kaum mehr etwas zur Lösung bei, sondern sie scheint
sich sogar immer mehr von den realen Problemen abzulösen
und sich stattdessen mit sich selbst zu beschäftigen. Die
doppelte Verdrängung der zugrundeliegenden Widersprüche des Kapitalismus scheint in unserer Zeit in die Sackgassen der Komplexität zu führen. Die hegemoniale Erzählung
der Spätmoderne hat nicht nur ausgedient, sondern sie muss
inzwischen als Hauptursache dieser krisenhaften Entwicklung erkannt werden. Um diese überwinden zu können,
muss die Finesse ihrer Konstruktion öffentlich sichtbar
werden.

Die Fundamente der spätmodernen Legitimationserzählung reichen bis in die 1970er Jahre zurück.[46] Unter dem
Begriff der Postmoderne wird seitdem in den reichen In-
dustrienationen eine Erzählung propagiert, die inzwischen
selbst von denjenigen geglaubt wird, die noch nie etwas von
einer Postmoderne gehört haben. In ihrem Ursprung meint
die postmoderne Erzählung, dass die Moderne ein Stadium
erreicht hat, wo ihre großen Unterscheidungen nicht mehr
zutreffen. Die Widersprüche zwischen Kapital und Arbeit,
zwischen Natur und Kultur, zwischen den Nationen, Religionen oder Geschlechtern, alle diese Unterscheidungen
sollen als obsolet gelten. An ihre Stelle tritt stattdessen das
Chaos der Bruchlinien, die zwischen allen Menschen, Meinungen und Interessen verlaufen. Niemand ist mehr Teil

eines größeren Zusammenhangs, sondern jeder lebt in der Mikroumwelt seiner hochspezialisierten Existenz.

Die Postmoderne ist die Erzählung eines radikalen Individualismus. Ihre Folgen für die Organisation und Interpretation von Realität sind gewaltig. Ihre Kernaussage lautet, dass es keine allgemeingültige Wahrheit mehr gibt, sondern nur noch einzelne Deutungen, die alle miteinander in einem Widerstreit liegen.[47] Damit hat sie einen ihrer vielen neuen Begriffe eingeführt, mit denen sie den kategorischen Abstand zwischen einer modernen und einer postmodernen Welt kenntlich machen will. Der Widerstreit unterscheidet sich grundlegend vom Widerspruch. Der Widerspruch ist eine konkrete Differenz zwischen unterschiedlichen Interessen. Er kann ausgetragen werden, da die Parteien des Widerspruchs anerkennen, dass sie ein gemeinsames Fundament haben, weil sie in einer gemeinsamen Welt leben. Im Widerspruch vereinigen sich die Differenz der Interessen und das Gemeinsame der geteilten Realität. Aus dieser dialektischen Bewegung kann ein Prozess werden, der den Widerspruch aufheben kann.[48] Der Widerspruch zwischen Nationen kann durch Verträge befriedet werden, Kapital und Arbeit können im Sozialstaat als zwei gegenläufige Interessen zu friedlichen Lösungen finden, etc.

Der Widerstreit macht, wie schon seine zweite Hälfte »streit« ankündigt, aus Widersprüchen unlösbare Konflikte. Da die Postmoderne ablehnt, dass es ein gemeinsames Drittes geben könnte, das hilft, den Widerspruch aufzuheben, wird aus den gegenläufigen Interessen ein fundamentaler Widerstreit. Es gibt keine Instanz mehr, die diesen auflösen könnte, da jede übergeordnete Wahrheit abgelehnt wird. Eine gemeinsame Wahrheit kann es für die Postmoderne nicht geben, da alles relativ ist, und sie darf es nicht geben, da eine solche Wahrheit eine Machtposition gegenüber den widerstreitenden Parteien einnehmen würde. Sollte es doch ein gemeinsames Drittes geben, so macht das den Widerstreit nur noch unlösbarer. Denn ein solcher Widerstreit verläuft nicht mehr nur auf der Ebene der widersprüchlichen Interessen, sondern auch noch zwischen diesen und der Gemeinsamkeit, die zur Auflösung beitragen will. Die fatalen Konsequenzen einer solchen Theorie kann man sich am harmlosen Beispiel eines Fußballspiels vorstellen. In einem postmodernen Fußballspiel würden nicht nur zwei Mannschaften gegeneinander kämpfen, sondern auch der Schiedsrichter wäre Teil des Kampfes. Seine Entscheidungen würden nicht mehr als neutrale Schlichtung, sondern wie eine dritte Partei bewertet, die eigene Interessen vertritt und damit ungerecht Einfluss nimmt. Genau diese Argumentation findet man bei den Vertretern der Identitätspolitik, wenn sie den Universalismus der Rechte ablehnen, weil er ihrer Meinung nach eine Erfindung von alten weißen Männern sein soll. Lässt man sich auf eine solche Zerstörung des Universalismus ein, so endet jede öffentliche Debatte in dem Machtkampf, den Habermas als Gefahr beschrieben hat.[49] In den Kulturkämpfen unserer Zeit ist diese Tendenz zur unversöhnlichen Parteilichkeit bereits so weit fortgeschritten, dass das Habermas-Argument ebenfalls als Erfindung eines alten weißen Mannes diffamiert wird.

Die Postmoderne beschreibt die Gesellschaften nicht nur als Marktplatz widerstreitender und unversöhnlicher Interessen, sondern, und das ist ihre ideologische Absicht, sie propagiert eine solche Nicht-Ordnung als erstrebenswert. Sie reagiert damit auf eine neue Unübersichtlichkeit, worin man ihr in manchen Punkten folgen kann, und zieht dann den politisch folgenreichen Schluss, dass die allgemeine

Relativierung auch gut ist. Der Übergang von einer Beschreibung – die Welt ist unübersichtlich geworden – zu einer Vorschrift – es ist gut, dass es keine übergeordnete Instanz mehr gibt –, macht aus der postmodernen Theorie eine Ideologie. Das besondere an dieser Ideologie ist, dass sie das wiederum in einer postmodernen Form ist. Denn auf der einen Ebene lehnt die Postmoderne alle Verbindlichkeiten ab, da es keine absoluten Wahrheiten mehr geben kann. Auch der Schiedsrichter soll Teil des Wettkampfes sein, auch der Universalismus soll nur einseitige Interessen vertreten, und darum ist in der Postmoderne jede Aussage gleichermaßen relativ. Auf der anderen, ideologischen Ebene nimmt sie aber für ihre eigenen Aussagen eine absolute Gültigkeit in Anspruch. Es soll keine Wahrheiten mehr geben, außer der postmodernen Wahrheit. Damit hat sie eine neue Form von Ideologie erfunden, die bis heute unangreifbar ist, da sie zwischen zwei sich ausschließenden Positionen hin und her springen kann: Alles ist relativ, außer der Behauptung der Postmoderne, dass alles relativ ist. Alle Identitäten sind eine Konstruktion, außer der Opferidentität, die ist absolut gültig. Wer die Paradoxie auflösen kann und darüber entscheidet, was als relativ und was als wahr gilt, hat ab jetzt die Macht.

In der Moderne haben die Verteidiger des Kapitalismus sehr schnell erkannt, dass die postmoderne Theorie eine wirkungsvolle Machttechnik ist. Die postmodernen Theoretiker[50] haben hingegen einige Zeit gebraucht, bis sie bemerkt haben, warum das Kapital von ihrer Ideologie so erfreut ist. Wenn der Widerspruch zum Widerstreit wird, gibt es für die mächtigere Seite keine Notwendigkeit mehr, sich auf gemeinsame Regeln einzulassen. Für den Kapitalismus hat das handfeste Folgen. Denn nun kann die mächtigere Seite des

Kapitals sich weigern, sich mit den Vertretern der Arbeit an einen Tisch zu setzen. Mit dem Segen der gerade bei linken Denkern gefeierten Postmoderne, kann das Kapital behaupten, dass es keinen gemeinsamen Tisch mehr gibt und dass es darum auch keine gemeinsame Lösung mehr geben muss. Die Konsequenz ist einfach und brutal: Man überlässt ab jetzt alles dem freien Markt.

Der Markt erscheint in der Postmoderne wie die Inkarnation des propagierten Relativismus, in dem die widerstreitenden Interessen ohne ein gemeinsames Drittes miteinander ringen können. Der freie Markt ist der Realität gewordene Albtraum der Postmoderne. Und es hat fast vier Jahrzehnte gedauert, bis durch die Weltfinanzkrise 2008 auch öffentlich sichtbar wurde, zu welchen brutalen Ungleichheiten er führt. Seitdem versuchen immer mehr Stimmen, die Gesellschaften aus diesem Albtraum wachzurütteln. Doch diese Stimmen haben es bis heute schwer, da die Öffentlichkeit vom neuen Geist der postideologischen Subjekte der neuen Mittelschicht durchdrungen ist.

Die ökonomische Tiefenstruktur der Spätmoderne führt zu einem paradoxen Umgang mit den zentralen Widersprüchen des Neoliberalismus. Dieser paradoxe Umgang ist der Kern seiner Macht, da er darüber entscheiden kann, was alternativlos richtig ist, und was eine relative Behauptung ist. Der materielle Grund dieser Paradoxie liegt darin, dass der Neoliberalismus einen starken Staat braucht und zugleich die größtmögliche Freiheit für seine Märkte fordert. Der Staat soll sich um die Infrastruktur kümmern und als Biomacht sich vor allem um die richtige Bildung der Arbeitskräfte, ihre Gesundheit und soziales Wohlverhalten sorgen; zudem soll er ihre gerade benötigte Anzahl regulieren. Gibt es Fachkräftemangel, ist der Staat gefordert, das durch

Migration oder geänderte Ausbildungskonzepte auszugleichen, gibt es Arbeitslosigkeit, muss der Staat die von der Wirtschaft aussortierten Menschen auffangen. Darüber hinaus soll sich der Staat um die Folgen der wirtschaftlichen Ausbeutung kümmern, die die Natur betreffen. Die Umwelt wird von der Wirtschaft noch immer als eine Ressource betrachtet, die im Prinzip unentgeltlich und unbegrenzt zur Verfügung steht.

Wenn es nach dem Willen des Kapitals geht, räumt die marktkonforme Demokratie den Müll weg, der bei ihrer Produktion abfällt. Die Wähler sind jedoch immer weniger dazu bereit, einer solchen Politik ihre Stimme zu geben. Darum setzt das Kapital zur Durchsetzung seiner Renditeinteressen geschickt einen neuen Widerspruch ein. Es propagiert, dass höhere Kosten für die Umwelt automatisch zu Einbußen auf dem Arbeitsmarkt führen werden. So wird die Wählerschaft in diejenigen gespalten, die sich davon einschüchtern lassen, und diejenigen, denen die Umwelt wichtiger ist. Dass diese Spaltung wiederum an andere Spaltungen anschlussfähig ist, wird uns noch beschäftigen. Hier gilt es festzuhalten, dass die Ideologie des Neoliberalismus tief in die Struktur des Staates als Biomacht wie auch in die Psychologie seiner Einwohner eingedrungen ist. Sie ist die einzige hegemoniale Ideologie der Spätmoderne. Darum ist ihre Beschreibung und ihre Kritik besonders schwer, und ihre Überwindung ist, wie ein Bonmot behauptet, nur im Rahmen eines allgemeinen Weltuntergangs vorstellbar.

Dass der Weltuntergang im Anthropozän nicht mehr nur eine Fantasie aus einem Katastrophenfilm ist, sondern seine realen Vorboten bis in unsere Gegenwart reichen, lässt den neoliberalen Widerspruch an verschiedenen Stellen aufbrechen. Bei der Überdynamisierungskrise handelt sich inzwischen um eine doppelte Krise, da sowohl die reale Politik als auch ihre Legitimationserzählung davon betroffen ist. Die Fülle der Probleme lässt sich politisch immer weniger bearbeiten, die Zeit, die für die Aushandlung der Kompromisse nötig ist, wird immer länger, und die Lösungen erscheinen angesichts der Dringlichkeit und Komplexität der Probleme immer weniger angemessen. Die Krise der Öffentlichkeit hat also einen tiefgreifenden Grund. In ihr werden die Widersprüche ausgetragen, und die Art, wie diese ausgetragen werden, ist selbst von der neoliberalen Ideologie zerstört.

Die Erfolgsgeschichte des Neoliberalismus hat zu einer dialektischen Wendung geführt, bei der die Mittel seines Erfolges – die Atomisierung der Gesellschaft und Auflösung aller Zusammenhänge in relative, nur noch vom Markt zu entscheidende Ereignisse – die Grundlage dessen zerstört haben, was heute angesichts des Anthropozäns dringend nötig wäre. Eine offene Öffentlichkeit, die sich ihrer gemeinsamen Aufgabe angesichts der Erde bewusst würde, ist so unvorstellbar wie das Ende des Neoliberalismus.

Will man die einzelnen Fehlstellen betrachten, ist es darum wichtig, sie nicht als Ausdruck von individuellen Charakterfehlern zu verstehen, sondern als Folgen dieser nicht aufgelösten Widersprüche. Das ideologische Erfolgsrezept bestand lange darin, die Auflösung der Widersprüche zu verhindern, indem man sie zum Widerstreit erklärt, der dann nach dem Willen der Kapitalinteressen mal so und mal anders entschieden wird. Der Sozialstaat muss eingedämmt werden, aber die Milliarden für die Bankenrettung soll der Staat ohne große Nachfrage bezahlen. Der Staat soll sich um die Arbeitsfähigkeit der Bevölkerung und die Infrastruktur kümmern, aber die Steuerlast wird durch geschickte Firmenkonstruktionen gegen Null gesenkt. Je offensichtlicher der Egoismus dieser Entscheidungen ans Licht tritt, desto weniger ist die Gesellschaft bereit, solche Entscheidungen als kollektiv bindend und zum Nutzen der Allgemeinheit zu akzeptieren.

Um den erwachenden Widerstand in der Gesellschaft zu schwächen, wirkt der Neoliberalismus immer zerstörerischer auf den Zusammenhalt ein, indem er nicht nur für alle Lebensbereiche eine Marktkonkurrenz durchsetzen will, sondern indem er in allen öffentlichen Erklärungen doppelte Maßstäbe einführt. Er versucht, alle Entscheidungen zu Gunsten des Kapitals zu beeinflussen und nutzt dafür Begründungen, die seine Parteilichkeit kaschieren sollen. Die US-amerikanische Philosophin Nancy Fraser[51] hat für diese perfide Strategie den Begriff des »progressiven Neoliberalismus« erfunden. Damit meint sie eine Methode, bei der positive Werte wie Freiheit, Gleichheit und Offenheit für die Durchsetzung von Renditeinteressen verwendet werden. Die großen US-amerikanischen Konzerne wenden diese Methode inzwischen so geschickt an, dass die berechtigte Kritik an ihrem Geschäftsgebaren noch immer wirkungslos bleibt. Amazon, Google und Facebook feiern sich dafür, dass sie liberale und weltoffene Konzerne sind, in denen Rassismus und Grenzen keinen Platz haben, zugleich verbieten sie Betriebsräte, vermeiden Steuerzahlungen, stellen die Plattformtechnik für radikale Bewegungen zur Verfügung und schlagen aus der Zerstörung von Solidarität und Vertrauen ihren Profit. Die gefährliche Folge dieser Methode besteht darin, dass sich die eigentlich positiven Werte durch ihren Missbrauch als Schutzschirm für immer mehr Menschen in negative Werte verkehren. Wenn der Kampf gegen Diskriminierung bedeutet, dass es keine Gewerkschaft geben darf, scheint es, als wäre Antidiskriminierung nur eine hohle Phrase, die das Unternehmen kein Geld kostet und mit der die materiellen Interessen der Arbeitenden ausgebremst werden können. Die Kapitalinteressen verbinden sich so mit der allgemeinen Liberalisierung, die in der Spätmoderne zu der Gesellschaft der Singularitäten führt, in der die Persönlichkeitsentwicklung als Machtmittel eingesetzt wird. Wer sich als besonderes Individuum qualifizieren will, muss die gerade gültigen Werte der Liberalisierung verkörpern. Wer diesen kritisch gegenüber steht oder gar ihre unrühmliche Funktion bei der Durchsetzung von materieller Ungleichheit anspricht, macht sich verdächtig.

Die Öffentlichkeit wird also auf zwei verschiedenen Ebenen angegriffen. Es gibt ihren Missbrauch durch die Interessen des Kapitals, das Werte für sich reklamiert, die dadurch zerstört werden. Und es gibt den Angriff auf ihre Kommunikationsweise. Wer Misstrauen, Spaltung und Ausgrenzung produziert, diffamiert nicht nur eine gegnerische Partei, sondern zerstört vor allem die Basis, die öffentliche Kommunikation benötigt, um komplexe Widersprüche aushandeln zu können. Der Neoliberalismus hat durch seine strategische Anwendung von Paradoxien ein Misstrauen in die öffentlich kommunizierten Werte und Begründungen gesät. Die spaltende Kommunikation schließt hier an. Ihre Methoden sind inzwischen so zahlreich und verworren, dass im nächsten Schritt eine Auswahl der wichtigsten Spaltungstechniken untersucht werden soll.

3.
GESPRÄCHE UNTER FEINDEN

BIOPOLITIK UND IDENTITÄTSPOLITIK

Die Biopolitik hat sich die Sorgen des Menschen um seine leibliche Existenz zur Aufgabe gemacht, und dafür greift sie tief in das soziale Leben ein. Ihre Prämisse lautet, dass mehr Wissen mehr Sicherheit bedeutet. Ihre Wurzeln reichen zwar bis zur Beichtpraxis der frühen Christen zurück, doch eine machtvolle Regierungstechnik wird Biopolitik erst im 20. Jahrhundert. Die Aushandlungen zwischen individueller Freiheit und sozialer Kontrolle bestimmen seitdem die Öffentlichkeit. Dabei kann die Kontrolle so weit gehen, dass sie wie in der Corona-Krise 2020 das öffentliche Leben weitestgehend lahmlegt, um den Hygienevorgaben gerecht zu werden. Die Einsicht in diese drastischen Beschränkungen der Freiheit war anfänglich groß. Die Angst vor Ansteckung erlaubte Eingriffe in die persönlichen Rechte, die an die dunklen Seiten der Biopolitik erinnern. Ihre historisch mahnenden Exzesse finden sich in den totalitären Großexperimenten des Nationalsozialismus und Sowjetsozialismus.

Da es bei der Biopolitik[52] um Leben und Tod geht, haben ihre Ansprüche die Tendenz, sich unbegrenzt auszubreiten. Die politische Macht, die für die Verbesserung des Lebens eintritt, ist darum zugleich eine Macht, die einen totalen Zugriff auf das Leben verlangt. In Zeiten einer digitalen und globalen Vernetzung stehen der biopolitischen Wissensgewinnung gigantische neue Ressourcen zur Verfügung. Die sekunden- und ortsgenaue Überwachung aller Einwohner übertrifft alle Kontrollfantasien eines orwellschen Staates. Dass zum Schutz der Sicherheit und des Lebens das Recht der privaten Freiheit auf unbeobachtetes Leben geopfert wird, findet immer mehr Zustimmung. Die soziale Kontrolle eines mittelalterlichen Dorfes, wo kein Vergehen unbemerkt blieb und zum öffentlichen Klatsch wurde, ist auch im globalen Dorf technisch realisierbar. Die daraus resultierende Macht zu kontrollieren, stellt die Öffentlichkeit vor völlig neue Herausforderungen.

Im Zentrum der Biopolitik steht die Verschränkung von zwei Diskursen. Auf der einen Seite gibt es die Wissenschaften, die mit ihren Tatsachenbehauptungen eine absolute Gültigkeit beanspruchen. Das Corona-Virus ist gefährlich, also gelten die Maßnahmen zur Eindämmung der Seuche als alternativlos. Auf der anderen Seite gibt es die sozialen Verabredungen, die durch demokratische Wahlen und ausgehandelte Werte und Gesetze entstehen. Hier gilt, dass es keine alternativlosen Entscheidungen geben kann, da alle Entscheidungen von Menschen getroffen werden und darum auch anders zu treffen gewesen wären. Die Behauptung der Tatsachen trifft in jeder politischen Debatte zwangsläufig auf die Behauptung der Wahl und der Werte. Der Konflikt der zwei Wahrheitsregime, der daraus entsteht, prägt seit der antiken Staatslehre die Öffentlichkeit. Sowohl das Phänomen des Populismus als auch die Aporien des Klimawandels folgen aus diesem Konflikt.

Die neben der Biopolitik zweite mächtige Politikmethode ist die Identitätspolitik. Deren Wurzeln reichen ebenfalls weit zurück, doch unterscheidet sie sich sowohl in Methode als auch in Inhalt von der Biopolitik. Bei der Identitätspolitik stehen nicht das biologische Leben und seine Bedingungen auf der Agenda, sondern die Identität. Es geht also nicht um das Gattungswesen Mensch, sondern um die Subjekte, die ihren jeweiligen Ethnien, Nationen und sozialen Verbänden zugehörig sind. Vergleicht man beide Politikmethoden, findet man eine auf den ersten Blick verwirrende Vertauschung ihres Gegenstands. Die Biopolitik meint zwar das Gattungswesen Mensch, doch verschiebt sich ihr Fokus im Laufe des 20. Jahrhunderts immer mehr in Richtung Individuum. Inzwischen betrifft das Ziel ihrer Maßnahmen immer weniger die gesamte Population, und stattdessen rückt die Unversehrtheit des einzelnen Lebewesens in den Mittelpunkt.

Die Identitätspolitik hingegen macht die subjektive Identität zum politischen Inhalt, meint aber vor allem die Gruppenzugehörigkeit, durch die die Identität bestimmt sein soll. Damit weicht sie den zahlreichen Problemen der individuellen Identität aus, die mit dem Aufstieg der bürgerlichen Klasse zum Feld zahlreicher Konflikte geworden ist. Die Psychologie, die Soziologie und alle Künste haben das Konzept des »Menschen« in seinen verschiedenen Erscheinungsformen als Bürger, Proletarier, Gläubiger, Atheist, Mann, Frau, Kind etc. befragt und damit fraglich gemacht. Die postmodernen Theorien haben schließlich das Konzept des Individuums dekonstruiert, so dass sie von einem Verschwinden des Menschen sprechen wollten.[53] Die Identitätspolitik ist einerseits ein Kind dieser Dekonstruktion der Identitäten, andererseits ignoriert sie die daraus entstehenden Aporien. Sie ist mehr Politik als Philosophie der Identität und leitet darum die Identität weniger aus der subjektiven Infragestellung ab als aus der unfraglichen Gruppenzugehörigkeit.

Aus dieser Verschiebung von Bio- und Identitätspolitik resultieren zwei unterschiedliche Probleme. Die Biopolitik reflektiert die Gattungszugehörigkeit nicht ausreichend, was zur geistigen Leerstelle des Anthropozäns führt. Für die Identitätspolitik sind wiederum die komplexen Identitätskonstruktionen des Individuums nebensächlich, weil sie den Menschen vor allem als Subjekt, also als Wesen, das einer Gruppe unterworfen ist,[54] vorstellt. Die Biopolitik kümmert sich zwar um das nackte Leben, blendet aber dabei den tierischen Anteil der Gattung Mensch weitestgehend aus. Die Identitätspolitik sorgt sich um die Integrität der menschlichen Identität, begreift sie jedoch überwiegend als Ausdruck einer Gruppenzugehörigkeit.

Im Laufe der Geschichte haben sich die Art der Gruppenbildung und die Auswirkungen auf den Einzelnen wie die Gruppenzugehörigkeit stark verändert. Von daher sieht sich die Identitätspolitik mit einer Vielzahl von Identitätskonstruktionen konfrontiert. In geschlossenen Gesellschaften resultierte die Zugehörigkeit zu einer Gruppe und die Art der Gruppe aus keinem Akt der freien Entscheidung. Man wurde in eine bestimmte Gemeinschaft hineingeboren, der man bis zum seinem Tod angehörte. Eine solche Gruppe bestand meistens aus einer Großfamilie, einem Stamm oder einer dörflichen Gemeinschaft. Die Identität war keine freie Entscheidung, sondern ein Zustand, der ähnlich der Natur unveränderbar erschien.

Nach der Familienzugehörigkeit bildet der Glaube, der in Ritualen oder Religionen manifest wird, die nächste Stufe der Identität. Die Glaubensidentität, die aus dem Absolutheitsanspruch einer monotheistischen Religion folgt, wird in Europa für lange Zeit zur vorherrschenden Identitätskonstruktion.[55] Das besondere Merkmal dieser Identitätskonstruktion ist, dass sich in ihr zwei gegenläufige Arten von Identität verbinden. Zum einen gibt es den Fundamentalismus der geschlossenen Gesellschaft, in der jede Veränderung kategorisch ausgeschlossen ist. Dieser Anteil lebt im Absolutheitsanspruch des Gläubigen weiter. Und gleichzeitig braucht es für die Identität als Gottgläubiger eine Entscheidung, d. h. sie ist nicht natürlich, sondern kontingent. Der Gläubige muss sich aktiv zu seinem Glauben bekennen, und dieses Bekenntnis muss er regelmäßig wiederholen. Es gibt also den Anspruch, dass eine Identität fest und unverrückbar ist, und zugleich folgt sie aus einer Entscheidung, sie ist also kontingent und nicht absolut. Beides zusammen bildet das Paradox der Identität, das ursprünglich ein Glaubensparadox war.

Das Paradox besteht darin, dass es eine Entscheidung braucht, um in einen Zustand zu kommen, der fundamental, d. h. entscheidungslos begründet ist. Wer einmal glaubt, für den ist der Glaube kein Gegenstand der freien Wahl mehr. Der Gläubige hat quasi vergessen, dass am Anfang seines Glaubens eine Entscheidung stand. Der Übergang vom Unglauben der Kontingenz zum Glauben der absoluten Gewissheit ist darum das Mysterium, in dem sich die göttliche Gnade zeigt. Der Mensch kann diesen Übergang nicht ohne göttliche Hilfe schaffen, und dass es so vielen doch gelingt, ist ein Beweis dafür, dass es den einen Gott gibt, der den Menschen seine Gnade zuteil werden lässt. Wer den Glauben hingegen nur als eine Möglichkeit unter vielen betrachtet, der glaubt nicht, und gehört als Ungläubiger zu einer kategorisch anderen Identität als der Gläubige. Der Ungläubige muss missioniert oder kann sogar getötet werden. Das Paradox des Glaubens, der seine eigene Hergestelltheit vergisst, gilt seitdem für alle robusten Identitätskonstruktionen, und die Identitätspolitik nutzt dieses Paradox für ihre Ansprüche.

Das Bemerkenswerte an dem Identitätsparadox ist, das es für sich selbst ausblenden kann, dass es ebenso eine Konstruktion ist wie alle anderen Identitäten auch. Aus seinem blinden Fleck bezieht es seine starke Überzeugungskraft. Wer ohne Zweifel glaubt, dass er zu einer Gruppe gehört und diese Gruppe auserwählt ist, der ist mächtiger als diejenigen, die ihre Identität als weniger auserwählt oder gar als kontingent begreifen. Die Politik der Neuzeit hat die Methode, wie man die Paradoxie planmäßig anwendet, begriffen und zur Machttechnik entwickelt. Seitdem können nationale, religiöse, geschlechtliche oder ethnische Identitäten neu konstruiert werden. Die Zwecke, die damit verfolgt werden, dienen der Aufwertung der einen Gruppe und der Abwertung einer anderen Gruppe. Mit den planvollen Neukonstruktionen und einem politischen Bewusstsein, dass alle Identitäten konstruiert und nicht konstruiert zugleich sind, beginnt die Hochphase der Identitätspolitik im Nationalismus des 19. Jahrhunderts.

Indem sich ein politisches Bewusstsein bildet, dass Identitäten, egal wie sehr sie von sich selbst überzeugt sind, immer auf einer Entscheidung beruhen, entsteht die Möglichkeit, kollektiv bindende Identitäten aufgrund von politischen Absichten zu erfinden und durchzusetzen. Der Nationalismus, der sich im 19. Jahrhundert in Europa ausbreitete, entstand aus einer solchen Überlegung. Um den Flickenteppich in Mitteleuropa, der aus den Resten des Heiligen Römischen Reiches Deutscher Nation entstanden war, wieder neu zusammenzusetzen, griffen vor allem die treibenden Kräfte in Preußen und Bayern zu einer mythischen Neubegründung einer Deutschen Nation. In diesem Zusammenhang wurde

z. B. das Nibelungenlied zur Gründungsmythologie erklärt, von Richard Wagner vertont und Bayreuth zur Pilgerstätte einer Nation gemacht, die sich zwar erst 1871 wieder als Staat gegründet hat, doch deren Wurzeln bis in ein dunkles Mittelalter zurückreichen sollten. Der erfundene Mythos wird zum Beweis eines Fundaments, das es nie gegeben hat.[56]

Was das Glaubensparadox für jeden Einzelnen geleistet hat, sollen die nationalen Mythen für die nationale Identität leisten. Die neue Konstruktion eines zweiten deutschen Reiches wird durch die erfundenen Mythen dergestalt verschleiert, dass der neue Staat wie ein ewiges Gebilde erscheint, das aus der Vorzeit in die Gegenwart reicht. Im nationalen Mythos wird eine Vergangenheit erfunden, die die Gegenwart zu einer schon immer so gewesenen und darum unveränderlichen Identität adelt.[57] Indem die Politik der Neuzeit begriffen hat, wie sich absichtlich hergestellte Identitäten durch eine Selbstmythisierung gegen den Vorwurf der Willkür schützen können, hat sie zugleich entdeckt, wie mit einer negativen Mythisierung andere Gruppen abgewertet werden können. Der Rassismus, der zur Legitimation des Imperialismus notwendig war, funktioniert nach dem gleichen Muster einer erfundenen und dann naturalisierten Identität. Die neuzeitlichen Mythenkonstrukteure setzen den Mechanismus politisch bewusst ein und können darum für die anfallenden Legitimationsprobleme die Methode der erfundenen Ewigkeit anwenden.

Diese Technik ist seitdem so geläufig, dass jedes moderne System seine Funktion dadurch absichert, dass es seinen blinden Fleck absichtlich vergessen machen kann. Es ist zwar kein Geheimnis, dass jedes System einen blinden Fleck hat, um funktionieren zu können, aber es ist ebenso akzeptiert, dass dieser blinde Fleck vom jeweiligen System tatsächlich nicht gesehen werden kann. Das Rechtssystem hat z.B. den blinden Fleck darin, dass es innerhalb seiner Gesetze nicht darüber entscheiden kann, ob es überhaupt rechtmäßig ist, über Recht und Unrecht zu entscheiden. So ist es vor Gericht nicht erlaubt, die Rechtmäßigkeit des Gerichts in Frage zu stellen. Eine solche Frage kann nur die Rechtsphilosophie bearbeiten. Die Moral kann nicht darüber entscheiden, ob es überhaupt gut ist, die Welt in Gut und Böse einzuteilen. Um diese entscheidende moralische Frage zu bedenken, braucht sie wiederum die Ethik als Reflexionsinstanz. Der blinde Fleck des einen Systems wird zum Thema eines anderen Systems. So differenziert sich die moderne Welt aus und macht aus Blindheit und Beobachtung einen funktionalen Zusammenhang.

In der Spätmoderne stehen sich darum zwei verschiedene Konzepte, wie mit dem notwendig blinden Fleck umgegangen werden kann, gegenüber. Auf der einen Seite gibt es die Systemtheorie, die erklärt, dass jedes System einen blinden Fleck braucht, um funktionieren zu können, und die zugleich reflektiert, dass Fortschritt nur dadurch möglich ist, dass alle Systeme wechselweise ihre blinden Flecken kritisieren. Auf der anderen Seite stehen die Mythenerfinder und Fundamentalisten, die ihren eigenen blinden Fleck verleugnen und jeden Hinweis darauf als Angriff auf ihre Identität zurückweisen. Das Wissen, dass blinde Flecken notwendiger Teil einer Konstruktion sind, besteht also parallel zu einer politischen Agenda, die diese Konstruiertheit verleugnen will, um sie wirkungsvoller nutzen zu können. Aus dem alten Glaubensparadox entsteht so das Paradox der spätmodernen Identitätspolitik: Alle Identitäten sind Konstruktionen und Natur zugleich, und wer darüber entscheiden darf, wann die eine und wann die andere Behauptung gilt, hat die Macht über die Identität. Da die Identitätspolitik zusehends die Öffentlichkeit beherrscht, lohnt es sich, dieses neue Paradox genauer anzuschauen.

Einen wichtigen Schub hat die Identitätspolitik in den 1960er Jahren durch die Kulturwissenschaften bekommen, die die Paradoxie als hermeneutische Methode entdeckt haben. Die Agenda dieses Teils der Geisteswissenschaften lautet seitdem, dass alle Identitäten als soziale Konstruktionen erklärt werden sollen. Es mag Männer und Frauen als biologisches Geschlecht geben, doch was als männliches oder weibliches Konzept gelebt wird, ist Folge von gesellschaftlichen Konventionen. Soweit kann man dem Ansatz als Teil der Selbstaufklärung folgen. Doch die irritierende Pointe besteht in der daran anschließenden Paradoxie. Denn nun wird behauptet, dass die soziale Konstruktion einer Identität manchmal als freie Entscheidung und manchmal als essentialistische Wahrheit bewertet werden muss. Das Konzept von »männlich« und »weiblich« und die weiteren 58 Geschlechter, die Facebook zur Wahl stellt, mag auf sozialen Verabredungen beruhen, doch nicht jeder kann dazwischen einfach wählen.

In allen Fragen, die Diskriminierung betreffen, führt diese Willkür zu absurden Folgeproblemen. Wenn eine junge Frau, die sich an einer US-amerikanischen Universität als People of Color bezeichnet, als Hochstaplerin entlarvt werden kann, da sie ihre Hauptfarbe manipuliert hat, um dunkler zu erscheinen, so bricht das Konzept der konstruierten Identität vollständig in sich zusammen.[58] Denn entweder ist die Identität »People of Color« eine soziale Konstruktion, dann kann sich jeder für diese Identität entscheiden und nach belieben seine Haut färben oder aufhellen, oder sie ist doch durch eine bestimmte Tönung der Hautfarbe biologisch determiniert, dann ist diese Identität keine Folge einer freien Entscheidung. Letzteres wird von den identitätspolitischen Aktivisten zu Recht als Rassismus bekämpft. Die Hautfarbe kann kein Identitätsmerkmal sein. Doch dann stellt sich die Frage, warum die Frau aus dem Beispiel sich nicht als PoC bezeichnen darf, auch wenn ihre Hautfarbe zu hell ist? Ebenso unbeantwortet bleibt die Frage, warum es positiv bewertet wird, wenn jemand sein Geschlecht selbst bestimmt, es aber skandalös sein soll, wenn jemand seine ethnische Zugehörigkeit frei wählen will.[59]

Hiermit dringt man in das Geheimnis der spätmodernen Identitätspolitik vor. Denn sie ist nicht nur eine wissenschaftliche Disziplin, die ihre Widersprüche in Paradoxien versteckt, sondern sie verfolgt auch eine politische Agenda. Und diese lautet, dass sie für Minderheiten besondere Rechte erreichen will. Wer also zu einer Minderheit gehört, die in den Genuss der Vorrechte kommt, hat eine Identität, die Privilegien genießt. So wie nicht jeder behaupten kann, dass er Mitglied in einem exklusiven Club ist, so soll auch nicht jeder behaupten können, er hätte eine Identität, die ihm Vorrechte verschafft.

Durch diese Verknüpfung widerspricht sich die Behauptung, dass jede Identität eine Konstruktion ist, mit der politischen Agenda, dass bestimmte Identitäten Vorrechte genießen sollen. Es sollen zwar alle Identitäten eine soziale Konstruktion sein, doch zugleich sollen manche Identitäten davon ausgenommen werden. Denn wenn alles Konstruktion wäre und jeder dazwischen frei wählen könnte, machen die Vorrechte keinen Sinn mehr, da sich jeder dann die Identität konstruiert, die ihm die besten Bedingungen verspricht. Wenn z. B. der Zugang zu einem begehrten Studienplatz durch eine Quote für PoC geregelt ist, läge es nahe, sich für die Identität als PoC zu entscheiden. Dass eine solche Freiheit bei der Identitätswahl keinen Sinn macht, ist offensichtlich. Und so entsteht das Paradox der Identitätspolitik, das darin besteht, dass bestimmte Personen darüber entscheiden dürfen, welche Identität sie für sich konstruieren, und anderen das verweigert wird. Und es gibt diejenigen, die dafür kritisiert werden, anderen eine Identität zuzuschreiben, und andere, die ihre Identität als fundamentale Wahrheit vor sich hertragen. Wer sich als Person of Color ausgibt, ohne eine entsprechend getönte Hautfarbe zu haben, wird dafür bestraft, und wer einer Person wegen ihrer Hautfarbe eine bestimmte Identität zuweist, der macht sich des Rassismus schuldig.

Dieses Chaos von Paradoxien diente in seinen Anfängen einem nachvollziehbaren politischen Zweck. Als die Identitätspolitik für die Befreiungsbewegungen in postkolonialen Gesellschaften genutzt wurde, konnte aus ihrer paradoxen Behauptung eine wirkungsvolle Waffe geschmiedet werden.[60] Indem eine Gruppe gleichzeitig behauptet, sie werde unterdrückt, weil sie Schwarze/Inder/Latino etc. seien, und ihre Identität als Schwarze etc. aus einer rassistischen, diskriminierenden Politik der Unterdrücker folgt, konnte zwischen beiden Positionen hin und her gewechselt werden. Mal kann man unhintergehbar der Schwarze etc. sein, der nun besondere Rechte bekommen soll, und mal kann man darauf bestehen, dass das Schwarz-Sein eine rassistische Kategorie ist, die die Weißen sich ausgedacht haben, um die schwarzen Menschen zu unterdrücken. Das Intelligente an dieser Methode ist also, dass sie einen historisch vorhandenen Widerspruch so umformt, dass er zur Waffe der einst davon Unterdrückten wird. Denn es entspricht der rassistischen Praxis, dass sie ein sichtbares Kennzeichen wie schwarze Haut zur Grundlage für eine soziale Abwertung macht. Der Rassismus hat damit angefangen, essentialistische und soziale Kategorien miteinander zu vermischen, um eine Legitimation für den Kolonialismus zu haben. Die Identitätspolitik dreht die Intention dieses Widerspruchs nun so um, dass er für die Seite der Unterdrückten vorteilhaft wird. Eine solche Strategie ist im Sinne einer gesellschaftlichen Gleichheit sehr wirkungsvoll, wenn sie im Kampf gegen Ungleichheit eingesetzt wird. Das Problem beginnt an dem Punkt, an dem der Erfolg der Methode dazu führt, dass die Strategie sich verselbständigt und als Machttechnik auf alle anderen gesellschaftlichen Bereiche ausgedehnt wird.

Die Strategie besteht darin, eine essentialistische Kategorie mit einer sozialen zu vermischen, und ihr Erfolg besteht darin, dass derjenige, der das tut, unangreifbar wird, weil er sich zwischen beiden Seiten frei bewegen kann. Der Erfolg beruht darauf, dass derjenige, der die Paradoxie anwendet, darüber entscheiden kann, welchen Nutzen er daraus ziehen will, während alle anderen der willkürlichen Anwendung der Paradoxie ausgeliefert sind. Die Parole lautet: Nimm mich als Besonderheit wahr, aber es ist verboten, daraus besondere Schlüsse zu ziehen. Die Gewalt der paradoxen, rassistischen Identitätskonstruktion wird so zu einem allgegenwärtigen Mittel, um gesellschaftliche Widersprüche zum eigenen Vorteil aufzulösen.

Doch diese Identitätskonstruktionen dienen nicht nur der Emanzipation von Diskriminierung, sondern sie werden auch immer noch für die Erfindung neuer Abwertungen genutzt. So ist die identitätspolitische Zuschreibung der »alten weißen Männer« seit einigen Jahren erfolgreich. Sie vermischt das objektive Alter mit der essentialistischen Kategorie der Hautfarbe und konstruiert daraus eine soziale

Stellung, die negativ bewertet werden soll. Wer alt ist und eine weiße Hautfarbe hat, soll weniger wert sein. Er soll als Sündenbock an zahlreichen Missständen Schuld haben, wie z.B. dem Klimawandel, und darum soll er zum Ziel von Spott und Demütigung werden. Die so zur Gruppe zusammengefassten Männer über 45 mit weißer Haut können sich gegen eine solche Einordnung kaum wehren. Denn den essentialistischen Anteil können sie schlecht leugnen, und da dieser Teil mit einer negativen Wertung verbunden wird, sind sie der Kritik als Kollektiv ausgesetzt. Das Argument derjenigen, die andere als alte weiße Männer abwerten, lautet entsprechend, dass nun auch diese Gruppe erfährt, was es bedeutet, Opfer von Diskriminierung zu sein. Es wird also von der Seite, die behauptet, gegen Diskriminierung zu kämpfen, absichtlich eine weitere Form von Diskriminierung erfunden, um die negative Erfahrung allen zugänglich zu machen. Was in früheren Zeiten als schwarze Pädagogik bekannt war, erlebt so eine öffentliche Wiederauferstehung. In Seminaren, die Achtsamkeit und Sensibilität gegenüber diskriminierenden Praktiken lehren sollen, werden darum diejenigen, die nach Meinung der Seminarleiter besonders viel Nachholbedarf haben, weil sie vielleicht männlich, alt und weiß sind, herausgesucht, um von allen anderen gedemütigt und diskriminiert zu werden.

Die Macht, die aus der paradoxen Strategie der Identitätspolitik resultiert, verleitet also damals wie heute zu Missbrauch. Eine neue Form von Missbrauch findet sich in der öffentlichen Kommunikation der Identitätspolitik. Was in Seminaren zur Achtsamkeit mit verächtlich machenden Methoden gelehrt werden soll, findet sich in der Öffentlichkeit als Phänomen der »Wokeness«. Mit diesem englischen Kunstwort ist ein politisches Erwachen gemeint, das aktiv nach Verstößen gegen die politische Korrektheit sucht, um sie anschließend skandalisieren zu können. Wer woke ist, vereinigt in sich widersprüchliche Verhaltensweisen. Zum einen wird besonders sensibel auf die kleinsten Nuancen in der Sprache geachtet und zum anderen wird jede Verfehlung mit aggressiver Härte angeprangert. So kann die Formulierung »Farbiger« für »woke« Menschen bereits ein Verstoß gegen die politisch korrekte Sprache sein. Einst galt »farbig« als politisch korrekte Bezeichnung, so wie auch im heutigen Englisch die Bezeichnung People of Color, was wörtlich übersetzt »Mensch der Farbe« heißt, als politisch korrekt gilt. Doch die Sensibilitäten und ihre Regeln verändern sich permanent, so dass niemand mehr sicher sein kann, nicht an irgendeiner Stelle einen »woken« Alarm auszulösen. Denn sobald etwas entdeckt wird, das die Sensibilität kränken könnte, beginnt die zweite Phase der Wachsamkeit. Nun wird vom Modus der Sensibilität in die Aggression umgeschaltet. Der lautestmögliche Aufschrei soll alle Blicke auf den Urheber des Verstoßes lenken. Dabei geht es nicht darum, denjenigen, der in den Augen des Woken einen Fehler gemacht hat, darauf hinzuweisen, um ihn zu einer Änderung zu bewegen, sondern der Verursacher soll öffentlich angeprangert werden. Ziel des Aufschreis ist keine Korrektur, sondern die öffentliche Vernichtung. So vereinigt Wokeness eine Sensibilität gegenüber der eigenen Kränkung, aktive Wachsamkeit beim Aufspüren von Ereignissen, die kränkend sein können, und einen aggressiven Vernichtungswillen gegenüber allen, die etwas Kränkendes verursacht haben könnten. Mit dieser Methode wird aus der eigenen Sensibilität eine Waffe, die eine Funktion innerhalb der Öffentlichkeit erfüllt. Bei nüchterner Betrachtung ist die Wokeness darum eine wirkungsvolle Strategie, um in einer chaotischen Öffentlichkeit Aufmerksamkeit erregen zu können. Der blinde Fleck dieser Methode liegt darin, dass sie ihre Funktion der Selbsterhöhung nicht sehen will, und stattdessen dem Selbstbild glaubt, im Kampf für die gute Sache auf der richtigen Seite zu stehen.

Die Kritik der Selbsttäuschung gehört zu den Aufgaben der Öffentlichkeit, und die gelungene Kritikabwehr zeichnet herrschende Ideologien aus. Identitätspolitik benutzt eine sehr wirkungsvolle Kritikabwehr. So folgt beispielsweise aus der Kritik an der Wokeness die Gegenreaktion, dass eine solche Kritik nur aus dem Kopf eines alten weißen Mannes kommen könne. Man nennt eine solche Argumentation auch eine abschließende Formel. Damit ist gemeint, dass jede Kritik an einem System dadurch abgewehrt wird, dass sie mit der Eigenlogik des Systems beantwortet wird. Allgemein bekannt geworden ist sie durch die Psychologie, die über ein entwickeltes Repertoire von abschließenden Formeln verfügt. Sollte es Kritik an der Psychologie geben, so könnte eine psychologische Rückfrage lauten, welche frühkindlichen Probleme durch diesen Kritikeifer wohl verdrängt werden. Jeder Einwand wird mit der ihr eigenen Psycho-Logik beantwortet, so dass die Kritik immer auf den Kritiker selbst zurückfällt. Die gleiche Methode verwendet auch die Identitätspolitik. Wer sie kritisiert, gehört offensichtlich zu einer Identität wie z.B. der des alten weißen Mannes, die sich von ihrem guten Kampf angegriffen fühlt. Eine solche Kritik muss sie also nicht ernst nehmen, sondern kann sie im Gegenteil als Beweis nehmen, wie sinnvoll ihre Methode doch ist.

Die Folgeprobleme der abschließenden Formeln der Identitätspolitik sind brisant, denn sie entsprechen der rassistischen Logik, die die Schwarzen als Menschen zweiter Klasse diffamiert hat, und daraufhin alle Befreiungsversuche als Beweis für ihre Minderwertigkeit abtun konnte. Die tödliche Konsequenz dieser Diffamierung liegt darin, dass sie die so Ausgegrenzten in das Gefängnis einer negativen Identität sperrt, aus dem die Ausbruchsversuche mit den abschließenden Formeln verhindert werden, so dass in letzter Konsequenz nur noch die Gewalt bleibt. Und genau diese Gewalt dient wiederum dem Rassisten als ultimativer Beweis, dass seine Vorurteile richtig waren. Wer auf die Welt als Hammer schaut, der findet überall Nägel. Wer auf die Welt mit identitätspolitischen Vorurteilen schaut, findet überall eine Bestätigung.

Aus der Geschichte könnte darum gelernt werden, welche Auswirkungen die paradoxen Machttechniken haben. Wer eine Gruppe ins Gefängnis einer Fremdzuschreibung sperrt und aufgrund seiner Macht jedes Verhalten als Beweis für die Richtigkeit seiner Identitätsfestlegung wertet, der setzt damit eine Eskalation in Gang, die zur Gewalt führt. Wem der Ausweg innerhalb der öffentlichen Kommunikation verbaut ist, weil der Protest als Stimme keinen Wert hat, und jede Aussage als Beweis für seine Wertlosigkeit gilt, dem bleibt nur die Revolte. Auch in der deutschen Öffentlichkeit gibt es zahlreiche Stimmen, die nur unter Vorbehalt öffentlich werden dürfen. Die sozial Abgehängten gehören ebenso dazu wie die ethnischen und religiösen Minderheiten. Eine Antwort auf diese Probleme darin zu suchen, dass man nun auch alle anderen Gruppierungen zu ebensolchen Randgruppen erklären will, verkennt die Konsequenzen dieser Methode. Eine Öffentlichkeit, die an der Zugänglichkeit für alle interessiert ist, muss erkennen, dass die identitätspolitischen Machttechniken genau diese Offenheit verhindern wollen. Denn sie ersetzen die universellen Werte der Gleichheit durch einen Widerstreit der verschiedenen Ansprüche, deren jeweilig veranschlagte Absolutheit jedes gemeinsame Fundament zerstören.

Der aktuelle Diskurs über die Feinde der Öffentlichkeit erkennt diese Gefahr vor allem dann, wenn sie von nationalistischer oder rechts-identitärer Seite kommt. Er blendet dabei jedoch oft aus, dass die Gefahr nicht nur vom weltanschaulichen Inhalt, sondern auch von der Methode der Identitätspolitik selbst ausgeht. Indem die Einteilung in Gruppen durch die paradoxe Methode erfolgt, kommt es zu einem Machtgefälle, das von den Gruppen mit Opferstatus gewollt ist, weil sie davon profitieren. Doch je erfolgreicher die Opfergruppen bei der Erreichung besonderer Rechte sind, desto verhängnisvoller wird ihr Instrument, mit dem sie dieses erreicht haben, da es Nachahmer auf allen Seiten des politischen Spektrums findet. Die Arbeiter im Rustbelt der USA hatten jahrzehntelang zugeschaut, wie eine Minderheit nach der anderen besondere Zuwendungen erwirkt hat, bis sie sich durch Donald Trump zum ersten Mal selbst als benachteiligte Minderheit formulieren konnten. Jeder Staatsführer, der an die besondere Identität seiner Nation appelliert und den Einwohnern eine Geschichte erzählt, bei der sie die Opfer von fremden Mächten sind, nutzt die Machttechnik der Identitätspolitik. Je mehr Gruppierungen eine besondere Identität mit entsprechenden Sonderrechten für sich beanspruchen, desto mehr eskaliert der Kulturkampf zwischen den Staaten wie auch innerhalb der Gesellschaften.

Die einmal geöffnete Büchse der Pandora lässt sich nicht mehr dadurch schließen, dass der einen Gruppen die Methode der Identitätspolitik zugestanden wird und einer anderen diese Waffe verboten werden soll. Eine solche Einhegung verlagert den Kulturkampf lediglich auf die nächst höhere Ebene, auf der darüber gestritten wird, wer mehr Opfer ist und wer zu den Tätern gerechnet werden muss. Doch jenseits des unlösbaren Streits um die Frage, wer mehr Opfer ist als die anderen, gibt es kein Argument, warum die eine Gruppe ein Recht auf diese Methode haben sollte und die andere wiederum nicht. Je mehr den Verteidigern der woken Identitätspolitik klar wird, dass ihre Methode nicht für bestimmte Gruppen reserviert ist, desto mehr gehen sie in die Offensive und stellen statt eines Arguments eine moralische Forderung auf: Es soll nur den Gruppen, die anerkanntermaßen diskriminiert werden, erlaubt sein, die Waffe der Identitätspolitik zu benutzen. Damit verschiebt sich der Streit auf die nächst höhere Ebene und dreht sich nun um die Frage, wer überhaupt ausreichend diskriminiert ist, um Vorrechte aufgrund seines Opferstatus erwirken zu dürfen. Da hier die gleichen unlösbaren Konflikte entstehen wie zuvor, greifen die Vertreter der Identitätspolitik zum selben Mittel, um ihn zu lösen. Sie nehmen für sich in Anspruch, dass sie allein darüber entscheiden dürfen, wer berechtigtes Opfer ist und wer nicht zu einer diskriminierten Minderheit gehört. Eine nüchterne Bestandsaufnahme würde zu dem Schluss kommen, dass die Methode der Identitätspolitik zwangsläufig zu unlösbaren Konflikten führt, weil sie eine paradoxe Machttechnik ist. Und darum würde eine neutrale Instanz empfehlen, Identitätspolitik selten oder nie in der Öffentlichkeit zu verwenden. Doch gerade eine solche universalistische Instanz wird in der postmodernen Logik der Identitätspolitik vehement abgelehnt.

Der Universalismus der Menschenrechte soll nach dieser Logik die Vorrechte weißer Menschen begründen. Eine solche Beurteilung verstrickt sich jedoch sofort in einen weiteren unlösbaren Widerspruch. Wenn der Universalismus und die Gleichheit der Menschen nur die Idee von alten weißen Männern ist, mit welcher Begründung fordern dann die Minderheiten, genauso gut behandelt zu werden wie alle anderen? Der paradoxe Höhepunkt liegt darin, dass Identitätspolitik den Universalismus braucht und ihn zugleich bekämpft. Und so verstrickt sie die Öffentlichkeit immer weiter in die doppelten Standards der Identitätspolitik.

Je öfter sie zur Anwendung kommen, desto mehr entsteht der Eindruck, dass es in der Öffentlichkeit vor allem darum geht, Kulturkämpfe auszutragen, bei denen verschiedene Gruppierungen um die begehrten Plätze in der Opferhierarchie streiten. Manche Gruppierungen profitieren dann von gesellschaftlichen Moden und andere haben dadurch Nachteile. So gelten seit einigen Jahren alle Belange, die den Islam betreffen, als besonders schützenswert. Weder sein antimodernes Frauenbild noch seine Beteiligung am islamistischen Terror können seinen Status als Opfergruppe in den Kulturkämpfen beeinträchtigen. Die argumentativen Anstrengungen, die dafür unternommen werden müssen, reizen die doppelten Standards der Identitätspolitik bis zum Äußersten aus. Das Ergebnis dieser wie anderer Doppelstandards erzeugt dann eine willkürliche Rangordnung, die bei den bevorzugten Gruppierungen auf Zustimmung stößt, bei allen anderen hingegen zur Frustration führt, die so weit eskalieren kann, dass das ganze System in Frage gestellt wird.

Die Soziologin Arlie Russel Hochschild[61] hat diese Veränderung im öffentlichen Gerechtigkeitsempfinden für die USA untersucht. Um die negativen Auswirkungen der doppelten Standards zu beschreiben, hat sie das treffende Bild einer Warteschlange erfunden. Die Menschen empfinden sich ihr ganzes Leben lang als Wartende in einer Schlange. Sie warten auf den Zugang zu einer guten Schulausbildung, einen guten Arbeitsplatz, eine Wohnung, womöglich auf einen Krankenhausplatz usw. Nun beobachten sie, wie aufgrund der Identitätspolitik immer wieder Menschen an ihnen vorbei auf die vorderen Plätze gebracht werden. Zugleich bemerken sie, dass sie selbst in der Schlange immer langsamer voran kommen.

Das Bild der Schlange bringt die neoliberale Vereinzelung und die Sonderrechte für bestimmte Gruppierungen in einen Zusammenhang und beschreibt die Wirkung, die ein solches Warten auf den Einzelnen hat. Je länger das Warten dauert und je mehr an einem vorbeiziehen, desto größer wird die Wut. Es ist also wenig überraschend, wenn immer mehr gegen ihre Position in der Schlange aufbegehren und für ihr langsames Vorankommen vor allem diejenigen verantwortlich machen, die ihnen gegenüber bevorzugt werden. Wenn dann diese Revolte moralisch abgeurteilt wird, wie es z. B. Hillary Clinton in ihrem Wahlkampf getan hat, als sie die Trump-Wähler als »bemitleidenswerten Abschaum«[62] bezeichnet hat, wird aus dem Bild der Schlange ein dialektisches Bild der neoliberalen Gesellschaft.

Die materielle Situation sieht so aus, dass die meisten Menschen durch ökonomische Zwänge zu einem Leben im Wartezustand gezwungen werden. Zugleich bemerken sie, wie bestimmte Gruppen bevorzugt werden. Aus der eigenen Ohnmacht und der beobachteten Ungerechtigkeit entsteht eine Wut auf das System, das einen zum Schlange-Stehen verurteilt. Das Perfide dieses Systems ist jedoch, dass es die wachsende Wut auf diejenigen umlenkt, die einem vor die Nase gesetzt werden. Statt gegen die Schlange und ihre Ursache zu revoltieren, wird die Wut auf die anderen Wartenden gelenkt, die es vermeintlich besser haben. Die Diffamierung von Hillary Clinton erfüllt in diesem Zusammenhang die entscheidende ideologische Funktion. Denn erst durch ihre Kennzeichnung der Rivalität in der Schlange wird der Widerstand zu einem Ausdruck von Rassismus umetikettiert. Durch die öffentliche Bezeichnung als »Abschaum« wird der Blick vom Leben im Wartezustand abgelenkt und auf das individuelle Fehlverhalten der Wartenden in der Schlange gerichtet. Indem sie den Einzelnen herausgreift und zum Abschaum erklärt, werden die ökonomischen Zwänge, die das Leben des Einzelnen deformiert haben, ausgeblendet. Öffentlich sichtbar wird stattdessen der dunkle Teil der USA, über den sich jeder gute Amerikaner erheben soll.

Die ideologische Funktion dieser Diffamierung liegt also darin, Kritik als individuelles Fehlverhalten zu diffamieren, und dadurch jeden zu ermahnen, seine Kritik am System besser zu verschweigen, will er nicht als Abschaum bloßgestellt werden. Wird identitätspolitisch argumentiert, wird Kritik am ökonomischen System unmöglich gemacht. Dass die Kritik sich manchmal falsch formuliert und durch die Identitätspolitik von Donald Trump darin noch bestärkt wird, hat es dem Clinton-Lager besonders leicht gemacht, den berechtigten Anteil der Kritik abzutun. Die Konsequenz daraus ist eine Öffentlichkeit, in der sich identitätspolitisch agierende Lager gegenüber stehen und der Platz einer Systemkritik im Kulturkampf verschwindet. Die US-amerikanische Öffentlichkeit spaltet sich seitdem immer weiter zwischen dem progressiven Neoliberalismus der liberalen Demokraten und dem autoritären Neoliberalismus der Trump-Anhänger. Dass die komplexen Probleme des Anthropozäns mit einer Öffentlichkeit, in der die schlichte Freund/Feind-Mechanik aus der Vormoderne herrscht, nicht zu bewältigen sind, ist evident.

NEOLIBERALE SPALTUNGEN

Die Spaltung der Öffentlichkeit, bei der sich neoliberal verunsicherte Subjekte gegeneinander in Stellung bringen, ist nicht auf die USA begrenzt. Die Spaltung der Gesellschaften ist in allen Staaten zu beobachten, die über einen längeren Zeitraum die neoliberale Agenda verfolgt haben. Um die Auswirkungen auf die Öffentlichkeit besser verstehen und kritisieren zu können, muss die besondere Art der neoliberalen Ideologie beachtet werden. Der Neoliberalismus wirkt nicht durch ein totalitäres Auftreten und demonstrativ ausgestellte Repressionsinstrumente. Er braucht also keine Öffentlichkeit, in der die Meinungen gleichgeschaltet werden und eine für alle sichtbare Autorität die Richtung vorgibt. Seine Ideologie funktioniert genau entgegengesetzt. Sie schmiegt sich an die Freiheitsbedürfnisse an und wirkt so in und durch jeden einzelnen Menschen. Wenn es überhaupt ein erkennbares Ziel gibt, dann besteht es darin, einen neuen Typus von Arbeitskraft hervorzubringen. Will man diesen charakterisieren, so muss man sich die Arbeitswelt der New Economy anschauen.

Die französischen Soziologen Luc Boltanski und Ève Chiapello[63] haben schon zu Beginn des neuen Jahrtausends in einer umfangreichen Untersuchung die Quellen und Konsequenzen dieses Umbaus beschrieben. Sie sind dabei auf eine zentrale Unterscheidung gestoßen, mit der der fordistische Kapitalismus von seiner spätmodernen, neoliberalen Gestalt unterschieden werden kann. Im Kapitalismus vor dem Siegeszug des Neoliberalismus gab es zwei gegenläufige Arten von Gesellschaftskritik. Die eine bezeichnen sie als Sozialkritik und die andere als Künstlerkritik. Mit der

Sozialkritik sind alle Maßnahmen gemeint, die auf soziale Ungleichheit hinweisen. Die Gründungen der sozialistischen Arbeiterparteien gehören ebenso in dieses Feld wie soziologische Untersuchungen über die Klassengesellschaft oder journalistische Recherchen über die Ungleichheit. Die Künstlerkritik hat hingegen das Verhältnis des Menschen zu seiner Mitwelt zum Gegenstand. Ihr wichtigstes Thema ist die Entfremdung. Die Entfremdung beschreibt einen komplizierten Sachverhalt, da mit ihr zum einen eine Grundbedingung menschlicher Existenz erfasst wird, und zum anderen eine Folge aus bestimmten Arbeits- und Lebensverhältnissen bezeichnet wird. Entfremdet ist die Arbeit am Fließband in einer Fabrik, aber auch die Kommunikation von Liebenden, die sich über Kontinente hinweg per Skype unterhalten müssen. Entfremdet ist unser Blick auf die Natur, die als Ressource für Ausbeutung, als Naherholungsgebiet oder Thema poetischer Texte herhalten muss. Und entfremdet ist sogar der Umgang, den jeder Mensch mit sich selbst pflegt, wenn man seinen Körper trainiert, damit er bestimmten Erwartungen entspricht etc. Man könnte also sagen, der Mensch ist immer entfremdet von sich und seiner Umwelt, die Dimensionen der Entfremdung unterscheiden sich aber gewaltig.

Die Künstlerkritik begann im 19. Jahrhundert die Fremdheit des Menschen in der Welt zu ihrem wichtigsten Thema zu machen. Und die Werke, die aus dieser Haltung entstanden sind, bestimmen den Kunstkanon der Moderne. Der Mensch in der Großstadt, der Mensch in der Arbeitswelt, der Mensch in den Stahlgewittern des Krieges oder in der Ehe-Hölle, allen Darstellungen ist gemein, dass sie das Verhältnis zwischen dem einzelnen Subjekt und seiner Umwelt problematisieren. Sozial- und Künstlerkritik unterscheiden sich also in dem zentralen Punkt, dass die Sozialkritik eine Ungleichheit anprangert, die es prinzipiell zu verbessern gilt, während die Künstlerkritik eine existentielle Situation beschreibt, die unhintergehbar zum Subjekt gehört. Sie kann gelungen oder grausam ausfallen, doch ohne Entfremdung ist kein menschliches Leben vorstellbar.

Die Pointe im Neoliberalismus besteht nun darin, dass die Sozialkritik immer mehr an Bedeutung verliert, während die Künstlerkritik zur Hauptkritik wird. Die Folgen für den Kampf gegen die systemische Ungleichheit im Kapitalismus sind weitreichend. Denn nun lautet die zentrale Botschaft, es mag zwar ungleiche Bezahlung geben, doch viel wichtiger ist, dass jeder das macht, was ihm am besten entspricht. Ziel der Künstlerkritik ist die Selbstoptimierung. Was innerhalb der Kunst die Sensibilität steigert und zu komplexeren Darstellungen der Realität führt, dient jedoch in der Arbeitswelt dazu, den Blick von der sozialen Frage abzulenken und stattdessen die Bereitschaft des Einzelnen, sich ganz der Arbeit zu überlassen, in den Fokus zu nehmen.

Der Begriff der Authentizität beginnt von hier seinen Siegeszug. Gemeint wird damit, dass ein Mensch in seinen Gefühlen und Handlungen ganz mit sich im Reinen ist, oder er zumindest so wirkt, als wäre er es. Authentizität wird zum Gütesiegel in einer neoliberalen Welt. Mit ihr lassen sich Waren und Ereignisse verkaufen, und jeder ist dazu angehalten, möglichst authentisch zu leben. Dass es sich hierbei nur um einen Effekt handelt, der absichtlich hergestellt werden kann, war schon in der Antike bekannt. Die Schauspielkunst profitierte ebenso davon wie die Rhetorik oder die Liebeskommunikation.[64] In der Spätmoderne wird die Eigenart einer hergestellten Glaubwürdigkeit, die natürlich wirkt, jedoch ausgeblendet. Die eigentliche Künstlerkritik des 19. Jahrhunderts konnte diese Lügen offenlegen. Die zur Produktivitätssteigerung benutzte Künstlerkritik im 21. Jahrhundert hat genau diesen Aspekt vergessen. Sie wird zum willfährigen Instrument, mit dem die Sozialkritik verhindert wird, und dient als undialektische Künstlerkritik zur Optimierung des Einzelnen und seiner Arbeitsqualität.

Indem eine zahnlose Entfremdungskritik zur dominierenden Perspektive wird, verschieben sich alle sozialen Verhältnisse. Die wesentliche Veränderung betrifft dabei die Art, wie die Widersprüche in einer kapitalistischen Gesellschaft öffentlich verhandelt werden können. Die Sozialkritik hatte eine Kommunikation hervorgebracht, in der die Probleme des Einzelnen als Konsequenzen eines größeren Zusammenhangs begriffen werden konnten. Wenn der Einzelne z. B. arbeitslos wird, begnügt sich die politische Erklärung nicht damit, dass er ein schlechter Arbeiter gewesen sein muss, sondern es werden Gründe hinzugezogen, für die der Einzelne keine Verantwortung trägt. Das Unternehmen will Personal abbauen, weil es die Dividende seiner Aktionäre erhöhen will, es steht in einem globalen Wettbewerb, in dem es nur durch Einsparungen bestehen kann, der Arbeiter wollte einen Betriebsrat gründen etc.

Je dominanter die Künstlerkritik wird, desto weniger können diese Zusammenhänge überzeugen und desto mehr rückt die Verantwortung des Einzelnen in den Blick. Die Nutznießer einer solchen Art der Kritik sind offensichtlich. So kann z. B. die Globalisierung nun nicht mehr verantwortlich gemacht werden, denn sie soll als positive Entwicklung gelten, bei der die Welt zu einem Marktplatz wird, auf dem jeder mit jedem konkurrieren kann. Auch die Ansprüche der Aktionäre können nicht mehr kritisiert werden, denn sie gelten als legitime Interessen derjenigen, die ihr Kapital zur

Verfügung stellen, um Arbeitsplätze zu schaffen, und darum ist es gerecht, dass sie eine möglichst hohe Rendite dafür bekommen wollen. Der zentrale Punkt, auf den sich nun alle Kritik richten kann, ist der Einzelne. Ist er einsatzbereit genug, um sich gegen die Konkurrenz durchzusetzen? Hat er genügend in seine Arbeitskraft investiert, damit sie einen hohen Mehrwert erwirtschaften kann? Und signalisiert er genügend Leistungsbereitschaft, damit das Kapital in ihm seine Zukunft sieht?

Was mit dem harmlosen Begriff des Unternehmers seiner Selbst bezeichnet wird, meint den radikalen Umbau des Subjekts im Neoliberalismus. Die Künstlerkritik begleitet diesen Umbau, indem sie das flexible Subjekt zum einen als glücklichen Ausweg aus der Entfremdung feiert, und zum anderen die Sozialkritik mundtot macht, indem die Zusammenhänge verschleiert werden und jeder Einzelne für sich selbst verantwortlich sein soll. Gewerkschaften sind aus der Perspektive der Künstlerkritik uncool und die Klassenfrage etwas für Versager. In der spätmodernen Öffentlichkeit ist die Tendenz der Künstlerkritik in alle Bereiche vorgedrungen. Die Kritik an den systemischen Ursachen wie Kapitalrendite und Globalisierung wird mit dem Vorwurf abgewehrt, dass eine solche Kritik doch politisch verdächtig sei. Wirkungsvoll wird eine solche Abwehr dadurch, dass sie materielle Zusammenhänge durch moralische Werte ersetzt. Grenzenlosigkeit, Diversität und Globalisierung werden nicht mehr als konkrete Machtverhältnisse beschrieben, sondern als allgemeine Werte für gut erklärt. So ist jede Kritik daran unmöglich, da der Kritisierende sich vor allem selbst damit auf die moralisch böse Seite stellt. Und schließlich führt der neoliberale Umbau dazu, dass in der Öffentlichkeit nicht mehr Widersprüche, die alle betreffen, ausgetragen werden, sondern jeder als privates Individuum dort auftritt. Diese Folgen sind besonders weitreichend, denn sie verändern die öffentliche Kommunikation zu einer privaten Kommunikation. Die sichtbarsten Phänomene eines solchen Umbaus sind alltäglich zu erleben. Gereiztheit und Gekränktheit sind die beiden Grundemotionen spätmoderner Öffentlichkeit. Die bestimmenden Sprechweisen sind die empörte Rede und die verächtliche Ausgrenzung. Die konkreten Widersprüche werden unsichtbar und an ihre Stelle tritt die aufgeregte Selbstdarstellung. Rationalität und Argumente werden abgewertet, und Konjunktur haben die paradoxen Kommunikationsmittel der Identitätspolitik. Dazu gehören die woke Sensibilität, die zur Waffe wird, die unkonkrete Wut, die sich selbst ihr Ziel konstruieren muss, und die Doppelmoral, die blind für ihre doppelten Standards ist.

Die Pointe einer inflationären Künstlerkritik ist eine zänkische Öffentlichkeit, in der sich Empfindlichkeiten und Bosheiten gegenseitig anheizen. Die Steigerung der Sensibilität, die zum Produktivfaktor in der Arbeitswelt geworden ist, und die Isolierung des Einzelnen, der mit sich selbst in einem Kontrollverhältnis leben soll, führen zu einer neuen Art von öffentlicher Kommunikation. Ihr Hauptkennzeichen ist der paradoxe Einsatz der Intimkommunikation.

PARADOXIEN UND SELBSTREFERENZEN

Um die Macht, die aus paradoxen Verbindungen entsteht, kritisieren zu können, braucht es das älteste aller rhetorischen Mittel: die Dialektik. Seit der Antike gehört sie zum Kernbestand sowohl des philosophischen Handwerks als auch der Kommunikation. Der Grundgedanke der Dialektik ist einfach und kompliziert zugleich. Die einfache Erkenntnis besteht darin, dass sich in jedem Ereignis ein Widerspruch verbirgt. Die komplizierte Folge besteht darin, dass dieser Widerspruch zu einer Bewegung führt, die den Widerspruch verändert. Dialektik beschreibt einen Zustand und eine Bewegung zugleich. Da in den meisten sozialen Phänomenen der dialektische Prozess entweder stillgestellt ist, oder er versucht, sich der Beobachtung zu entziehen, besteht die Arbeit des dialektischen Denkens darin, den Widerspruch und seine mögliche Bewegung zu begreifen. Sichtbarkeit und Unsichtbarkeit sind dabei eng miteinander verwoben. Wer sie aufzuschlüsseln versteht, begreift die Welt in einem neuen Sinn. Im Samenkorn ist die Pflanze enthalten, obschon nichts an der Gestalt des Korns irgendeinen Aufschluss über das Gewächs gibt. In der Religion ist der Widerspruch von Transzendenz und Immanenz enthalten, und seine Spannung bringt die besondere Macht des Glaubens hervor. Im Kapitalismus ist es der Widerspruch zwischen den Interessen des Kapitals und denen der Menschen, der sich in der Gestalt der sozialen Verhältnisse ausdrückt.

Das Besondere der Dialektik besteht darin, dass sie das Verhältnis, das der Widerspruch stiftet, nicht als statischen Zustand denkt, sondern dass sie das darin liegende Potenzial zur Veränderung begreift. Dialektik denkt den Widerspruch als Prozess und nicht als Sackgasse. So kann sie die verschiedenen Zwischenergebnisse des Prozesses besser beobachten und als Kennzeichen für die Lage der Gesellschaft interpretieren. Wird der Widerspruch von Kapital und Arbeit z. B. vom Kapital geleugnet und von den Arbeitern noch nicht begriffen, so unterscheidet sich eine solche frühkapitalistische Gesellschaft von einer, in der er als Klassenkampf brutal ausgetragen wird, oder von einer sozialdemokratischen Gesellschaft, in der es Tarifverträge, Gewerkschaften und Sozialversicherungen gibt. Der Widerspruch bleibt in seinem Wesen gleich, die historische Gestalt, in der er ausgetragen wird, unterscheidet sich jedoch grundlegend.

Die Spätmoderne hat sich in ihrer öffentlichen Kommunikation weitestgehend von der Dialektik verabschiedet. Wie es in einer zutreffenden Beschreibung heißt, leben wir in einer »breiten Gegenwart«.[65] D. h. die Phänomene unserer Realität erscheinen entweder als unhistorische Gegebenheiten, also als Natur, oder als Endzustand einer Entwicklung und damit als unveränderbar. Ebenso werden bei der Beurteilung von Meinungen und Handlungen die inneren Widersprüche ausgeblendet, um sie eindeutig als gut oder böse einsortieren zu können. Die breite Gegenwart ist nicht nur blind gegenüber der Historie, sondern auch gegenüber der Utopie.

Da sich auch in unserer breiten Gegenwart noch immer alle Widersprüche einer kapitalistischen Gesellschaft finden, und diese aber nicht mehr dialektisch betrachtet werden, haben sich zwei neue Denkweisen durchgesetzt.[66] Mit der einen wird aus dem Widerspruch eine Paradoxie. Dafür haben wir schon viele Beispiele gefunden, und sie wird uns noch öfter beschäftigen. Die andere Denkweise macht aus Widersprüchen Selbstreferenzen. Damit ist gemeint, dass aus einem Widerspruch eine Art von Selbstbeschäftigung gemacht wird. Die Selbstreferenz ist aus vielen Problemen bekannt. Wenn z. B. ein Streit den Bezug zum Anlass des Konfliktes verliert, fängt er an, sich um sich selbst zu drehen. Dann werden einzelne Worte herausgepickt, um Aussagen absichtlich missverstehen zu können, dann wird der andere beleidigt, statt auf sein Argument zu reagieren etc. Der Streit produziert durch diese Art der Selbstreflexivität immer neue Nahrung, durch die er sich selbst über den Konflikt hinaus verlängert. Ein solcher Streit hat keinen Gegenstand mehr, sondern nur noch sich selbst zum Thema, und darum ist er unendlich. In den Dramen, die die Ehe als eine Beziehungshölle ausmalen, wird genau diese Unendlichkeit dargestellt. Ein anderes Beispiel ist die Feedback-Kultur in Bildungseinrichtungen. Je mehr gefordert und erwartet wird, dass jede Lehrveranstaltung und jeder Beteiligte rückmeldet und rückgemeldet bekommt, wie er bewertet wird, desto mehr Zeit wird darauf verwendet, die der Unterrichtszeit dann fehlt. Absurde Züge schließlich nimmt die Selbstreferentialität in Gesprächen zwischen identitätspolitisch hochgerüsteten Menschen an. Hier wird, bevor es zum Thema kommt, ausführlich die eigene Identität vorgestellt und im Verhältnis zu allen anderen Identitäten verortet. Die Position, von der aus jemand spricht, wird so zum Hauptthema, das wenig Raum für anderes lässt.

Die Paradoxie hingegen macht aus einem Widerspruch einen Gegensatz, der theoretisch nicht mehr aufzulösen ist. Aus der Unlösbarkeit folgt eine praktische Entscheidung, die die Machttechnik unserer Zeit ist. Gäbe es überhaupt keine Auflösung für eine Paradoxie, so würde sie eine Sackgasse bedeuten und jeder würde versuchen, Paradoxien zu vermeiden. Doch die Spätmoderne wimmelt von paradoxen Verhältnissen. Der Grund liegt darin, dass es eine Seite in der Paradoxie gibt, die darüber entscheiden darf, wie die Paradoxie aufgelöst werden kann, und diese Seite hat dadurch Macht über die andere Seite, die in der Unlösbarkeit gefangen ist. In der Identitätspolitik entscheidet z. B. die Seite des Opfers über die Anwendung der Unterscheidung, wer zur Opfergruppe gehört und wer nicht, während alle anderen, in diesem Fall die Mehrheitsgesellschaft, dieses zu akzeptieren haben.

Die Metoo-Bewegung hat daraus den knappen Befehl gemacht: Glaubt den Frauen! Damit ist jede Diskussion über die Absicht von öffentlichen Anschuldigungen und jedes rechtsstaatliche Verfahren außer Kraft gesetzt. Dass auch dieser Befehl zu weiteren Paradoxien führt, ist vorhersehbar. Denn die Macht, die aus so einer Mechanik folgt, provoziert notwendig weitere Paradoxien, die dann ihr selbst zum Verhängnis werden. In den USA ist die politische Kommunikation inzwischen so sehr von identitätspolitisch paradoxen Befehlen dominiert, dass jeder Erfolg durch das gleiche Mittel wieder zunichte gemacht wird. Der demokratische Präsidentschaftskandidat Joe Biden verlangte vehement, dass der Frau geglaubt wird, die den Trump-Kandidaten für das oberste Gericht der sexuellen Gewalt angeklagt hatte. Als er selbst während des Wahlkampfes von einer Frau beschuldigt wurde, schwiegen er, die demokratische Partei und sogar die Aktivistinnen von #MeToo dazu. Dieser Frau wollte man nicht glauben. Längst gilt das alte Sprichwort, dass wer Gewalt sät, auch Gewalt ernten wird, in einer neuen Form: Wer Paradoxien als Machtmittel nutzt, wird durch andere Paradoxien zu Fall kommen. In der Praxis bedeutet das häufig, wer mit Doppelmoral Erfolg hat, wird durch eine andere Doppelmoral stürzen.

Paradox wird die Unterscheidung in Opfer und Täter dadurch, dass die Opferseite gleichzeitig verlangt, dass sie alleine darüber entscheiden darf, wer zu den Tätern gehört, diese also nicht mehr frei über ihre Gruppenzugehörigkeit entscheiden dürfen. Zugleich wird jedoch behauptet, dass jede Gruppenzugehörigkeit die Folge einer freien Entscheidung sein soll, denn nur so lassen sich alle queeren Identitätskonstruktionen begründen. Es gibt also keine Gruppe im natürlichen Sinne, sondern nur als soziale Konstruktion. Zugleich soll aber die Gruppe der Opfer nicht nur sozial konstruiert sein, da sie dann für alle zugänglich wäre, sondern auch einen essentialistischen Grund haben. Und ebenso soll die Tätergruppe durch die Opfer definiert werden, ohne dass den Tätern eine Wahlmöglichkeit bleibt. Opfer- und Tätergruppe sind also paradox konstruiert, da sie einerseits sozial – und damit als veränderbar – und zugleich natürlich – und damit als unveränderbar – begründet werden.

Wer über die Auflösung dieser Paradoxie entscheidet, hat die Macht über den Opfer- und Täterstatus. Die beiden paradoxen Befehle der Identitätspolitik lauten: Nimm meine Identität als etwas Besonderes war, aber maße Dir nicht an, diese Besonderheit als etwas Besonderes zu bewerten. Und der zweite Befehl lautet: Die Tätergruppe wird durch die Opfer festgelegt, und darum kann diese Gruppenidentität nicht durch die Täter selbst verändert werden. Damit verwendet die Identitätspolitik die beiden Seiten der Paradoxie, mit denen in früheren Zeiten Nationalismus als positive Selbstzuschreibung und Rassismus als negative Fremdzuschreibung operiert haben. Beide Befehle verlangen Unterordnung unter ihr Gebot, und jede öffentliche Diskussion ist damit beendet.

Die Selbstreferenz hingegen verlagert den Widerspruch auf die eine Seite der Unterscheidung. Im Neoliberalismus wird z. B. der Widerspruch von Kapital und Arbeit in die Arbeitskraft verschoben, so dass der Unternehmer seiner selbst entsteht, der Arbeitgeber und Arbeitnehmer in einer Person vereinigen muss. Damit wird nicht nur der Arbeitskampf verhindert, sondern auch die Verantwortung für die

Aktivierung der Arbeitskraft wird dem Einzelnen übertragen. Da sich an den Eigentumsverhältnissen nichts verändert hat, ist diese Neuverteilung des Widerspruchs eine Gewinnsituation für die Kapitalseite, während der Arbeitnehmerseite die Risiken und Verluste zugeteilt werden.

Paradoxien und Selbstreferenzen sind also nicht nur philosophische Denkweisen, sondern alltägliche Praxis, durch die Macht verteilt und gesichert wird. Und wie jeder praktisch gewordene Gedanke dringen auch diese beiden spätmodernen Machttechniken in die Sprache und das Nachdenken über Sprache ein. Eine spätmoderne Öffentlichkeit zeichnet sich dadurch aus, dass in ihr private Empfindungen öffentlich kommuniziert werden. Eine solche Öffentlichkeit gibt den Rahmen vor, in dem über die Widersprüche verhandelt werden kann. Die Gestalt, die die Widersprüche in einer solchen Öffentlichkeit annehmen müssen, ist von der privaten Gefühlsexpression und der Machttechnik der paradoxen Identitätszuweisung bestimmt. Gesellschaftliche Widersprüche werden in Form von individuellen Leidensbekundungen oder subjektivem Begehren formuliert. Und soziale Zusammenhänge werden durch das identitätspolitische Paradox zu Machtkämpfen zwischen Opfergruppen, die aufgrund ihrer doppelten Standards keine universelle Gleichheit mehr erreichen können. Sowohl auf der Ebene des Einzelnen als auch auf der Ebene der Strukturen hat sich die Atomisierung des Neoliberalismus bis in die Art der öffentlichen Kommunikation durchgesetzt. An den Beispielen der politisch korrekten Sprache und der Cancel Culture sind die Vereinzelung und ihre Folgen besonders drastisch abzulesen.

POLITICAL CORRECTNESS UND CANCEL CULTURE

Die Political Correctness ist ein Kind der neoliberalen Postmoderne. Sie vereinigt alle Kennzeichen dieser Denkweise und liefert den atomisierten Individuen eine neue Orientierung in Form von Moral. Die politische Korrektheit geht von einem naiven Sprachverständnis aus, wie man es auch in der Framing-Theorie findet. Ein Wort bezeichnet etwas und es transportiert dabei eine Wertung. Während der Migrationskrise 2015 sollten aufgrund solcher Überlegungen die Flüchtlinge nicht mehr so genannt werden, sondern Geflüchtete heißen. Zum einen meinte man, in der Endsilbe »linge« etwas negativ Verkleinerndes zu erkennen, wie etwa beim Däumling oder Weichling. Zum anderen wollte man die Migrationsgründe nicht auf die anerkannten Fluchtgründe eingrenzen, sondern auf die reine Tatsache der Fliehens erweitern. So sollten die anerkannten Fluchtgründe für alle Arten von Migration gelten. Und außerdem waren die Geflüchteten genderneutral. Der Flüchtling meint zwar kein bestimmtes Geschlecht, verwendet aber dafür das generische Maskulinum, dessen Abschaffung eines der Hauptziele der Political Correctness ist.

An diesem Beispiel ist gut zu erkennen, wie sich eine politische Absicht, die z. B. offene Grenzen für alle fordert, mit dem naiven Sprachglauben verbindet, dass eine solche Absicht vor allem durch die Art, wie sie formuliert wird, Zustimmung erhält. Jenseits aller Argumente für und gegen Migration sollte die Bezeichnung für Flüchtlinge so verändert werden, dass sie bereits eine positive Wertung transportiert. Naiv ist ein solches Sprachverständnis, weil es davon ausgeht, dass Menschen ohne vorheriges Sprachverständnis die Worte hören. Beim Umgang mit dem N-Wort, das zum Symbol für die politischen Sprachkorrekturen geworden ist, führt dieses Missverständnis zu immer neuen Kapriolen. Das N-Wort wird als Gradmesser eingesetzt, um die moralische Qualität der Sprache zu vermessen. Das Wort »Neger« hat eine eindeutig rassistische Konnotation. Es ist eine abwertende Bezeichnung für Menschen mit dunkler Hautfarbe. Insofern ist es unstrittig, dass es nicht mehr verwendet wird. Warum aber braucht es dann die sperrige Erfindung des »N-Wortes«? Es gibt sehr viele Schimpfworte, die im alltäglichen Gebrauch nicht verwendet werden und die keine Substitute benötigen. Das N-Wort wird jedoch fleißig verwendet und löst dabei zwei gegenläufige Reaktionen aus. Auf der einen Seite werden diejenigen, die nicht wissen, was damit gemeint ist, mit Unverständnis reagieren. Auf der andern Seite werden alle, die das Wort kennen, automatisch das »N« zum ganzen Wort »Neger« vervollständigen. Das N-Wort ist also entweder unverständlich oder ein anderer Ausdruck für »Neger«. Da die politische Korrektheit aber ein naives Sprachverständnis hat, ignoriert sie dieses und glaubt sich auf der moralisch guten Seite, da sie die vier Buchstaben »eger« hinter dem »N« vermieden hat. Dass die vier Buchstaben aufgrund des sprachlichen Vorwissens von jedem Hörer ergänzt werden, gehört nicht mehr zu ihrem Verantwortungsbereich. Sie handelt also im Mikrobereich einzelner Worte gesinnungsethisch. Sie hat das Wort nicht ganz ausgesprochen und ist darum gut. Was die Welt damit macht, steht nicht in ihrer Verantwortung.[67]

Das naive Sprachverständnis hat jedoch noch eine andere Konsequenz, die ideologisch weitreichender ist. Kommunikation zeichnet sich dadurch aus, dass Worte nicht ohne ihren Kontext verstanden werden. Wer sein teures Auto ironisch einen Kleinwagen nennt, kokettiert und möchte wohl ein Kompliment. Das Sprechen in Anführungszeichen kann nicht nur einzelne Worte betreffen, sondern ist auch die Voraussetzung für viele Arten von Texten. Wenn ein Journalist ein Interview führt, dann sind die Aussagen des Interviewten eindeutig von den Fragen getrennt, und sie sind nicht mit den Aussagen des Interviewers identisch. Und wenn ein Schauspieler einen Rollentext spricht, so sind das nicht seine Worte, sondern die der Figur, die ein Autor geschrieben hat.

Das naive Sprachverständnis der politischen Korrektheit ignoriert diese Differenzen. Die Grenze zwischen Schauspieler und Figur, zwischen Journalisten und Interviewten und zwischen Autoren und ihren Kunstwerken wird nicht mehr anerkannt. Indem sie diese Unterscheidung leugnet, fällt die politische Korrektheit in ein Sprach- und Kunstverständnis vor die Neuzeit zurück. Vor allem die Künste und die öffentliche Kommunikation waren damals von dieser Gleichsetzung stark eingeschränkt. In Shakespeares Dramen durften keine Figuren auftreten, die in irgendeiner Beziehung zum Herrscherhaus standen. Und als in Schillers »Maria Stuart« am Ende ein katholischer Priester auftreten sollte, um der zum Tode verurteilten Maria Stuart das letzte Sakrament zu spenden, war der Protest groß. Ein Schauspieler, der einen Priester spielt, erschien ungeheuerlich. Diese Verwirrung erscheint aus heutiger Sicht fast rührend, doch damit würde man verkennen, dass es sich dabei nicht nur um eine Naivität handelt, sondern vor allem um ein Machtmittel. Das Königshaus sollte im Theater ebenso wenig wie ein Priester dargestellt werden, weil durch den Akt der Darstellung die Aura der Macht Schaden nehmen würde. Was auf einer Bühne erscheinen kann, ist auch im wirklichen Leben weniger bedrohlich. Diese Art der Entzauberung gehört zum Kern des Theaters, und seine Wirkung ist vom Volkstheater der Commedia dell'Arte bis zum Kabarett unserer Tage zu erleben. Wer öffentlich ausgelacht werden kann, steht nicht mehr über seinem Publikum.

Dass die Mächtigen diese Relativierung fürchten, zeigt die unheilvolle Tradition der Zensur. Eines ihrer wichtigsten Instrumente besteht darin, dass die Grenze zwischen dem Autor und seiner dargestellten Welt geleugnet wird. So begründet z. B. der türkische Präsident Recip Tayyip Erdoğan die Inhaftierung von Journalisten damit, dass sie in ihren Zeitungen Terroristen eine Bühne geboten haben sollen. Auf den Einwand, dass es sich doch um ein Interview gehandelt habe, dass also die Journalisten nicht ihre eigene Meinung wiedergegeben hätten, antwortet er mit der Brutalität, die sich im naiven Sprachverständnis der politischen Korrektheit begründet. Es lohnt sich, Erdoğans Begründung ausführlich zu zitieren, da in ihr der ideologische Kern der Sprachkontrolle offen ausgesprochen wird: »Meines Erachtens ist der Journalist, der einen Terroristen interviewt, einer, der den Terroristen unterstützt, weil er weiß, dass diese Person ein Terrorist ist. Wenn Sie die Gedanken eines Terroristen in Ihrer Publikation abdrucken, was ist das dann? Das ist die Veröffentlichung des Terrorismus selbst.«[68]

Die identitätspolitischen Korrektoren der Worte folgen der gleichen Argumentation, wenn sie behaupten, dass ein Schauspieler, der in seiner Rolle das N-Wort auf einer Bühne ausspricht, dadurch nicht geschützt ist, selbst zum Rassisten zu werden, bzw. dem Rassismus eine Bühne gegeben zu haben. Ihre Behauptung lautet darum vergleichbar der von Erdoğan, dass Schauspieler und Figur einen rassistischen Sprechakt vollziehen und darum von der Bühne verbannt werden müssen. Dass es sich hierbei nicht nur um eine theoretische Diskussion handelt, hat der Fall von Zensur beim Berliner Theatertreffen gezeigt. Dort sollte 2017 eine Inszenierung des Romans »89/90«[69] gezeigt werden. In der Wendegeschichte treten einige Neonazis auf, die gerne andere als »Neger« bezeichnen. Diese realitätsnahe Sprache sollte nun bei der Aufführung während des Theatertreffens unterlassen werden. Auf Anweisung der künstlerischen Leitung wurde die Regisseurin kurz vor Vorstellungbeginn damit konfrontiert, dass das N-Wort auf der Bühne des Berliner Theatertreffens nicht ausgesprochen werden dürfe. Die Regisseurin beugte sich der Autorität und machte durch einen klugen Regieeinfall diesen Zensur-Eingriff deutlich. Immer wenn die Figur »Neger« gesagt hätte, ließ sie nun den Schauspieler den Beep-Ton machen, der aus dem US-amerikanischen Fernsehen bekannt ist und mit dem unliebsame Worte übertönt werden. So war jedem Zuschauer klar, dass hier ein Eingriff stattgefunden hat. Aus dem N-Wort war ein Beep geworden, der bei jedem Zuschauer die wiederum gleiche Assoziation wachgerufen hat, die das Wort »Neger« gehabt hätte. Die Zensur des Theatertreffens war damit bloßgestellt und in ihrer bedenklichen Botschaft vorgeführt: Die Figurenrede der Nazis darf auf ihrer Bühne nur in geläuterter Form auftreten, so dass die empfindlichen Ohren des Publikums von keinem Nazi-Jargon mehr beleidigt werden.

Solche Eingriffe in das öffentliche Sprechen und Handeln auf der Bühne sind in der Theatergeschichte oft vorgekommen. So hat der Aufklärer Christoph Martin Wieland bei seinen Shakespeare-Übersetzungen die anrüchigen Passagen im Akt der Selbstzensur weggelassen. Und dass Frauen als Schauspielerinnen auftreten dürfen, ist erst eine Errungenschaft der Aufklärung, die gegen kirchliche Verbote durchgesetzt werden musste. Das Irritierende an der Zensur des Berliner Theatertreffens ist, dass hier das Theater sich selbst zensiert, und dass diejenigen, die dieses durchsetzen, von sich selbst behaupten, sie würden damit dem Fortschritt in der Kunst und der Welt dienen. Alle früheren Verbote gingen von einer Autorität aus, die eindeutig die Freiheit der Kunst einschränken wollte. Sei es durch die Kirche oder die weltlichen Machthaber, die den Spott und das Gelächter fürchteten. Das Theater und die Kunst sahen sich in ihrer ganzen Geschichte mächtigen Autoritäten ausgesetzt. Dass die Eingriffe aufgrund der Maßgaben der politischen Korrektheit in der Spätmoderne aus dem Zentrum der Kunst selbst erfolgen, ist in der Geschichte neu, passt aber zum neoliberalen Umbau der Gesellschaft. So wie jeder zum Unternehmer seiner selbst werden soll, so soll sich die Freiheit der Künste nun auch selbst einschränken. Nicht mehr eine provozierte Obrigkeit fordert nun Verbote, sondern die lautesten Rufe kommen aus dem Milieu der Kunstschaffenden selbst. Die Beispiele für Bilder, die aus Museen verband werden sollen, sind inzwischen zahlreich, und die meisten haben ihre Ursache nicht in einer empörten Kirche oder einer ängstlichen weltlichen Macht, sondern sie kommen aus der Mitte der Künstler und ihrer professionellen Kritiker.[70]

Einen Akt der Selbstzensur als Ausdruck fortschrittlicher Moral zu feiern, ist nur möglich, weil der blinde Fleck genau an der Stelle liegt, wo die spätmoderne Weltanschauung mit der von autoritären Machthabern wie Erdoğan übereinstimmt. Zu dieser Nähe zum Autoritären gehört es, dass immer mehr Künstler empört sind, wenn ihr blinder Fleck kritisiert wird. Damit vollziehen sie einen weiteren Bruch zur Geschichte der Kunst. Nicht nur, dass sie inzwischen die Instanz der Kontrolle selbst übernommen haben, sondern sie geben genau die Qualität auf, die die Kunst der Neuzeit so wertvoll und einzigartig für die Gesellschaften gemacht hat. Diese Qualität besteht darin, die blinden Flecken aller Systeme öffentlich zu machen, und dadurch die Eindeutigkeiten der Realität in Widersprüche zu verwandeln. Dass immer mehr Künstler in der Spätmoderne für sich selbst diese Verwicklung in die Widersprüche der Realität ablehnen und stattdessen nach einer Position der moralischen Reinheit streben, zeigt, wie erfolgreich die neoliberale Ideologie ist. Spätmoderne Kunst will immer seltener die spezifische Beobachtungssituation der Öffentlichkeit nutzen, sondern diese einschränken. Sie begibt sich ungern in die Abgründe der Widersprüche, da sie die Ansteckung durch den Schmutz fürchtet. Stattdessen reklamiert sie eine Position der Reinheit, von der aus sie Wahrheiten und Anklagen predigen kann. Flankiert wird eine solche Selbstkontrolle durch ein Publikum, dass immer weniger bereit ist, die Irritationen der Kunst als ästhetische Provokationen zu goutieren. Die öffentlichen Reaktionen haben sich von einem souveränen Umgang mit Tabus zu einem kleinlichen Kontrollieren möglicher Tabubrüche entwickelt. Als radikalste Form der woken Kontrolle ist inzwischen ein absichtliches Falschverstehen verbreitet. Wer aus einem künstlerischen Zusammenhang absichtlich einzelne Momente und Worte herauslöst, um sie dann skandalisieren zu können, verfährt nicht nur aggressiv gegenüber der Kunst, sondern unterläuft auch den zivilisatorischen Standard, den moderne Gesellschaften gegenüber künstlerischer Kommunikation erreicht hatten.

Erinnert die Sprachkorrektur der Political Correctness an die Zensur autoritärer Herrschaft, die nun in das Selbstbild der Künstler eingesunken ist, erinnert die Cancel Culture an die Ächtungs- und Tabuisierungstechniken vormoderner

Gesellschaften. Die Cancel Culture ist kein neues Phänomen, doch hat auch sie in der Spätmoderne eine neue Dimension bekommen. Bekannt ist die Ausschluss-Methode, seit es Öffentlichkeit gibt. Der notwendig blinde Fleck jeder Öffentlichkeit liegt in der Grenze, die sie zwischen den erlaubten und den ausgeschlossenen Themen und Personen zieht. Diese Grenze wird in vorneuzeitlichen Gesellschaften durch eine Autorität festgelegt und kann darum nicht selbst zum Thema von Öffentlichkeit werden. Sie ist durch Tabus, Traditionen oder Gewalt festgeschrieben, und wer sie kritisieren will, setzt sich der Gefahr aus, von eben dieser Gewalt bestraft zu werden.

Die robuste Wirkung dieser Grenzziehungen besteht in der besonderen Form der Unterscheidung, die die Tabuisierung vornimmt. Ein Tabu zieht eine Grenze zwischen dem Erlaubten und dem Verbotenen, und zugleich macht es die Grenzziehung selbst zu etwas, das nicht befragt werden darf. So schützt das Tabu seinen blinden Fleck, der darin besteht, dass der Grund des Tabus kontingent ist. Das Tabu verwandelt durch diese Methode eine kontingente Entscheidung in eine letztgültige Wahrheit. Die bekanntesten Tabus betreffen etwa die Ehe unter Blutsverwandten oder den Verzehr von Schweinefleisch in manchen Religionen. Es mag rationale Gründe für diese Verbote geben, doch indem diese Handlungen tabuisiert wurden, wird keine Begründung mehr verlangt, da sie von jeder Infragestellung ausgenommen sind.

Um die Tabugrenze durchzusetzen, braucht es kommunikative und robuste Mittel. Das Geheimnis und das Redeverbot gehören ebenso dazu wie die Ächtung der Tabubrecher. Die Ächtung gehört zum Kosmos der moralischen Kommunikation, deren Funktion vor allem darin besteht, Achtung oder Missachtung zuzuteilen. Die Ächtung ist die gesteigerte Form der Missachtung. Wer nicht geachtet wird, kann sich noch Achtung erwerben, wer hingegen geächtet wird, der ist von jeder Teilnahme ausgeschlossen. Ein solcher Ausschluss bedeutete in archaischen Gesellschaften den sicheren Tod und war darum die schärfste Waffe, die angewendet werden konnte. Heute bedeutet sie den sozialen Tod, und dass dieser nicht selten auch materiellen Schaden nach sich zieht, wird von den Verfechtern der Ächtung begrüßt. Dass dieser Ausschluss fast immer ohne juristisches Verfahren erfolgt, scheint hingegen keine Zweifel mehr an der Methode aufkommen zu lassen.

Auch hier liegt der blinde Fleck wieder an der Stelle, wo die Methode ihren Kern in einer autoritären Gesellschaft hat. Der Unterschied zwischen autoritären und demokratischen Gesellschaften besteht darin, dass in ersteren eine Macht über den Ausschluss entscheidet, die nicht durch rechtsstaatliche Verfahren legitimiert ist. Wird ein solches autoritäres Verfahren in einer demokratischen Gesellschaft benutzt, so wird die Moral an die Stelle der höchsten Autorität gesetzt. Die Moral wird mächtig, wenn es ihr gelingt, durch den öffentlichen Aufschrei eine Ächtungswut herzustellen, die den Ausschluss fordert und durchsetzt. Dass die Ächtung als vordemokratisches Machtmittel in der spätmodernen Öffentlichkeit so machtvoll agieren kann, ist wiederum ein bedenkliches Zeichen für den Zustand dieser Öffentlichkeit.

Die Cancel Culture folgt den Methoden von Tabuisierung und Ächtung. Zugleich fügt sie der Archaik eine spätmoderne Wendung hinzu, da sie als Teil der Identitätspolitik auftritt. Die Cancel Culture unterscheidet sich von archaischen Tabuisierungen dadurch, dass sie kein gesamtgesellschaftliches Interesse mehr verfolgt, sondern die individuelle Empörung zum allgemeinen Maßstab erklärt. So kommt es in einer aufgeklärten Gesellschaft immer öfter zu archaischen Ächtungsforderungen, und die Anstifter sehen sich wie die Priester vormaliger Zeiten in der Rolle des Stellvertreters einer höheren Wahrheit, obgleich ihr postmodernes Denken jede höhere Wahrheit ablehnt. Der archimedische Punkt, aus dem heraus alles auf den Kopf gestellt werden kann, existiert für sie nicht mehr. Doch ihre individuelle Wut reklamiert genau diese Macht für sich. In diesem Anspruch verbinden sich alle Folgeprobleme des Neoliberalismus: Die Überforderung durch die Überdynamisierungskrise, die Selbstreferentialität des Subjekts, das Autorität und Unterworfener in einem sein soll, und die Angst, in einer atomisierten Welt verloren zu gehen.

Die Inflation von subjektiven Gefühlsexpressionen ist darum als Kompensation eines Orientierungsverlusts zu bewerten, und sie wird durch die besondere Resonanz spätmoderner Öffentlichkeit befördert, da hier Gefühle mehr belohnt werden als Argumente. Die Öffentlichkeit heizt damit eine Dynamik an, die ihre eigene Funktion zerstört. Die eine Folge besteht darin, dass die Gesellschaft in immer kleinere und untereinander verfeindete Gruppen zerfällt. Und die andere Folge besteht darin, dass in der Öffentlichkeit vor allem die Stimmen gehört werden, die die hohen Töne der Empörung anschlagen. So ist aus dem strategischen Zwischenschritt der Identitätspolitik, bei der vorläufig eine besonders robuste Identität angenommen wird, durch die positive öffentliche Resonanz ein erfolgreiches Geschäftsmodell geworden. Eine aggressive Identitätsbehauptung zieht mehr Blicke auf sich, und so führt die positive Resonanz zu einer Verfestigung der Identitätsgrenzen, die doch eigentlich aufgelöst werden sollten. Die Retribalisierung und Selbstethnisierung von immer mehr gesellschaftlichen Gruppierungen hat in den USA inzwischen drastische Ausmaße angenommen, und auch die deutsche Öffentlichkeit bewegt sich immer schneller in diese Richtung. Die gefährliche Konsequenz besteht darin, dass sich der strategische Essentialismus zu einem eigentlichen Essentialismus verfestigt. Was anfangs nur behauptet wurde, um einen vorderen Platz in der Warteschlange zu bekommen, wird immer öfter als Tatsache geglaubt. Das Gefängnis der eigenen Herkunft, Religion und Familie, gegen das Aufklärung und moderne Emanzipation Sturm gelaufen sind, wird über den Hintereingang freudig bezogen. Die stolzen Bewohner einer Gruppenidentität reklamieren für sich eine besondere, unverrückbare Eigenart und bringen sich damit in eine Frontstellung gegenüber allen anderen und deren universellen Rechten. Die Formel »ich als ...« wird zur Legitimation, mit der jede Rücksicht eingeklagt werden kann und wegen der jede Bevorzugung erfüllt werden muss. Heute fühlen sich nicht mehr nur Nationen voneinander gekränkt und sinnen auf Wiedergutmachung, sondern Frauen stehen gegen Männer, Liberale gegen Islamisten, queere Intersektionalisten gegen traditionelle Homosexuelle, Multikulturalisten gegen Identitäre usw. Sie alle sehen sich in einem aussichtslosen Kulturkampf verstrickt.[71]

Dieser Kulturkampf reiht sich in die Folge der verhängnisvollen, da unlösbaren Konflikte der Menschheit ein. Ihre Tragik besteht darin, dass jede Gruppe nicht nur beansprucht, eine besondere Identität zu haben, sondern dass sie zugleich allen anderen abspricht, eine vergleichbare Besonderheit für sich beanspruchen zu dürfen. Der Konflikt verläuft also auf zwei Ebenen zugleich. Es gibt den Widerspruch zwischen den jeweiligen Gruppeninteressen, und es gibt die sehr viel weiterreichenden Konflikte zwischen den jeweiligen Absolutheitsansprüchen, die allen anderen die Legitimation ihrer Interessen absprechen. Dass solche Widersprüche nicht mehr aufzulösen sind, wird immer klarer.[72] Die Folge ist eine Öffentlichkeit, in der der postmodern geforderte, unlösbare Widerstreit zur alltäglichen Erfahrung wird. Die Kulturkämpfe sind die Tragödien unserer Tage.

Da auf dem Feld der öffentlich ausgetragenen Widersprüche keine Entscheidungen mehr zu erhoffen sind, verlagert sich der Konflikt immer schneller auf die höhere Ebene der moralischen Legitimation der jeweiligen Interessen. Damit ist ein Weg beschritten, der in der Geschichte zu den bekannten Eskalationen geführt hat. Werden aus Interessen ideologische Glaubensfragen, so werden einstmals lösbare Probleme zu unlösbaren Glaubenskriegen. Wenn die eine Seite der anderen die Legitimation abspricht, ihre Interessen verfolgen zu dürfen, weil diese als moralisch böse verurteilt werden, tritt der Konflikt in die Phase der Gewalt ein. Hier würde nur noch eine Erinnerung helfen, dass die Öffentlichkeit nur dann ihre Funktion erfüllen kann, wenn zumindest die gemeinsame Basis universeller Rechte anerkannt wird.

Doch gerade der universelle Anspruch auf Meinungsfreiheit ist inzwischen zum Hauptfeind der Identitätspolitik erklärt worden. Die Begründung ist ein Paradebeispiel für die Folgeprobleme, die aus der Aufkündigung universeller Gleichheit resultieren. Die identitätspolitische Seite erklärt die Meinungsfreiheit zu einer parteilichen Verteidigung privilegierter weißer Menschen. Ihr Kampf für universelle Rechte soll allein dazu dienen, die angestammten Hierarchien zu verteidigen. Identitätspolitik bewertet den Universalismus als einen parteilichen Partikularismus. Dieses logische Kunststück kann nur gelingen, weil sie ihre Methode anwendet, nach der die Sprecherposition über den Wahrheitsgehalt einer Aussage entscheidet. Wenn nun Menschen, die nicht für eine Minderheit sprechen, den Universalismus verteidigen, so bedeutet das, dass der Universalismus ein Trick sein muss, um die Interessen der Mehrheitsgesellschaft zu verteidigen. Wenn alle Aussagen auf eine Absicht zurückgeführt werden und wenn dann die Absichten nach Opfer und Tätergruppen hierarchisiert werden, gelangt man zu der Volte, dass auch der Universalismus nur ein weiteres Sonderrecht ist, das man folgenlos auch beseitigen kann. Diese Logik verfolgt also konsequent die Methode, jede Aussage zu individualisieren und damit ihren Wert als Parteilichkeit zu relativieren. In einem solchen Weltbild kann es keine Aussagen mehr geben, die unabhängig von ihrem Sprecher eine Wahrheit ausdrücken. Die postmoderne Atomisierung des symbolischen Raums ist damit abgeschlossen. Ist der Universalismus dergestalt dekonstruiert, so entsteht die von Habermas gefürchtete Gesellschaft, in der alle gegen alle in einem Wettkampf um ihre jeweiligen Sonderinteressen gefangen sind.

Mit Cancel Culture ist also nicht das einzelne Phänomen gemeint, wenn etwa einem Künstler ein Auftritt verweigert wird, sondern damit wird ein toxischer Umbau der Öffentlichkeit beschrieben. Die universellen Rechte und die Meinungsfreiheit werden als Werte eingeschränkt, und an ihre Stelle tritt der Kampf der Identitätsgruppen darum, die Regeln der Öffentlichkeit zu bestimmen. Es wird also nicht mehr zwischen den Interessen verhandelt, sondern über die Bedingungen, wessen Interessen in welcher Form öffentlich werden dürfen. Der Begriff »Cancel Culture« beschreibt diesen Umbau der öffentlichen Gesprächskultur, der die universelle Freiheit einschränken will, um einzelnen Stimmen mehr Gewicht und anderen weniger Gewicht zu verleihen. In der Cancel Culture wird also nicht zwischen konflikthaften Interessen gestritten, sondern darüber gestritten, wessen Interessen in welcher Form öffentlich verhandelt werden dürfen. Wer die Grenzen des Diskurses bestimmt, hat einen Vorteil, da die andere Seite ihre Interessen nicht mehr legitim vorbringen kann. Es handelt sich also um einen ideologischen Umbau, da die Grundregeln der offenen Öffentlichkeit verändert werden sollen.

Wie schnell dieser Umbau fortschreitet, zeigt sich daran, dass selbst die Vertreter einer offenen Gesellschaft immer leichtfertiger zur Waffe der Ächtung greifen und unliebsame Meinungen nicht durch Argumente widerlegen, sondern durch Ausschluss mundtot machen wollen. Damit mag man kurzfristige Erfolge erzielen, doch der Schaden, der damit für die Öffentlichkeit entsteht, ist ungleich größer als die eingesparte Mühe des Konflikts.[73] Da der Mehrzahl der professionellen öffentlichen Akteure dieser Zusammenhang bewusst sein muss, und sie sich aber dennoch dieser Methode bedienen, muss es noch einen anderen Grund für sie geben. Dieser Grund betrifft das Selbstbild und das Vertrauen in die Funktionsweise der Öffentlichkeit. Das Vertrauen scheint so erschüttert zu sein, dass immer weniger auf die Wahrheitsbilder der öffentlichen Konflikte vertraut wird, und stattdessen die magische Abkürzung der schnellen Diffamierung und Ächtung gesucht wird.[74] Das politische Kalkül scheint eher einem magischen Denken zu folgen, dass darauf hofft, dass das Böse verschwindet, wenn man es nur intensiv wegwünscht.

Ein derart naiver Glauben entspricht wiederum dem Selbstbild des Menschen in der Spätmoderne. Die Atomisierung und das Chaos der unlösbar erscheinenden Widersprüche befördern eine Subjektivität, die sich von allen Problemen befreien will, indem sie sich selbst als rein von Widersprüchen empfindet. Der einfachste Weg zu einer reinen Subjektivität ist die Einnahme einer moralischen Position, bei der man allein dadurch, dass man über andere urteilt, selbst auf der Seite des Guten steht. Wer möglichst laut jemand anderen als böse benennt, will dadurch selbst als gut erscheinen. Dass eine solche Anwendung von Moral keinerlei ethischen Kriterien mehr entspricht, scheint die Anhänger wenig zu stören.

Doch vielleicht geht es der empörten Öffentlichkeit auch gar nicht mehr darum, die realen Widersprüche zu benennen und die entgegengesetzten Interessen an einen Tisch zu zwingen. Die Selbstreferenz scheint in der öffentlichen Kommunikation zu einer besonderen Art der Selbsterregung und Selbstbeschäftigung zu führen.

DIE SUCHE NACH REINHEIT UND DAS ABSOLUT BÖSE

Die Cancel Culture bekommt immer mehr Einfluss auf das Klima der Öffentlichkeit. Die Mittel, die sie dabei anwendet, gehören in das Arsenal der Tabuisierungen und Ächtungen, und sie sind vergleichbar den Bannflüchen in einer archaischen Gemeinschaft. Ist eine unliebsame Meinung mit einem Bann belegt, trifft es nicht mehr nur den Urheber, sondern auch alle, die den Gebannten nicht schnell genug verstoßen haben. Wenn Jörg Meuthen mit dem Vorsitzenden der Filmförderung in Hessen einen Kaffee trinkt, finden sich schnell Cancel-Aktivisten, die darin Kontaktschuld erkennen und darum die Entlassung des Mannes von der Filmförderung fordern. Wenn die Angst vor der Empörung groß genug ist, wird der Forderung nach Ausschluss wie in diesem Fall gefolgt. Die Wirkung, die von solchen Ächtungen ausgeht, kann weitreichend sein. Sie folgt dabei der autoritären Geste, die schon in der Mao-Bibel beschrieben wird: Bestrafe Einen, erziehe Tausend.

Die Frage, warum eine solche Archaik in der Spätmoderne wieder so gut funktioniert, bedarf darum einer Antwort. Oben wurde bereits gezeigt, wie die Reinheit zu einem Fluchtpunkt in einer chaotischen Wirklichkeit geworden ist. Die Reinheit bietet dabei nicht nur eine Orientierung innerhalb der Vielfalt, sondern sie ist auch ein Schutzschild gegenüber den Widersprüchen. Begegnet man einem Widerspruch, so konfrontiert er einen in doppelter Hinsicht. Zum einen wird man mit einem Problem belastet, das offensichtlich noch ungelöst ist, und zum anderen verlangt es eine Entscheidung, auf welche Seite des Widerspruchs man sich selbst stellen will. Der Widerspruch macht deutlich, dass die Realität nicht so einfach und eindeutig ist, wie man es sich wünscht. Der Widerspruch ist eine Beleidigung für die Reinheit. Aber nur wer die Kraft aufbringt, die Provokation des Widerspruchs auszuhalten, kann der Realität angemessen begegnen. Am Beispiel der Migration konnte gezeigt werden, in welches Dilemma man dabei geraten kann. Betrachtet man die Widersprüche hingegen vom Standpunkt einer moralischen Maximalforderung, so reduziert sich ihr komplexes Problem zu einer Frage der moralischen Haltung. Für sie braucht es keine Arbeit der Dialektik, sondern allein die richtige Moral, um die Probleme der Welt zu lösen. Dass die Probleme dadurch selten oder nie gelöst werden, kümmert die moralische Maximalposition nicht. Ihr geht es vor allem darum, selbst rein zu erscheinen.

Die spätmoderne Öffentlichkeit verweigert immer öfter die Mühe, die der Widerspruch darstellt, und überführt ihn gleich in eine moralische Frage, die zum Prüfstein für die Güte des Einzelnen wird. Was die Dialektik nur durch Arbeit lösen konnte, ist für den moralischen Blick eine Prüfung, die zu bestehen wenig Anstrengung kostet, solange man sich selbst auf der Seite der Guten verortet. Dass dabei der Widerspruch nur ausgeblendet wurde und die Welt nicht besser wird, gehört zum blinden Fleck der Moral. Um die reine Anschauung aufrechtzuerhalten, muss die andere Meinung gecancelt werden, denn würde sie als legitime andere Meinung anerkannt, bekäme die eigene reine Position einen Riss.

Für den moralischen Blick des neoliberalen Subjekts sind Widersprüche nur Entscheidungen, die noch nicht gut genug getroffen worden sind: Es gibt ein Problem mit der zunehmenden Ungleichheit in der Gesellschaft. Die Lösung der Marktliberalen ist einfach: Es braucht mehr eigentumsbildende Maßnahmen, so dass alle vom Kapitalismus profitieren können. Dass die ärmere Hälfte der Bevölkerung keine Rücklagen bilden kann, wird dabei ignoriert, und die Gesellschaft driftet weiter auseinander. Es gibt ein Problem mit der CO_2-Belastung der Atmosphäre. Die Lösung ist einfach: Jeder soll CO_2 einsparen. Dass globale Probleme nicht durch einzelnes Wohlverhalten zu lösen sind, wird ausgeblendet. Die Folgen für das Anthropozän sind unabsehbar. Es gibt ein Problem mit der Integration bestimmter migrantischer Milieus. Die Lösung ist einfach: Es sollte über solche Probleme möglichst wenig öffentlich berichtet werden. Alle diese Antworten erinnern an die Vogel-Strauß-Politik, ein Problem durch maximale Ignoranz lösen zu wollen.

Sind die Probleme einmal in diese Schrumpfform gebracht,

dreht sich die öffentliche Kommunikation nur noch um die Frage, wie der Einzelne sich dazu verhält. Schaut man mit dem moralischen Blick auf die Welt, werden Widersprüche und Ambivalenzen zu einer Provokation, hinter der das moralisch Böse lauert. Aus dieser Haltung entsteht die vehemente Forderung, dass nur noch widerspruchsfreie Identitäten und Sachverhalte akzeptiert werden dürfen. Nur noch das Heile und Reine ist gut, und nur noch das Gute soll öffentlich in Erscheinung treten. Damit wird das öffentliche Nachdenken verhindert und die Öffentlichkeit zu einem Tribunal über die moralische Qualität der Meinungen gemacht.

Zu welchen absurden Reinigungsanstrengungen das führt, ist regelmäßig in den sozialen Netzwerken zu beobachten. Als die Klima-Aktivistin Luisa Neubauer anfing, sich bei Fridays for Future zu engagieren, musste sie schnell ihren Instagram-Account von allen Fotos reinigen, die sie dort von ihren zahlreichen Fernreisen gepostet hatte. Flugscham zu predigen und selbst mehrfach um die Welt geflogen zu sein, schließen sich im Weltbild der Reinheitsaposteln aus. Dass es sich dabei um einen politisch produktiven Widerspruch handeln könnte, wird hingegen ignoriert. Es könnte z. B. sein, dass man einiges von der Welt gesehen haben muss, um zu verstehen, wie gefährdet sie ist. Stattdessen wird in einer geschichtsvergessenen Art die eigene Geschichte so manipuliert, dass sie mit der gegenwärtigen Ideologie übereinstimmt. Wie mit einer solchen Untauglichkeit gegenüber komplexen Widersprüchen auf das Anthropozän reagiert werden soll, ist mehr als fraglich. Zu zeigen, wie nah eine solche Ideologie mit Totalitarismus und Fundamentalismus verwandt ist, wäre wiederum die Aufgabe der Öffentlichkeit. Doch der Umbau der Öffentlichkeit ist bereits so weit fortgeschritten, dass sogar diese Kritik mit den gleichen Mitteln der moralischen Reinheitsforderung abgewehrt wird. Statt auf die Kritik zu antworten, wird immer öfter die Kritik selbst als Ausdruck einer bösen Gesinnung ausgegrenzt.[75]

Die Moral hat diesen logischen Trick bereits über viele Jahrhunderte geübt, und sie war damit überaus erfolgreich für sich selbst, aber sehr schädlich für die Struktur der Öffentlichkeit. Es hat bis zu Hegels »Phänomenologie des Geistes« gedauert, um die teuflische Dimension der moralischen Maximalforderung, wie sie die reine, schöne Seele vertritt, offenlegen zu können. Hegel beschrieb, wie die schöne Seele die Widersprüche der Welt benutzt, um sich öffentlich darüber zu beklagen. Das Elend der Welt dient der schönen Seele als Anlass, ihre eigene Reinheit präsentieren zu können. Ihre Botschaft lautet: Seht her, wie sehr die Schlechtigkeit der Welt doch meiner reinen Seele zusetzt. Die schlechte Welt wird zum Beweis dafür, wie schön doch ihre Seele ist. Und ihre Seele wird zum Maßstab, wie schlecht die Welt doch ist. Denn je mehr sie darunter leidet, desto schlechter muss die Welt sein, und desto reiner kann sie erscheinen. Der teuflische Zusammenhang, den Hegel erstmalig durchschaut hat, besteht darin, dass das Wohlbefinden der schönen Seele vom Elend der Welt abhängt. Es geht der schönen Seele also nicht um die Widersprüche und die Arbeit ihrer Aufhebung, sondern diese sind der Anlass, um sich selbst darin als besonders edel zu feiern.

Hegels Schlussfolgerung ist deutlich. Für ihn gibt es nur ein »absolut Böses« in der Welt, und das ist die schöne Seele. Seine Begründung ist von bestechender Dialektik. Wer das Übel in der Welt dafür nutzt, um sich selbst als schöne Seele zu empfinden, der ist schlimmer als die Verursacher des Übels. Diese haben zumindest noch ein Bewusstsein ihres

Handelns, während die schöne Seele die Welt nur durch das Interesse ihrer Reinheit betrachtet. Sie bewirkt also nicht nur nichts in der Welt, sondern sie hat sogar ein Interesse daran, dass das Übel bestehen bleibt, weil sie es als Kontrastmittel braucht, um ihre Reinheit strahlen zu lassen. Sie ist absolut böse, weil sie objektiv schlecht handelt und sich dabei selbst als gut empfindet.

Wie verbreitet diese böse Reinheit in der Spätmoderne ist, zeigen die Phänomene der Wokeness und der Cancel Culture. Die Wokeness sucht aktiv nach den Ereignissen, über die sie sich selbst empört in Szene setzen kann. Es geht ihr nicht um die Verbesserung der Welt, sondern um den Skandal, der ihren öffentlichen Wert steigert, indem er andere beschämt. Die Cancel Culture steigert dieses noch, indem sie die Ächtung fordert, um die Öffentlichkeit zu einem reinen Ort zu machen, an dem sie ihre eigene Reinheit vorführen kann. Die Macht, die in beiden Methoden steckt, beruht darauf, dass die Sehnsucht nach einer reinen Welt und einer reinen Identität inzwischen so viele Menschen erfasst hat, dass sie vor nichts eine größere Angst haben, als davor, sich zu verunreinigen oder anderen als unrein zu erscheinen. Die moralischen Stahlgewitter, die regelmäßig durch die sozialen Netzwerke ziehen, sind darum nicht nur ein lästiges Übel, sondern sie erfüllen auch eine seltsame Funktion in der spätmodernen Öffentlichkeit. Wenn die persönliche Reinheit zur Währung wird, durch die der Wert des Menschen in der Öffentlichkeit bemessen wird, muss die Zahl der reinen Subjekte klein gehalten werden. Eine Inflation von guten Menschen würde den Wert der Moral senken. So braucht es immer wieder die Vernichtungszüge, bei denen die vormals reinen Vorbilder zu Fall gebracht werden.[76] Die Reinheit erträgt nicht nur die Widersprüche der Realität nicht, sondern sie erträgt noch weniger, dass zu viele Mitmenschen auch rein erscheinen könnten.

Politisch folgenreich wird die Cancel Culture, wenn sie für die Vernichtung von Meinungen eingesetzt wird. Eine Öffentlichkeit, die daran gewöhnt ist, dass Personen diffamiert und damit aus dem sozialen Leben ausgeschlossen werden, verliert, je häufiger das passiert, den Maßstab, nach dem sie zwischen Berechtigung oder Willkür unterscheiden kann. So wie in der Sowjetunion der stalinschen Schauprozesse die tausendfach willkürliche Anklage der Spionage und des Trotzkismus alle Genossen in eine Art Schockstarre versetzt hat, in der sich niemand mehr getraut hat, darüber nachdenken, ob die einzelne Anklage gerechtfertigt ist oder nicht, so treibt jede weitere öffentliche Demontage die spätmodernen Gesellschaften in die Schweigespirale. Wenn ein weltweit renommierter Professor für Wirtschaftswissenschaften im Zuge der Black Lives Matter-Proteste in den USA seine Ämter ruhen lassen muss, weil er auf Twitter etwas Kritisch-Ironisches[77] dazu geäußert hat, ist das Signal für alle anderen deutlich: Der Furor der Cancel Culture kann jeden treffen.

Die Machtbasis der Cancel Culture liegt in der beschriebenen Paradoxie, die in der Anwendung zu doppelten Standards führt. Wenn die Opfergruppe X eine Aussage macht, so muss ihr auf jeden Fall geglaubt werden, und sie darf auch dann nicht kritisiert werden, wenn sie die Merkmale der Hass-Rede aufweist, die in anderen Fällen gerade von der Gruppe X lautstark angeprangert werden. Spricht hingegen die Gruppe Y, so ist alles, was sie sagt, falsch. Die Kolumne einer taz-Journalistin,[78] in der sie alle Polizisten auf der Müllhalde entsorgen wollte, führt diesen Mechanismus der Doppelstandards im Frühsommer 2020 ein weiteres Mal vor. Ihre Hass-Rede gegen die Polizei galt für ihre Community als der berechtigte Aufschrei einer unterdrückten Minderheit. Die Verteidigung der Polizisten sollte hingegen falsch sein, da es sich um ein bewaffnetes Staatsorgan handelt, das jeden Vorwurf selbstkritisch akzeptieren muss. Wie schwer es dem professionellen Journalismus inzwischen fällt, hier den Überblick zu behalten, zeigt eine parallele Metadebatte. Wiederum ausgehend von den USA wird seit einigen Jahren die Neutralität des Journalismus in Frage gestellt.[79] Die neue Richtung soll darin bestehen, dass Journalismus sich als deutliche moralische Positionierung versteht. Das Argument hierfür ist, dass Neutralität unmöglich sei, und das sie vor allem den falschen Kräften nutzen würde. Die Logik der Cancel Culture und Framing-Theorie ist unschwer zu erkennen. Das Falsche soll nicht einmal mehr als Negation oder neutraler Bericht öffentlich werden dürfen.

Diese neue Debatte aus den USA übersieht, dass sie sehr viel älter ist. Nicht erst seit Erdoğans sprachphilosophischen Äußerungen zur Verbreitung des Terrorismus existiert das totalitäre Bild einer gereinigten Öffentlichkeit. Die russische Regierung verkündet von den Zeiten der Sowjetunion bis heute, dass Objektivität ein »uns aufgezwungener Mythos«[80] ist, weswegen er bekämpft werde muss. Das effektivste Mittel hierfür steigert die bereinigte Öffentlichkeit in einer raffinierten Weise. Es besteht in einer planvoll hergestellten Desinformation. Ihr Ziel besteht weniger darin, dass die falschen Informationen geglaubt werden, sondern es besteht in der Zerrüttung des Vertrauens in die Öffentlichkeit selbst. Man könnte es für eine poststalinistische Antwort auf das Chaos der neoliberalen Öffentlichkeit halten. In beiden Fällen wird durch eine Überfülle von unvereinbaren Mitteilungen eine Orientierungslosigkeit hergestellt. Die Reaktionen bestehen dann darin, der Öffentlichkeit generell zu misstrauen und sich in die eigene Meinungsblase zurückzuziehen. Hier können dann Verschwörungstheorien und die Reinheitsfantasien der Cancel Culture ausgelebt werden.

Da in einer solchen Öffentlichkeit auch die sachlichen Berichte über die verschiedenen Meinungen selbst eine Meinung sein sollen, handelt es sich um das postmoderne Fußballspiel, das oben beschrieben wurde. Dass eine solche Debatte in den USA geführt wird, zeigt wie tief die Gräben inzwischen sind, und dass seriöse Medien in Deutschland diese Debatte übernehmen, ist angesichts der Fülle an Artikeln und Fernsehbeiträgen, die bereits Aktivismus sind, ohne dieses als Meinungsäußerung deutlich zu kennzeichnen, naheliegend. Die Medienlandschaft scheint in Teilen diesen Weg immer weiter zu beschreiten, und jede Debatte, die mit der Logik der Identitätspolitik geführt wird, beschleunigt diese Entwicklung. Der Sog, der dadurch entsteht, dass man sich für die eine oder andere Seite entscheiden muss, vergrößert sich, je öfter die neutrale Beobachtung als unmöglich abgelehnt wird.

Dass die neutrale Beobachtung inzwischen für viele identitätspolitische Positionen sogar als Hauptgegner gilt, hat seinen Grund in deren paradoxer Methode. Wenn die Sprecherposition darüber entscheidet, ob einer Aussage geglaubt werden muss oder sie als falsch abgelehnt werden soll, dann ist jede neutrale Position ein Angriff auf diese Methode. Denn eine neutrale Beschreibung würde versuchen, Wahrheit oder Fake-News aufgrund von anderen Kriterien zu unterscheiden als denen der Sprecherposition. Damit ist die neutrale Beobachtung ein Angriff auf die identitätspolitische Wahrheitsbehauptung. Aus diesem Grund muss auch die Neutralität bekämpft werden, und das beste Mittel hierfür ist die Behauptung, dass auch die Neutralität einer Partei angehört, und dass es sich dabei um eine feindliche und böse Partei handelt. Diese Methode wurde beispielsweise seit den 1970er Jahren von der Carbon-Industrie in den USA konsequent gegen alle Berichte über den Klimawandel angewendet. Die Wissenschaftler, die auf den schädlichen Einfluss der CO_2-Emissionen hinweisen, werden zum Ziel von persönlichen Diffamierungs-Kampagnen. Begleitet wird diese Cancel Culture des Kapitals von der Desinformationspolitik, bei der so viele »alternative« Fakten gestreut werden, bis sich niemand mehr auskennt und alles gleichermaßen Lüge sein könnte.

Wie folgenreich diese Zerstörung der Öffentlichkeit ist, zeigt ein harmloses Beispiel aus dem Sommer 2020. Der Kabarettist Dieter Nuhr beteiligte sich an einer Imagekampagne der Deutschen Forschungsgemeinschaft. In seiner kurzen Videobotschaft betonte er, dass der beste Zugang zur Wahrheit die Wissenschaften seien, und dass deren Qualität gerade darin liege, dass sie keinen Glauben voraussetzen. Er erinnert damit an die bekannte Unterscheidung, dass wissenschaftliche Wahrheiten bewiesen werden müssen und widerlegt werden können, und dass sie sich damit grundsätzlich von Glaubenswahrheiten unterscheiden, die weder bewiesen noch widerlegt werden können. Überraschenderweise entfachte diese einfache Botschaft einen Shitstorm, der schnell dazu führte, dass die DFG den Beitrag von Dieter Nuhr von ihrer Webseite löschte.[81] Das löste wiederum eine neue Protestwelle aus, was zu einem erneuten Umlenken der DFG führte. In diesem Fall finden sich also die Mechanismen der Cancel Culture exemplarisch vorgeführt.

Doch es wäre falsch, die Cancel Culture auf den simplen Mechanismus von Protesten und einer Institution, die ihre

Handlungen davon beeinflussen lässt, zu reduzieren. Der eigentliche Vorgang ist deutlich komplizierter. Denn die Verunsicherung beginnt in den 1970er Jahren, als die Carbon-Industrie das Mittel der Desinformation gezielt eingesetzt hat, um die politische Stimmung zu beeinflussen und Zweifel an den Warnungen der Klimaforscher zu säen. Die Wirkung dieser wie vieler anderer Kampagnen besteht in einer Vertrauenskrise, die darin mündet, dass immer mehr Menschen eine zynische Position zur Öffentlichkeit einnehmen. Sie glauben weder den einen noch den anderen Aussagen, sondern lehnen die Möglichkeit, dass öffentlich Argumente ausgetauscht werden und damit Wahrheiten gefunden werden können, im Ganzen ab. Das zynische Verhältnis zur Funktion der Öffentlichkeit bereitet seitdem sowohl den Radikalisierungen den Weg als auch den magischen Verheißungen der Verschwörungstheorien, die für alles eine Antwort haben.

In einer solchen dysfunktionalen Öffentlichkeit scheint die Forderung, dass bestimmte Aussagen nicht mehr gemacht werden dürfen und darum gecancelt werden müssen, wie eine Lösung, um wieder Orientierung zu stiften. Denn tatsächlich hilft es bei der Durchsetzung der eigenen Interessen, wenn die Gegenstimmen nicht mehr gehört werden dürfen. Die Cancel Culture übersieht bei ihren Erfolgen jedoch zwei gravierende Folgeprobleme. Zum einen ist die Cancel Culture keine Erfindung, um vernünftige oder gute Argumente durchzusetzen, sondern sie wird von allen möglichen politischen Richtungen verwendet. Die Zensur in geschlossenen Gesellschaften oder die Verachtung gegenüber anderen Nationen im Nationalismus bedient sich schon lange der Cancel Culture, so wie die Carbon-Industrie sie bis heute für ihre Interessen benutzt.

Aus der historischen Verwendung kann man lernen, dass es verschiedene Phasen der Cancel Culture gibt. Der Nationalismus cancelt die anderen Nationen, um eine gemeinsame Identität zusammenzuschweißen. Kapitalinteressen wollen kritische Meinungen canceln, indem sie ihre Urheber diskreditieren und eigene Wahrheiten in die Welt setzen. Damit erreichen sie eine neue Stufe der Cancel Culture. Da sie in einer offenen Gesellschaft keinen absoluten Durchgriff auf alle Meinungen haben, führen ihre Diskreditierung und alternativen Fakten zu einer Orientierungskrise. Mit dieser ist ihr Ziel bereits erreicht: Die kritischen Stimmen gehen im Chaos der Meinungen unter, und das Vertrauen in die öffentliche Debatte nimmt ab.

Die woke Cancel Culture der Spätmoderne hat ein naives Verständnis von diesen Mechanismen. Sie reagiert auf das Chaos mit der individuellen Empörung und meint, damit sinnvolle Regularien einführen zu können. Damit verkennt sie die Funktion der Öffentlichkeit, die eben keine intime sondern öffentliche Kommunikation ist, und sie blendet die Folgeprobleme aus. Denn die Cancel Culture führt nicht nur zu einer Orientierungskrise, sondern auch zu einem Rückschritt in der Komplexitätstauglichkeit. Galt es seit der Neuzeit als Fortschritt, dass sich unterschiedliche Meinungen gegenseitig aushalten müssen und dass Argumente und Gegenargumente frei ausgetauscht werden können, so reagiert die woke Cancel Culture auf diese Zumutungen mit einer Art Notbremse. Bevor sich niemand mehr im Dschungel der Widersprüche auskennt, wird eine neue Übersichtlichkeit installiert. Was sie dabei jedoch produziert, ist eine Öffentlichkeit, in der nicht mehr Meinungen auf Meinungen und Argumente auf Argumente treffen, sondern in der ein Urteil über Meinungen und Argumente gefällt wird, ob diese überhaupt öffentlich werden dürfen. Damit verdoppelt sie die Kommunikation in einen Streit der Interessen und einen Streit darüber, wessen Interessen öffentlich werden dürfen. Diese Verdopplung erzeugt damit das Gegenteil der erhofften woken Notbremse.

Im Gegensatz dazu sollte die Kommunikation der aufgeklärten Öffentlichkeit die Argumente und Meinungen beobachtbar machen. Alle können sich hier frei äußern, solange sie bereit sind, sich dabei öffentlich beobachten und widersprechen zu lassen. Der Freiheitsgewinn besteht darin, dass eine Meinung, die verlangt, dass eine andere Meinung nicht mehr geäußert werden darf, nicht dazu führt, dass die angeklagte Meinung verboten wird, sondern dass die Ausschlussforderung kritisiert wird. In einer offenen Öffentlichkeit darf auch eine harsche Meinung geäußert werden, wie z. B. dass die Öffentlichkeit eingehegt werden muss, doch kann diese Meinung nicht verlangen, dass alle ihr folgen müssen. Die Cancel Culture will genau diese Offenheit eingrenzen. Es soll zu bestimmten Themen nur noch eine Meinung geben dürfen, und die Forderung selbst soll nicht mehr befragt werden dürfen.

Das spätmoderne Chaos überfordert offensichtlich immer mehr Menschen. Ihre Reaktionen weisen das breite Spektrum von den radikalen Vereinfachungen der Verschwörungstheorien bis zu den Cancel-Forderungen auf. Und tatsächlich sind diese verzweifelten Versuche, Ordnung herzustellen, individuell verständlich. Wer für sich erkannt hat, dass das menschliche Handeln die Lebensgrundlagen zerstört, ist entsetzt darüber, aus welchen egoistischen Motiven z. B. die Erkenntnisse der Klimaforscher torpediert werden. Doch sind die Einbußen an Komplexität durch die einfachen Lösungen der Cancel Culture ungleich folgenreicher als die kurzfristigen Gewinne, die »bösen« Meinungen mundtot gemacht zu haben.

Ein Öffentlichkeit, die von doppelten Standards der Wahrheit beherrscht wird und durch Cancel Culture Ordnung schaffen will, gerät zwangsläufig immer tiefer in einen Sumpf sich bekämpfender Positionen, für die es weder Kompromisse noch eine dialektische Aufhebung geben kann. Der Widerstreit des Relativismus zerstört die Öffentlichkeit als einen Ort, an dem es um das geht, was alle angeht. Und er belastet die Öffentlichkeit so stark, dass sie ihrer Aufgabe, eine besonders komplexe Form der Beobachtung von Kommunikation zu ermöglichen, nicht mehr gewachsen ist. Denn die Beobachtung der Kommunikation setzt voraus, dass die Ergebnisse dieser Beobachtungen öffentlich anschlussfähig bleiben. Wenn aber diese Beobachtung abgelehnt wird, weil sie das Geschäftsmodell der paradoxen Wahrheitsproduktion stört, und der Beobachter zum Feind erklärt wird, der gecancelt werden muss, dann wird die Öffentlichkeit wieder zu dem Ort, der sie in geschlossenen Gesellschaften war. Aus einer kritischen Publizität soll wieder ein folgsames Publikum werden, das den lautesten Anführern folgt. In einer solchen Öffentlichkeit werden wieder moralische Wahrheiten verkündet, die für alle gelten, und wer zu widersprechen wagt, wird mit Ächtung bestraft. Der große Unterschied zu den geschlossenen Gesellschaften der Vormoderne besteht darin, dass heute zahlreiche Weltanschauungen diese Macht in der Öffentlichkeit für sich in Anspruch nehmen wollen und im erbitterten Streit über die Deutungsmacht das erhitzte Chaos einer Erregungsgesellschaft erzeugen.

Der blinde Fleck, der ihnen allen gemein ist, liegt an der Stelle, wo sie nicht sehen wollen, dass die offene Öffentlichkeit die notwendige Voraussetzung für ihr abschließendes Treiben ist. Gäbe es keine solche offene Öffentlichkeit mehr, dann hätten die jeweiligen Weltanschauungen mit ihren Absolutheitsansprüchen keinen Ort, um ihre Anhänger zu überzeugen. Die doppelten Standards wollen eine Öffentlichkeit, die nur noch für sie gilt. Insofern sind sie in der Anwendung ihrer doppelten Standards konsequent: Freiheit für die eigene Meinung, alle anderen müssen gecancelt werden. Doch eine solche Öffentlichkeit kann ihre wichtige Funktion für das politische System nicht mehr erfüllen. Sie wird stattdessen zu einem Ort, an dem Behauptungs-Spektakel aufgeführt werden, und sie produziert einen Politikertypus, der inzwischen in jeder spätmodernen Gesellschaft Erfolge feiert: »Und so kommt es, dass Politiker anziehend werden, die mit viel Aplomb Fakten zurückweisen, die das Vergnügen salonfähig machen, Unsinn von sich zu geben, und sich einer umfassenden, anarchischen Befreiung von jeder Kohärenz und der schnöden Wirklichkeit hingeben.«[82] Die doppelten Standards führen zu einer Öffentlichkeit, in der aus der aufgeklärten Beobachtung von Kommunikation eine zynische Regression wird: Alles ist gleichermaßen Lüge, und darum ist jede weitere Lüge Notwehr.

INTIMKOMMUNIKATION DER ÖFFENTLICHKEIT

Ein naiv magisches Sprachverständnis, der Umbau der öffentlichen Kommunikation zur Intimkommunikation und die Zurschaustellung der eigenen Reinheit haben die Öffentlichkeit stark verändert. Diese Veränderungen werden durch die technischen Möglichkeiten der sozialen Medien beschleunigt. Vor allem die Dominanz der Intimkommunikation wäre ohne die Vernetzung, bei der jeder Empfänger auch ein Sender sein kann, unvorstellbar. Die bisher notwendige Professionalität der öffentlichen Stimmen, die Zugangshürden durch Redaktionen und die Knappheit der öffentlichen Sendeplätze hätten die Fülle von Gefühlsexpressionen nicht erlaubt. Und außerdem ist gerade die öffentliche Darstellung von Gefühlen mit einer Fülle von Widersprüchen zwischen Absicht und Wirkung behaftet.

Die Darstellung von Gefühlen und ihre Handlungsmacht war bis dahin die Spezialaufgabe der narrativen Künste, wie sie sich im Roman, Theater oder Kino ausformulierten. Hier lernte das Publikum, die Macht der Gefühle zu lesen, und erfreute sich an einer Gefühlsvirtuosität, wie sie das eigene, entfremdete Leben selten zuließ. Dass der Hang zum Gefühlskonsum auch Schattenseiten hat, wurde bereits im 19. Jahrhundert reflektiert. Madame Bovary erträgt ihr eigentlich privilegiertes Leben als Frau eines verwitweten Landarztes nicht mehr, weil ihr bei der Romanlektüre zu viele Erregungen begegnet sind, die sie seitdem in ihrem Alltag schmerzlich vermisst. Dass die Geschichte der Madame Bovary wiederum als Roman von Gustave Flaubert geschrieben werden kann, der damit seine Leser und Leserinnen verzaubert, zeigt, wie reflektiert die Kunst mit der Darstellung und Wirkung von Gefühlen umzugehen gelernt hat. Die Gefühlsdarstellung taugt in der Kunst zum intellektuell anregenden Erlebnis, wird in der Unterhaltungskultur zum Gegenstand des Massenkonsums und gerät in der spätmodernen Öffentlichkeit zum expressiven Merkmal jedes Einzelnen.

Die Erregung durch die Gefühle anderer und die Zurschaustellung der eigenen Gefühle wird zum Kennzeichen einer Gegenwart, in der am Ende nur das Ich zählt. Von der neoliberalen Aktivierungsideologie verlangt und als chaotisches Rauschen, das sich über alle Widersprüche legt, erwünscht, wird die Öffentlichkeit zu einem Ort, an dem die Komplexität auf das Gefühl reduziert wird. Indem die Widersprüche nur mehr durch die Augen des einzelnen Subjekts gesehen werden, wird ihre Bedeutung darauf begrenzt, welche Wirkung sie auf das einzelne Bewusstsein haben, und wie sich das Ich dabei fühlt. Der gewünschte Irrtum der Spätmoderne besteht darin, dass die subjektive Wirkung und ihr Ausdruck als konkrete Gestalt des Widerspruchs gelten sollen. Doch hierbei handelt es sich um eine der raffinierten Lügen unserer Zeit, denn das Gegenteil ist wahr. Wer nur auf den Einzelfall schaut, ohne zu begreifen, durch wie viele Verbindungen jedes einzelne Leben mit den Strukturen und den Mitmenschen verbunden ist, der sieht gerade nicht die konkrete Gestalt des Widerspruchs, sondern nur einen zufälligen Ausschnitt, der aufgrund des emotionalen Nachdrucks wie eine objektive Wahrheit erscheint.

Diese Verwechslung ist inzwischen so eingeübt, dass die Frage danach, wie es einem gerade geht, zum Standardrepertoire des Journalismus gehört. Niemandem scheint aufzufallen, dass eine solche Frage eine Grenzverletzung bedeutet, die im öffentlichen Raum bisher nur unter besonderen Bedingungen erfolgen durfte. Beim Arzt oder vor Gericht spielen die Gefühle eine Rolle. Wenn jedoch ein Wissenschaftler eine Einschätzung zur Lage während der Corona-Epidemie macht, ist sein privates Gefühl nicht relevant, es sei denn, er selbst macht dieses etwa in Form eines Bauchgefühls öffentlich. Ebenso wenig ist die Frage nach dem Gefühlszustand eines Politikers, der gerade eine Wahl verloren oder gewonnen hat, sinnvoll. Erstens ist die Antwort absehbar und zweitens wird, da es sich um eine öffentliche Situation handelt, niemand ehrlich auf eine solche Frage antworten. Die Frage provoziert also zuverlässig eine Ausweichbewegung. Sollte der Fragende ein Interesse daran haben, wie eine Antwort verweigert wird, so würde es sich um eine besonders abgründige Form des psychologischen Interviews handeln. Doch in den allermeisten Fällen werden Frage und Nichtantwort in routinierter Geläufigkeit gegeben. Was also soll das Ritual?

Es soll vor allem darum gehen, den Anschein einer menschlichen Kommunikation zu erwecken. Zugleich wird das Signal gegeben, dass der Fragende unter einer konkreten Frage diese gefühlige Form von Neugierde versteht. Der Journalismus wähnt sich nah bei den Menschen, weil er sie nach ihren Gefühlen befragt. Und er will konkret und nicht abstrakt erscheinen, weswegen er die Sichtweise des Einzelnen herausstellt und nicht die Zusammenhänge erklärt. Aus beidem folgt, dass das Gespräch die Widersprüche vor allem in der Person des Befragten sucht und nicht nach den systemischen Beziehungen fragt. So wiederholt jedes Interview die Weltanschauung unserer Zeit. Das Subjekt ist allein verantwortlich, und die Realität soll dadurch begriffen werden, dass ihre Widersprüche zu subjektiven Empfindungen reduziert werden. Diese falsche Reduktion der Komplexität verhindert eine der Realität angemessene öffentliche Kommunikation. Im Anthropozän wird sichtbar, wie diese subjektzentrierte Problembeschreibung einen wesentlichen Anteil an der Sackgasse hat, in der sich die Menschheit befindet.

Ein wichtiger Faktor, der dieses verstärkt, liegt in der veränderten Erwartung, die an die Öffentlichkeit gestellt wird. In der Spätmoderne verschwimmt die Grenze zwischen privatem und öffentlichem Raum dahingehend, dass immer selbstverständlicher davon ausgegangen wird, dass in der Öffentlichkeit die gleichen Regeln gelten sollen, wie im intimen Rahmen. Dabei ist der Unterschied zwischen öffentlich und privat seit der Aufklärung grundlegend. Wenn sich jemand in einer privaten und intimen Situation wähnt, so achtet er darauf, dass ihm keine Kränkung zustößt, und er kann darauf hoffen, dass seine Gefühle beachtet werden. Eine solche Intimkommunikation[83] funktioniert darüber, dass die Gefühle des einen zur Handlung eines anderen werden, und sie droht zu scheitern, wenn die Gefühle nicht genügend Resonanz erfahren oder unangemessene Reaktionen bekommen. Eine solche Kommunikation ist auf begrenzte Räume angewiesen, in denen sich alle über die Regeln geeinigt haben. Zugleich erwartet die private Kommunikation gerade nicht, dass sie die Welt verändert, und sie findet auch nicht im Bewusstsein statt, dass ihr dabei ein Publikum zuschaut.

Wird hingegen eine solche intime Erwartung an öffentliche Räume gestellt, so sind die Kränkungen vorprogrammiert, weil die Öffentlichkeit nicht nach den jeweiligen privaten Erwartungen organisiert sein kann. Öffentliche Kommunikation bedeutet, dass Kommunikation kritisch beobachtet werden kann. Intimkommunikation hat eine gegenläufige Absicht. Wer intim kommuniziert, möchte nicht kritisch beobachtet werden, sondern in seinem Erleben wahrgenommen und bestätigt werden. Die Forderung der Identitätspolitik, dass den Opfern und ihren Gefühlen immer geglaubt werden muss, verschiebt darum die Grenze zwischen öffentlicher und intimer Kommunikation. Eine öffentliche Kommunikation, der immer geglaubt werden muss, widerspricht der aufgeklärten Öffentlichkeit und versetzt sie zurück in eine archaische, geschlossene Öffentlichkeit. Wer diesen Unterschied ignoriert und von der Öffentlichkeit die gleiche intime Rücksichtnahme erwartet, provoziert zuverlässig verletzende Situationen. Die Kränkungen entstehen also vor allem dadurch, dass mit den falschen, da intimen Erwartungen in die Öffentlichkeit gegangen wird. Wer intim die öffentliche Kommunikation beobachtet, macht aus Mitteilungen für alle Botschaften für sich. Das hat zur Folge, dass die öffentliche Kommunikation als performative Handlung verstanden wird, durch die man sich gekränkt fühlt. Wenn ein Kabarettist einen Witz über Ostfriesen macht, verkennt der norddeutsche Zuschauer, der sich davon gekränkt fühlen würde, dass nicht er gemeint ist, sondern ein Klischee, das zur Pointe taugt. Werden diese Kränkungen dann dafür genutzt, um sie zum Skandal zu machen, so liegt das klassische Muster der selbsterfüllenden Prophezeiung vor. Dass dennoch immer mehr Menschen den Anspruch erheben, in der Öffentlichkeit die gleiche Rücksicht wie im privaten erwarten zu können, ist entweder naiv, oder es verfolgt eine politische Absicht.

Da die skandalisierbaren Situationen so zuverlässig eintreten, ist es wahrscheinlich, dass es sich weniger um Naivität handelt als vielmehr um politisches Kalkül. Denn die Skandalisierung erzeugt Aufmerksamkeit, die dann in Form der Empörung dafür genutzt wird, die Öffentlichkeit nach den eigenen Regeln umbauen zu wollen. Wer mit der Erwartung einer intim geschützten Kommunikation in die Öffentlichkeit geht, erleidet also nicht nur selbst Schaden, sondern wird Teil einer Empörungsbewegung, die am Umbau der Struktur von Öffentlichkeit arbeitet. Dass die Grenze zwischen privatem und öffentlichem Raum immer mehr verschwindet, hat seine Ursache also nicht nur in der medialen Möglichkeit, durch die jeder Empfänger auch ein Sender sein kann, sondern sie liegt auch in dem Umbau der Gesellschaft, wo Individuen auf sich selbst zurückgeworfen sind und darum meinen, nur noch durch Gefühlsexpressionen wahrgenommen zu werden. Im Phänomen der »Wokeness« wird die Sensibilität genau mit diesem strategischen Interesse eingesetzt. Je mehr öffentliche Signale als persönliche Kränkungen erlebt werden, desto häufiger kann der Einzelne sich als Gekränkter öffentlich zeigen. Die gleiche Selbstreflexivität findet man in der naiven Sprachmagie, die daran glaubt, dass etwas aus der Realität verschwindet, sobald das Wort dafür verboten wird, und die aus diesem Grund überall Korrekturbedarf entdeckt. In der Sprache wimmelt es ebenso wie in der Realität von Dingen, die kränkend, bedrohlich und gefährlich sind. Wird der Nahbereich mit der Öffentlichkeit gleichgesetzt und soll diese dann entsprechend bereinigt werden, so findet man ein unerschöpfliches Arsenal an empörenden Sachverhalten, die zum Aufschrei führen, mit dem man Aufmerksamkeit bekommt.

Eine besonders negative Folge der subjektzentrierten Kommunikation ist die Überprüfung der Gefühle auf ihre Reinheit. Die öffentlich eingeforderte Reinheit führt nicht nur dazu, dass jeder Widerspruch aus der eigenen Person verbannt werden muss, sondern sie führt wie in einer vormodernen Glaubensgemeinde dazu, dass jeder seine Reinheit gegenüber allen anderen signalisieren muss. Es reicht nicht, sich an die Regeln zu halten, es muss auch jederzeit versichert werden, dass an die Regeln geglaubt wird. Virtue Signalling ist eine Aufgabe, auf die die Nutzer der sozialen Netzwerke sehr viel Mühe verwenden. Denn jeder hat schon erlebt, was demjenigen widerfährt, der seine eigene Reinheit nicht ausreichend schnell beweisen kann. Wer erst danach gefragt werden muss, ob er auch auf der guten Seite steht, befindet sich bereits mit einem Bein in der Ächtung.

Nur so lässt sich die Macht erklären, die Shitstorms inzwischen in den Netzwerken haben. Wenn ein Keksfabrikant ein mit dunkler Schokolade überzogenes Gebäck »Afrika« nennt, und diese Bezeichnung seit sechzig Jahren am Markt eingeführt ist, reicht ein einzelner empörter Aufschrei, der sich schnell tausendfach verbreitet, und der Kekshersteller sieht sich zur öffentlichen Reue gezwungen. Er gelobt, das Gebäck schnellstmöglich umzubenennen. Nun könnte man sich über die Selbstermächtigung der Kekskonsumenten freuen, wenn es ihnen dabei um die Produktionsbedingungen oder die sicherlich hohen Fett- und Zucker-Anteile gegangen wäre. Doch in der Namens-Empörung ist sowohl den woken Aufschrei-Aktivisten wie dem Kekshersteller klar, dass es weder um die Qualität des Kekses geht noch etwa um die Eigentumsverhältnisse des Bahlsen-Konzerns. Es geht stattdessen um die Machtdemonstration einer bestimmten Gruppe, die testet, wie groß ihr Einfluss ist, und die den Nachweis erbringt, dass sie im Kulturkampf kampagnenfähige Empörung generieren kann.

Was von den Verfechtern der Cancel Culture als kultureller Sieg gefeiert wird, hat nicht nur negative Auswirkungen auf das Gesamt der Öffentlichkeit, sondern findet immer mehr Nachahmer, die Ziele verfolgen, die der weltanschaulichen Richtung der woken Identitätspolitik diametral entgegengesetzt sind. Es ist nicht mehr zu übersehen, dass immer öfter Nationalisten und Rassisten die Methoden der Identitätspolitik für sich wiederentdecken. Das ist wenig überraschend, da historisch betrachtet, Identitätspolitik zu den Hauptquellen der völkischen Gemeinschaft gehört.

Eine weitere negative Folge besteht darin, dass die Reinheitssucht und der Ausschluss von allem Bösen zu einer unfreiwilligen Verbindung mit dem Bösen führen. Jede Provokation, die von Rechts kommt, muss zwanghaft von Links beantwortet werden. So bekommen genau die Inhalte, die durch die Cancel Culture verbannt werden sollen, eine große Aufmerksamkeit. Die Rechten haben also nicht nur die Methode der Gruppenbevorzugung durch die Identitätspolitik wiedererlernt, sondern ihre Präsenz in der Öffentlichkeit wird ständig vergrößert, weil die andere Seite so viel Energie darauf verwendet, das Böse in allen Facetten auszuleuchten. Der Sprechakt, »kein Raum für Nazis«, ist insofern ein performativer Selbstwiderspruch, da er im Moment, wo er ausgesprochen wird, den Nazis sehr viel Raum gibt, indem er sie zum Inhalt einer dringlichen Botschaft macht. Je mehr die Öffentlichkeit rein gehalten werden soll, desto enger ketten sich die Verfechter der Cancel Culture an ihren Feind. Dass die woken Aktivisten weder diese Dialektik begreifen noch die der Aufmerksamkeitssteigerung durch Dämonisierung, gehört wohl in den großen Bereich der Ironie der Geschichte.

Eine reale Folge dieser Ironie ist, dass die paradoxen Mittel der Identitätspolitik sich inzwischen selbst in eine paradoxe Lage gebracht haben. Sie werden von allen Seiten kopiert, und diese Kopien sind oft wirkungsvoller als ihre woken Vorbilder, da die Provokationen aufgrund der zwanghaften Reaktionen reichlich Aufmerksamkeit bekommen. Und die strategische Nutzung von doppelten Standards, bei der die moralische Bewertung darüber entscheidet, welche Seite bevorzugt werden muss, hat zu einem Orientierungschaos in der Öffentlichkeit geführt, so dass jede Behauptung inzwischen das gleiche Maß an Glaubwürdigkeit oder Argwohn weckt. Die Nutznießer der neuen Unübersichtlichkeit sind dann wiederum die politischen Kräfte, gegen die die woke Identitätspolitik einst angetreten ist.

Damit die Fake-News Kampagnen eines Donald Trump

oder Boris Johnson funktionieren, braucht es eine Öffentlichkeit, die zutiefst verunsichert ist, was Wahrheit und was Lüge ist. Diese Verunsicherung wurde von Trump und Co. nicht erzeugt, sondern sie haben sie genutzt und weiter vergrößert. Der Ursprung dieser Verunsicherung liegt Jahrzehnte zuvor im neoliberalen Umbau der Gesellschaften, dem Relativismus der postmodernen Theorien und den doppelten Standards der Identitätspolitik. Die Auswirkungen sind heute tief in die öffentliche Kommunikation eingedrungen, und sie sind gerade dabei, ihre Funktionen zu zerstören. Ein wesentliches Kennzeichen dieser Zerstörung ist die Ersetzung eines Denkens in Zusammenhängen durch die individuelle Empörung. Da es im Anthropozän vor allem darum geht, die Zusammenhänge zwischen der menschlichen Hybris und den ökologischen Systemen zu begreifen, ist die Reduktion der Komplexität auf die Gefühlsexpression ein weiterer Hinweis, wie fremd und selbstherrlich die Menschen der Erde gegenüberstehen.

KATASTROPHEN-ÖFFENTLICHKEIT

Wohl niemand wird bestreiten, dass wir nach der Erfindung der Schriftsprache und dem Buchdruck vor der dritten großen Revolution der menschlichen Kommunikation stehen. Die Schrift konnte große Wissensmengen unabhängig vom menschlichen Gedächtnis speichern. So konnten die steuerpflichtigen Untertanen auf Listen geführt werden, was die Entstehung der Bürokratie ermöglichte, wie sie im alten Ägypten erfunden wurde und im Römischen Imperium zur Entfaltung kam. Doch zugleich bemerken die antiken Philosophen, dass sich mit der schriftlichen Übermittlung von

Wissen ein ganz neues Problem ergibt. Ist das aufgeschriebene Wissen auch wahr, und ist ihr Urheber eine vertrauenswürdige Quelle? Lange galt die Schrift als Möglichkeit der Lüge, und ihre Auswirkungen wurden negativ bewertet, weil sie nicht nur das Vertrauen zerstören sollte, sondern auch das Gedächtnis der Menschen. Wurde etwas aufgeschrieben, so konnte es getrost vergessen werden. Wissen wurde aus dem lebendigen Bewusstsein ausgelagert und gerann zur toten Spur der Schrift, die von jemand anderem gelesen und wieder zu lebendigem Wissen gemacht werden musste. Bei diesem Vorgang konnte, wie man schon in der Antike feststellte, einiges schief gehen. Texte konnten fehlerhaft kopiert werden und, was noch schwerer wiegt, sie konnten missverständlich geschrieben sein. Und da jeder Leser frei ist zu entscheiden, was er liest und wie er es verstehen will, sind die Missverständnisse unendlich, und diese können nur durch weitere Texte wieder eingefangen werden, was automatisch zu weiteren Missverständnissen führt. So ist Platons Verdikt gegen die Schrift für seine Zeitgenossen weniger seltsam, als es uns heute erscheint. Schon die erste Medienrevolution brachte den gesamten Komplex von Fortschritt und Fortschrittsproblemen mit sich, der sich heute zum dritten Mal wiederholt.

Die zweite Medienrevolution des Buchdrucks führte zu einer rasanten Verbreitung des Wissens und machte aus den Laien des Mittelalters lesekundige Mitbürger. Hier entsteht auch das, was wir als Öffentlichkeit beschrieben haben, als ein offener Raum, in dem sich Meinungen, Wissen und Absichten begegnen können und zueinander ins Verhältnis setzen müssen. Und hier beginnen die Folgeprobleme, dass eine ausdifferenzierte Gesellschaft die Öffentlichkeit braucht, um ihre Widersprüche auszutragen, es aber Widersprüche gibt, die die Gesellschaft zerstören können, und nicht jede Art von öffentlicher Kommunikation zu einer Lösung führt, sondern sie allzu oft in Sackgassen mündet.

Die Medienrevolution unserer Zeit steht erst am Anfang. Darum sind heute nur vorläufige Auswirkungen zu beobachten. Die wesentlichste Veränderung besteht bisher darin, dass nunmehr jeder Empfänger auch ein Sender sein kann. Dadurch ist die Menge der im öffentlichen Raum kommunizierenden Stimmen explodiert. Die ersten Auswirkungen bestehen darin, dass die vormals enggeführten Themen und Widersprüche ebenso atomisiert werden, wie das soziale Band in spätmodernen Gesellschaften immer weiter gedehnt wird. Die neue Unübersichtlichkeit bringt Vorteile, indem sie den Zugang zur öffentlichen Sichtbarkeit radikal vereinfacht hat, aber genau diese Offenheit führt zu neuen Abschließungen in Gruppenidentitäten, wie sie oben beschrieben wurden. So wie die Menschen sich in spätmodernen Gesellschaften vereinzelt und verunsichert fühlen, so erleben sie die Öffentlichkeit als ein chaotisches Rauschen, in dem sie als Empfänger nach Orientierung und als Sender nach Aufmerksamkeit suchen. Die paradoxen Methoden der Identitätspolitik erfahren durch die Vielfalt der öffentlichen Stimmen große Verbreitung, da sie im Chaos der Bruchlinien eine Orientierung verheißen. Sie vergrößern aber nicht nur die Anzahl der Widersprüche, sondern überführen sie auch in die unlösbare Form des Widerstreits. So überwiegen in dieser Phase der spätmodernen Öffentlichkeit die negativen Auswirkungen der Medienrevolution, da sie sich mit den negativen Tendenzen des Neoliberalismus verknüpft haben.

Eine sichtbare Folge dieser Tendenz ist die mangelhafte Konzentrationsfähigkeit der Öffentlichkeit. Inzwischen braucht es, damit ein Thema für alle sichtbar wird, eine Katastrophe.

In der Corona-Krise 2020 konnte dieser Effekt zur allgemeinen Verblüffung beobachtet werden. In dem Moment, als das Virus anfing sich auszubreiten, verschwanden nicht nur alle anderen Themen aus der Öffentlichkeit, sondern es gab für einen Zeitraum von ungefähr zwei Monaten auch nur noch eine Meinung dazu: Das Virus muss eingedämmt werden, indem alle Menschen voneinander Distanz halten. Erst nachdem die erste Phase des Erschreckens vorüber war, konnten wieder andere Sichtweisen und Themen öffentlich werden.

Für eine komplexe Öffentlichkeit ist eine solche Einsinnigkeit ein höchst seltenes Ereignis, und dass es so etwas überhaupt geben könnte, widerspricht allen Erwartungen an eine spätmoderne Industriegesellschaft. Die Corona-Krise hat gezeigt, dass Katastrophen zu einer schlagartigen Eindämmung der öffentlichen Vielfalt führen können. Die Macht des Virus über den menschlichen Organismus übersetzte sich in die Macht der Virologen, und diese wurde dann in politischen Entscheidungen zu einer Realität, in der sich die öffentliche Meinung auf ein Thema verengt hatte. Eine solche radikale Ermächtigung wirkt für alle anderen Protestbewegungen und politischen Richtungen verlockend. So versuchen seitdem die Klimaproteste eine Verbindung von ihren Anliegen zu der Wissenschaftshörigkeit während der Corona-Krise zu knüpfen. Ebenso stellten die vorher gebeutelten Parteien der Regierungskoalition mit Genugtuung fest, dass sie in der Krise wachsende Zustimmungswerte haben. Doch das Frohlocken erinnert an die konservative Predigt, dass die Kirchen wieder voll wären, wenn es einen Krieg gäbe. Dieser Zusammenhang ist offensichtlich, doch warum die Not des Krieges ein Argument für die Kirche sein sollte, ist rätselhaft.

Der Ausnahmezustand bringt die Widersprüche der Normalität zum Schweigen, was aber nicht bedeutet, dass sie damit auch verschwunden wären. Das Schweigen kann man also nur begrüßen, wenn man selbst der Souverän ist, der über den Ausnahmezustand entscheidet. Für alle anderen bedeutet er hingegen die widerspruchslose Unterordnung unter ein Regime. Wenn Klimaproteste oder politische Parteien neidisch auf die Corona-Krisen-Einmütigkeit schauen und den Ausnahmenzustand erhoffen, um für ihre Anliegen die nötige Widerspruchsfreiheit zu bekommen, so ist grundlegender Zweifel an ihrer Agenda angebracht. Denn die Katastrophe ist ihrem Wesen nach totalitär. Sie verhindert die offene Kommunikation und die widersprüchlichen Meinungen, da in ihr allein die schnelle und richtige Handlung verlangt wird. Was die richtige Handlung ist, entscheidet nicht mehr die öffentliche Kommunikation, sondern die Instanz, die die Macht über die Entscheidungen hat. Sind es die Virologen, entscheiden sie. Sind es die Klimaforscher, entscheiden sie. Beide brauchen aber, damit sie die Macht des Ausnahmezustands bekommen, eine Katastrophe, die ihrem Wissen die nötige Autorität verleiht. Ohne Virus keine Macht für die Virologen, ohne erkennbaren Klimawandel, keine Macht für die Klimaforscher.

Das Verhältnis von Realität, wissenschaftlicher Erklärung und politischer Macht bildet eine Dreiecksbeziehung, die gut zum Chaos der spätmodernen Öffentlichkeit passt. Wie mächtig dieses Dreieck sein kann, hat die Corona-Krise gezeigt. Wie kompliziert es für die Gesellschaft und wie unangemessen es für die Probleme des Anthropozäns ist, werden wir noch erkunden. Der grundlegende Unterschied zwischen Virus und Anthropozän liegt darin, dass das Anthropozän gerade nicht die Eindeutigkeit der Gefahr eines

Virus hat. Es ist im Gegenteil eine Verwirrung aller Beziehungen, mit denen Menschen sich bisher ihr Verhältnis zur Natur erklärt haben. Die Hoffnung, dass eine Gesellschaft, die durch das Virus schockartig gelernt hat, wie mächtig die Natur sein kann und wie radikal eine ausdifferenzierte Gesellschaft sich auf ein Ziel einigen kann, dieses Erlernte jetzt auf den Klimawandel überträgt, ist darum nicht nur trügerisch, sondern kategorisch falsch. Dass diese Erwartung dennoch Zustimmung findet, zeigt, wie eng die öffentliche Kommunikation des Anthropozäns mit den Umgangsformen der spätmodernen Öffentlichkeit verwachsen ist. Deren Fehlentwicklung führt dazu, dass auch die ungleich komplexeren Zusammenhänge des Anthropozäns vor allem mit den üblichen Paradoxien und Reinheitsfantasien beschrieben werden. Sollen aber die zukünftigen Probleme, die sich aus dem Anthropozän ergeben, antizipiert werden, um die gegenwärtigen Gesellschaften darauf vorzubereiten und zu verändern, müssen die als falsch erkannten Formen der Kommunikation verlassen werden. Im Anthropozän steht das Verhältnis des Menschen zur Erde in Frage. Nur wenn es gelingt, diese Frage in einer angemessenen, d.h. komplexitätstauglichen Form öffentlich zu formulieren, ist es denkbar, die Gesellschaft auf andere Verhältnisse vorzubereiten.

Fasst man die Hauptmerkmale einer identitätspolitisch korrigierten Öffentlichkeit zusammen, so muss man feststellen, dass der Zustand der Öffentlichkeit dafür denkbar ungeeignet ist: Das Sprachverständnis ist naiv und unterbietet damit die Komplexität, zu der sich Kommunikation in der Neuzeit entwickelt hat. Es verspricht mehr Erfolg, eine reine Identität zu behaupten, als die Widersprüche auszutragen. Mit Empörung ist mehr Aufmerksamkeit zu erreichen als mit den Mühen der Dialektik. Der Umbau der Öffentlichkeit in eine intime Kommunikation produziert zuverlässig Kränkungen, deren Aufschrei dann dafür genutzt werden kann, die Öffentlichkeit weiter nach den eigenen Regeln umbauen zu können.

Die drei Faktoren – Sprachkorrekturen, moralische Reinheit und Intimkommunikation – verstärken sich gegenseitig und führen zu dem Waffenarsenal, mit dem Kommunikation unter Feinden geführt wird: Die Wokeness, die die Sensibilität für eine aktive Suche nach skandalisierbaren Fehlern nutzt, um darauf mit moralischer Ächtungen zu reagieren. Das Cry-Bullying, mit dem aggressives Verhalten (Bullying) gemeint ist, das sich aus einer Kränkung (Cry) speist. Das Virtue-Signalling, bei dem durch offensive Tugendzeichen die eigene Reinheit demonstriert wird, um sich gegen Anfeindungen zu schützen und zugleich andere wegen fehlenden Virtue-Signallings anfeinden zu können. Das Fishing for Hate, bei dem besonders provokative Aussagen gemacht werden, mit denen die gegnerische Seite dazu gebracht wird, mit Hassbotschaften zu antworten. Wer eine Fishing for Hate-Botschaft verkündet, erwartet, dass seine Community sich mit ihm solidarisch erklärt, je größer der Hassgegenwind ausfällt. Und schließlich gibt es die Cancel Culture, die alle diese Methoden vereint und die Reinwaschung von allen Widersprüchen dadurch erzwingen will, dass sie alles Böse ausradiert.[84] Eine Öffentlichkeit, in der diese Methoden erfolgreich sind, ist nicht nur weit entfernt von einer deliberativen Öffentlichkeit, sondern arbeitet auch an der Zerstörung einer offenen, komplexitätstauglichen Öffentlichkeit.

4.
ÜBERHITZTE GESELLSCHAFTEN IM KLIMAWANDEL

STREIT-KLIMA

Die allgemeine Verunsicherung der Menschen in einer komplexen Welt führt in einer dialektischen Volte zu den aggressiven Freund/Feind-Unterscheidungen der Populisten und Identitätspolitiker. Das Klima der öffentlichen Kommunikation heizt sich immer weiter auf. Es bedarf wenig Fantasie, um die tragische Dimension der wechselseitigen Erregungskämpfe zu erkennen. Eine Voraussetzung für das Funktionieren ausdifferenzierter Gesellschaften besteht darin, aus Widersprüchen politische Konflikte zu machen, die in demokratischen Verfahren entschieden werden können. Populisten und Identitätspolitiker greifen diese Verfahren an und versuchen, aus Konflikten Streit zwischen Feinden zu machen. Um die Feindseligkeiten der Kulturkämpfe zu etablieren, wird sowohl ein gemeinsames Fundament abgelehnt als auch die Instanz eines neutralen Beobachters bekämpft.

Die Logik der Kulturkämpfe verlangt, dass jeder, der nicht für die eigene Partei ist, automatisch zur gegnerischen Partei gezählt wird. Die Strategie dieser Logik gehört zum Kernbestand der postmodernen Ideologien. Ideologisch wird eine Position, wenn sie nicht nur ihre Interessen durchsetzen will, sondern auch die Regeln bestimmen will, mit denen die andere Seite ihre Interessen vertreten kann. Wer über die Regeln bestimmt, hat einen kategorischen Vorteil. Die Aufklärung hatte lange an der Einsicht gearbeitet, dass eine Regel umso anerkannter und besser ist, je allgemeiner sie für alle gilt. Mit dem Universalismus der Aufklärung begann der langwierige Prozess der Gleichheit aller Menschen. Dessen Fortschritte erscheinen inzwischen immer mehr Zeitgenossen als zu langsam oder sogar als falsch, und sie wollen den Universalismus durch einen Wettkampf von Sonderrechten ersetzen. Identitätspolitik wie Populismus entfachen einen permanenten Streit darüber, wessen Regeln gelten sollen und welche Gruppe bevorzugt und welche benachteiligt werden muss.

Die Auswirkungen für die Öffentlichkeit sind drastisch. Denn einer der großen zivilisatorischen Gewinne der freien Öffentlichkeit besteht darin, dass hier alle Meinungen öffentlich sichtbar werden und dass Beobachter die Absichten der jeweiligen Interessen und Ideologien erkennen und öffentlich kritisieren können. Die aufklärerische Funktion der Öffentlichkeit besteht darin, die Beobachtung von Kommunikation zu ermöglichen, um weitere Kommunikation daran anschließen zu können. Die Ideologie der Identitätspolitik will genau diese Beobachtung verhindern. Darum entwickelt sie ein robustes Arsenal von Ausschlussmechanismen, die von der Framing-Theorie bis zur Cancel Culture reichen, um diese Freiheit der Öffentlichkeit einzuschränken. Ziel ihrer Bemühungen ist eine widerspruchsfreie, »reine« Identität und eine Öffentlichkeit, die von allen irritierenden Meinungen und der Möglichkeit einer neutralen Beobachtung gereinigt ist.

Je mehr sie ihre Regeln durchsetzt, desto weniger öffentlich wird die Öffentlichkeit. Und an die Stelle der Kommunikation über Themen, die alle betreffen, tritt die moralische Ausrichtung auf die richtigen Botschaften. Die Öffentlichkeit wird wieder zu einem Medium, in dem eine Autorität ihre Wahrheit verkündet und Kritik mit Bestrafung rechnen muss. Ziel dieser geschlossenen Öffentlichkeit ist die Durchsetzung der doppelten Standards, nach denen bestimmte Identitäten einen besonderen Wahrheitsstatus bekommen. Die Eingriffe betreffen also die Zugänge zur Öffentlichkeit, ihre Freiheit und den Wahrheitswert der dortigen Aussagen. Aus dem mündigen Publikum der aufgeklärten Öffentlichkeit werden Parteigänger, die nur noch Freunde und Feinde unterscheiden können.

Eine neutrale Beobachtung erkennt hingegen, wie die identitätspolitische Regelsetzung zu einer gespaltenen und paradoxen Öffentlichkeit führt. Alles wird zur Partei, und darum muss jeder seine Zugehörigkeit signalisieren, will er nicht riskieren, gegen seinen Willen einer Partei zugeordnet zu werden. Da die jeweiligen Gewinner der Kulturkämpfe nichts mehr fürchten als eine neutrale Beobachtung ihrer Machttechnik, unterstellen sie jedem Beobachtungsversuch, dass er nicht neutral sei, und schlagen ihn damit der gegnerischen Seite zu. Ist er einmal dort verortet, so hat die kritische Beschreibung ihren Status des neutralen Beobachters verloren und kann offensiv als Feind angegriffen werden. Die letzte Konsequenz aus den doppelten Standards besteht also darin, dass Kritik, die einst das Wesen der Öffentlichkeit ausmachte, als Ausdruck von Feindseligkeit diffamiert werden kann. So verhindert die hegemoniale Partei, dass das Prinzip der parteilichen Aufteilung in Freunde und Feinde in Frage gestellt werden kann. In den täglichen Streitereien ist zu beobachten, dass immer die Partei, die gerade am meisten von der Parteilichkeit profitiert, am aggressivsten die Ungleichheit verteidigt, die aus ihrem Prinzip folgt.

Historisch ist die Identitätspolitik ein Kind des 19. Jahrhunderts und des dort aufkommenden militarisierten Nationalismus. Die rechte Identitätspolitik z. B. der AfD sieht sich eher in dieser Tradition und ist entsprechend einfacher zu kritisieren. Die woke und linke Identitätspolitik hat sich hingegen in ein postmodernes Gewand gehüllt und damit den raffiniertesten Trick aus diesem Theoriepool kopiert. So wie es der Neoliberalismus verstanden hat, sich vor Kritik zu schützen, indem er die Ursache der Ungleichheit unsichtbar gemacht hat, so versuchen die Profiteure der doppelten Standards zu leugnen, dass es so etwas wie Identitätspolitik überhaupt gibt. In der Debatte um Political Correctness wird dieser Trick seit vielen Jahren praktiziert. Wer eine Sprachregulierung als zensierenden Eingriff bezeichnet, dem wird automatisch entgegnet, dass es Political Correctness gar nicht gibt. Wer etwas anderes behauptet, hängt einer politisch verdächtigen Meinung an.[85] Ebenso wird von den Verteidigern der Identitätspolitik inzwischen geleugnet, dass es so etwas wie Identitätspolitik überhaupt geben würde.[86] So wie Aussagen nicht mehr durch Argumente widerlegt werden müssen, sondern durch Angriffe auf die Sprecherposition gecancelt werden, so wird Kritik dadurch pariert, dass das Ziel unsichtbar gemacht wird.

Im Anthropozän verschärfen sich diese Tendenzen, denn die gleiche Kommunikation, die den neoliberalen Umbau von Mensch und Welt betreibt und jede Kritik daran verstummen lassen will, versagt darin, die ökologische Komplexität öffentlich sichtbar machen zu können. Die Dimension der Veränderungen zeichnet sich langsam ab und lässt sich in einigen nüchternen Fakten benennen. Die Anzahl der Menschen hat sich seit dem 18. Jahrhundert verzehnfacht und der Energiehunger ist um den Faktor Hundert gestiegen. Der CO_2-Gehalt in der Atmosphäre hat sich bereits verdoppelt, was zu unberechenbaren klimatischen Veränderungen führen wird. Die Zahl der vom Aussterben bedrohten Tierarten nähert sich der kritischen Schwelle, ab der die Ökosysteme zusammenbrechen, während der Anteil an der Biomasse größerer Lebewesen, den Menschen und ihre Nutztiere ausmachen, bei über 90 Prozent liegt. Die Singvögel verschwinden und in Hühnerfabriken werden jährlich 68 Milliarden Tiere gemästet und getötet. Die Zahl der Raubkatzen hat sich auf unter 100 000 reduziert, und es leben 600 Millionen Hauskatzen bei den Menschen. Die Zahl der Menschenaffen schrumpft auf wenige 10 000 Exemplare, und die Menschen vermehren sich ungebremst und nähern sich der 8 Milliarden-Schwelle. Wenn die Entwicklung so weiter geht, werden bis zum Ende des Jahrhunderts 10 oder sogar 11 Milliarden Menschen auf der Erde leben. Die Wahrheit des Anthropozäns lautet, dass es nur noch eine Lebensform auf der Erde gibt, die sich erfolgreich vermehren kann, und das ist der Mensch.

Die Menschen haben, ob gewollt oder nicht, einen Zustand hervorgebracht, in dem ihr Einfluss auf die Lebensbedingungen der Erde so gewaltig ist, dass sie selbst zur wichtigsten Instanz für die Ökologie der Erde geworden sind. Zum ersten Mal in der Geschichte ist eine Art dafür verantwortlich, dass es zu radikalen klimatischen Veränderungen kommt, die das Leben aller Tiere und Pflanzen bedrohen.[87] Wenn Menschen es wollen, fluten sie Täler, um Stauseen anzulegen, brennen Wälder ab, um Weideland für ihre Nutztiere oder Ackerland zu bekommen. Wenn Menschen ihren Müll loswerden wollen, verschmutzen sie die Weltmeere mit Plastik, durch das Tiere qualvoll sterben, leiten Gift ins Wasser und in die Luft, und sie haben die Macht, Tiere zu züchten und massenhaft leiden zu lassen, um sie als Nahrung zu schlachten. Inzwischen sind wir Menschen nicht nur die brutalste und rücksichtsloseste Lebensform, sondern wir haben uns durch unsere aggressive Ausbreitung selbst in eine prekäre Position gebracht. Der Klimawandel wird zu Veränderungen des Wetters führen, was in allen Teilen der Welt teils vorhersehbare und teils unvorhersehbare Folgen haben wird. Zu den vorhersehbaren Folgen gehören der Anstieg des Meeresspiegels und die daraus resultierenden Überschwemmungen. Die Ausbreitung von Krankheiten und die Zunahme von Dürregebieten und Naturkatastrophen wird sich chaotisch entwickeln, und ebenso werden sich die weltweiten Migrationsbewegungen in nicht vorhersehbarer Weise steigern.

Die tragische Dimension des Anthropozäns besteht darin, dass wir an den Schalthebeln einer Macht sitzen, die wir nicht verstehen, geschweige denn, dass wir als Menschheit in der Lage wären, diese Macht vernünftig ausüben zu können. Die Lage ist tragisch, weil die Menschheit sich durch ihre Macht ausbreiten und durch ihren Energiehunger das Gleichgewicht der Erde zerstören kann. Gleichzeitig verfügt die Menschheit, die zu einer solchen globalen Gewalt fähig ist, über keinerlei Organisationsform, die der Komplexität des ökologischen Gleichgewichts entsprechen würde. Unsere industrielle Organisationsfähigkeit kann massenhaft Konsumgüter produzieren und damit das Verhalten der Menschen beeinflussen, sie kann aber die Folgen für die Welt und die Menschen nicht bewältigen. Die Menschen können die Erde kollektiv zerstören, sie können sie aber nicht kollektiv in der Balance halten.

Die Ansprüche des menschlichen Lebens geraten darum zwangsläufig in immer größeren Widerspruch zu dem, was die Erde an Leben ermöglichen kann. Je mehr dieser Widerspruch verstanden wird, desto chaotischer werden die Reaktionen im Inneren der Gesellschaften darauf. Das Krisenphänomen eines Widerspruchs, der zwar gedacht aber nicht aufgelöst werden kann, ist in der Geschichte nicht neu. Alle historischen Widersprüche haben Entwicklungsschritte durchlaufen, die teils zu guten, teils zu katastrophalen Folgen geführt haben. Der bisher größte Widerspruch der Neuzeit besteht in den gegenläufigen Interessen des Kapitals und der Menschen. Er prägt bis heute die politische Diskussion, und die Art, wie er bewältigt wird, entscheidet darüber, in welcher Gesellschaft die Menschen leben. Dieser Widerspruch ist noch nicht aufgehoben, sondern in verschiedenen Regierungsformen eingefroren. Seine negativen Auswirkungen auf die Funktion der Öffentlichkeit treten seit einigen Jahrzehnten immer mehr zu Tage. In diesem Zustand zerfallender Gesellschaften tritt im Anthropozän der neue Widerspruch zwischen der Fähigkeit der Menschen zur kollektiven Zerstörung der Erde und der Unfähigkeit der Menschen zur kollektiven Organisation ihrer Ökologie auf.

Dieser Widerspruch ist auch eine Folge des kapitalistischen Widerspruchs. Seine systemisch gewordene Gier nach Wachstum ist eine zentrale Triebkraft, die das Anthropozän hervorgebracht hat. Die kapitalistische Ökonomie ist aber nicht die einzige Ursache. Will man den Widerspruch zwischen Menschen und Erde verstehen, müssen viele weitere Faktoren untersucht werden. Neben der naturwissenschaftlichen Forschung ist vor allem die Art wichtig, wie Menschen sich selbst und ihre Umwelt beschreiben. Sowohl die naturwissenschaftlichen Erkenntnisse als auch das menschliche Verhältnis zur Welt zeigen sich in der öffentlichen Kommunikation und prägen damit den Ort, an dem über die Zukunft der Gesellschaft verhandelt wird. Die Krise der spätmodernen Öffentlichkeit besteht darin, dass sie diese Funktion immer schlechter erfüllt. Sie produziert durch ihre paradoxen Kommunikationsstrategien Spaltungen, die immer weniger mit den realen Widersprüchen zu tun haben und die sie selbst nicht mehr auflösen kann. Die Öffentlichkeit wird zusehends nervöser und lauter, und zugleich bleibt sie taub für die warnenden Signale der Ökologie.

DIE GRENZEN DER KOMMUNIKATION

Die spätmoderne Erregungsgesellschaft reagiert äußerst dünnhäutig auf alle Arten von Statusspielen und Kränkungen. Sie ist vollständig von der menschlichen Perspektive dominiert. Was in ihr vorkommen will, muss als menschlicher Aufschrei und soziale Beziehung auftreten. Eine solche Kommunikation ist zwangsläufig kurzsichtig und schwerhörig für die Stimmen der nicht-menschlichen Phänomene.

Eine wesentliche Eigenschaft von Kommunikation besteht darin, dass sie Menschen ermöglicht, einander Informationen mitteilen zu können. Dabei ziehen sie zwangsläufig eine Grenze zum Bereich des Sprachlosen. Die Erde und die übrigen Lebewesen haben keine eigene Stimme. Sie können in der Kommunikation nur als stumme Gegenstände zum Thema werden. Wollen die nicht-menschlichen Ereignisse sprechen, so können sie das nur durch den Mund der Menschen. Damit die Erde zu Wort kommt, muss sie wissenschaftlich erforscht, poetisch gedeutet, religiös geglaubt oder esoterisch vernommen werden. Diese grundlegende

Sprachlosigkeit der Erde, die immer einer Interpretation durch den Menschen bedarf, macht die eine Hälfte des neuen Kommunikationsproblems aus.

Die andere Hälfte besteht darin, dass menschliche Kommunikation zwangsläufig die Wiederholung von Widersprüchen bedeutet. Da alle an der Kommunikation Beteiligten für einander intransparent sind, ist das Mittel der Kommunikation notwendig fehlerhaft. Niemand kann sicher sein, was der andere verstanden hat, und niemand kann sicher sein, ob er den anderen richtig verstanden hat.[88] Kommunikation ist die unendliche Aufgabe, in einem immer nächsten Schritt herauszufinden, was bisher noch nicht gelungen ist. Sie produziert, indem sie Verstehen erzeugen will, immer neues Missverstehen. Die Widersprüche der Kommunikation sind unendlich, und genau darum ist Kommunikation zum bevorzugten Mittel geworden, um die realen Widersprüche auszutragen. Der Gewinn besteht darin, dass in ihr alle Arten von Widersprüchen kommuniziert werden können, der Nachteil besteht darin, dass durch sie immer neue Arten von Widersprüchen entstehen. Die Notwendigkeit, mit der jede Kommunikation ihr eigenes Problem erzeugt, kann zu Lösungen führen oder in Sackgassen geraten, in denen die Widersprüche zu Blockaden führen.

Menschliche Kommunikation ist in ihrer spätmodernen Öffentlichkeit das Produkt von Widersprüchen, bei denen die eine Seite versucht, die Regeln der Aufhebung zu bestimmen. Verteidigt werden diese Regeln dadurch, dass sie unsichtbar und damit unkritisierbar gemacht werden. Die Folge für die Kommunikation besteht in paradoxen Strategien, bei denen die Selbstimmunisierung kopiert wird, ohne die darin enthaltenen Widersprüche aufzulösen.[89] Ist sie einmal in einer solchen Struktur gefangen, so taugt ihre

Aushandlung von Konflikten nur noch insoweit, als jede Lösung zwangsläufig weitere Anschlusskonflikte produziert. Die Widerspruchsstruktur ist aufgrund der paradoxen Strategien so wesensbestimmend geworden, dass selbst der friedfertigste Versuch durch die Art der kommunikativen Mittel zu weiteren Konflikten führt. Die Erhitzung der spätmodernen Öffentlichkeit hat ihre Ursache nicht in einer massenhaften Streitsucht, sondern ihr systemischer Grund liegt in der kognitiven Dissonanz der gesellschaftlichen Realität. Weil die grundlegenden Widersprüche nicht mehr kommuniziert werden können, verschiebt sich ihr Konfliktpotenzial in andere Bereiche, die dadurch in unlösbaren Streit geraten.

Die menschliche Kommunikation steht also vor einem doppelten Problem. Sie muss zum einen der Erde eine Stimme verleihen, und sie muss ihren Automatismus des Streits überwinden, um zu einer Komplexitätstauglichkeit der Ökologie zu finden. Was auf den ersten Blick unmöglich erscheint, ist jedoch nicht prinzipiell ausgeschlossen. Denn auch der gegenwärtige Stand der Kommunikation ist historisch entstanden. Er ist also veränderbar. Soll eine solche Veränderung stattfinden, um den kollektiven Entscheidungsprozessen eine andere Richtung zu geben, so ist ein Verständnis der Regeln nötig, die aus der menschlichen Kommunikation ein Mittel zur Welteroberung und Kampforganisation gemacht haben, und die verhindern, die Erde und ihre Ökologie hören und verstehen zu können. Die Lage ist insofern tragisch, als der Widerspruch des Anthropozäns zwar öffentlich bekannt ist, er aber dennoch nicht der Ökologie angemessen kommuniziert werden kann. Denn die Art, wie die Probleme des Klimawandels, des Artensterbens, der Umweltverschmutzung und der industriellen Tierhaltung öffentlich verhandelt werden, führt heute zwar zu einer Sichtbarkeit, aber nicht zu einer Veränderung. Nun kann man die Diskrepanz zwischen dem öffentlich verfügbaren Wissen und den tatsächlichen Handlungen der Trägheit ausdifferenzierter Gesellschaften zuschreiben.[90] Doch es ist mehr als wahrscheinlich, dass nicht nur die Trägheit regiert, sondern dass vielmehr die Reproduktion einer Konfliktstruktur das falsche Bild der Erde bestimmt und damit eine Fortsetzung der Erdzerstörung betreibt.

Der Widerspruch zwischen der menschlichen Fähigkeit zur Zerstörung und der Unfähigkeit zur ökologischen Balance wird durch die Art, mit der Menschen sich selbst und ihre Umwelt beschreiben, blockiert. Sie können das einzelne Unglück formulieren, doch sie produzieren damit mehr sozialen Widerspruch als Verständnis für die ökologischen Zusammenhänge. Sie können die Folgen ihres einzelnen Tuns verstehen, doch sie können die Folgen für die gesamte Erde nicht begreifen. Eine Kommunikation, die der ökologischen Komplexität angemessen wäre, ist anspruchsvoll und in den spätmodernen Industriegesellschaften unbekannt. Wie weit unser öffentliches Sprechen davon entfernt ist, zeigt beispielhaft der Versuch, der Umwelt zu helfen, indem für sie protestiert wird.

PROTESTKOMMUNIKATION

Die immer wieder aufflammenden weltweiten Proteste gegen den Klimawandel sind Ausdruck einer Angst, die notwendigen Veränderungen nicht mehr rechtzeitig herbeiführen zu können. Die Art der Proteste hat jedoch einen nicht unbeträchtlichen Anteil an der blockierten Gegenwart. Die

Ursache liegt in der besonderen Form, in der Proteste kommuniziert werden. Protestkommunikation wiederholt die Streitstruktur und verfestigt dadurch die Widersprüche. Auf jede Forderung wird mit einer Gegenforderung geantwortet, und jeder Erfolg provoziert diejenigen, die unterlegen sind. Protestkommunikation muss, um öffentliche Aufmerksamkeit zu erreichen, symbolische Forderungen stellen und einprägsame Bilder finden. Sie muss also zu den Mitteln der Komplexitätsreduktion greifen.

Die Art, wie Widersprüche reduziert werden, hat einen Einfluss darauf, in welcher Weise ein Widerspruch gelöst werden kann, oder ob er durch eine untaugliche Reduktion eher verdrängt wird, um später in verzerrter Gestalt wieder aufzutauchen. Die Dialektik der Komplexitätsreduktion besteht darin, dass sie für den Protest benötigt wird, um das öffentliche Nachdenken anzuregen, dass aber dieser Prozess zu einer Verschärfung des Widerspruchs führt. Statt ein geteiltes Bewusstsein für die Dimension des Problems zu erzeugen, wird eine Frontstellung aufgemacht, die alle Beteiligten in Befürworter und Gegner einteilt. Damit wird eine Orientierung geboten, die zu Handlungen aufruft, und zugleich der Raum für gemeinsames Handeln verschlossen. Die größte Gefahr, die von einer solchen Vereinfachung der Realität in klare Fronten ausgeht, besteht darin, dass dieses strategisch vereinfachte Bild mit der sehr viel komplexeren Realität verwechselt wird. Die Streitparteien verhalten sich dann nur noch entsprechend der Logik ihrer reduzierten Komplexität. Sie verwechseln dann den symbolischen Erfolg, wenn sie dem Gegner eine Niederlage eingebracht haben, mit dem erfolgreichen Erreichen ihrer ursprünglichen Ziele.

An einem Beispiel während der Klimaproteste 2019 konnte

diese Eigendynamik gut beobachtet werden. An einem Punkt hatte sich die deutsche Fraktion von Fridays for Future auf einen Machtkampf mit Siemens und seinem Vorstandsvorsitzenden Joe Kaeser fokussiert. Gegenstand des Protestes war eine neue Kohlemine in Australien, bei der Siemens die Signaltechnik für die Eisenbahnstrecke liefern sollte. Innerhalb von wenigen Tagen brachte es FfF dazu, dass ein neues Symbol geschaffen worden war. Siemens sollte den Vertrag kündigen und damit ein öffentliches Zeichen setzen, dass das Unternehmen keine Kohleminen mehr unterstützt. Joe Kaeser lehnte die Kündigung ab und bot stattdessen einer Anführerin von FfF eine Führungsposition bei Siemens an, den diese wiederum ablehnte. Symbolpolitik und reale Veränderung stießen also unmittelbar aufeinander.

Für die Öffentlichkeit sah es so aus, als hätten die Prostierenden einen Teilsieg errungen. Der große Scheinwerfer der öffentlichen Empörung war auf einen winzigen Posten in der Gesamtbilanz von Siemens gerichtet, der zum Prüfstein über Gut und Böse wurde. Doch die Protestlogik verfing hier nicht. Denn was bei einem Konzern, der Konsumgüter produziert, schnell zum Einlenken geführt hätte, prallte an einem global handelnden Industriebetrieb ab. Die Folgen des Vertragsbruchs erschienen dem Siemensvorstand ungleich schwerer als der Imageschaden innerhalb einer Protestwelle. Ungeachtet dessen verbuchte die erregte Aufmerksamkeit den Erfolg für sich, Siemens sah sich hingegen mit einem blauen Auge davon gekommen, und der Bau der Kohlemine in Australien blieb von alledem unbehelligt.

Eine andere symbolpolitische Aktion hatte sich den Boykott eines neuen Kohlekraftwerkes auf die Fahnen geschrieben. Hier klaffen Absicht und Wirkung noch weiter auseinander. Denn es ist nicht nur unverständlich, wieso ein

Kraftwerk, das auf dem neuesten Stand der Umwelttechnik ist, nicht in Betrieb gehen soll, damit ältere und dreckigere Kraftwerke früher abgeschaltet werden können, sondern auch die Makrodimension des Problems wird ausgeblendet. In Deutschland werden drei Prozent des weltweiten CO_2-Ausstoßes verursacht. Das ist zwar dreimal so viel, wie nach dem Bevölkerungsanteil gerecht wäre, es ist aber als absolute Zahl ein sehr geringer Anteil. Selbst wenn Deutschland in wenigen Jahren gar kein CO_2 mehr ausstoßen würde, wäre die Wirkung für die Erde unwesentlich. Das Argument, warum es wichtig ist, es dennoch zu versuchen, lautet, dass Deutschland durch CO_2-Neutralität eine Vorbildfunktion für die restliche Welt übernehmen könnte. Es ist jedoch ein anderer Aspekt, der an dieser Rechnung interessant ist.

Nimmt man ernst, dass ein Land, dessen Anteil am Anthropozän gering ist, dennoch Einfluss auf die weitere globale Entwicklung nehmen will, so stellt man fest, dass der Anteil der westlichen Welt nicht nur darin besteht, schon zweihundert Jahre Vorsprung bei der Umweltverschmutzung zu haben, sondern dass hier die geistigen Voraussetzungen für den Rationalismus des cartesianischen Menschenbildes und damit für die technologischen Entwicklungen der Industrie entstanden sind. Die Europäer und Nordamerikaner exportieren nicht nur ihre Waren, sondern vor allem ihr Menschenbild. Am Beginn der Neuzeit steht nicht nur die Renaissance der antiken Schönheitsideale, nach denen der Mensch das Maß der Dinge ist, sondern auch die Erfindung der Naturwissenschaften und die cartesianische Wendung zum selbstregierenden Subjekt. Indem der menschliche Geist als kategorisch getrennt von der Umwelt und damit auch von den Tieren und der belebten wie unbelebten Natur gedacht wurde, geriet das Subjekt in die Position, durch rationale Distanz und methodische Forschung, die Gesetze der Natur zu ergründen, um sie dadurch beherrschen zu können. Das cartesianische Subjekt entkoppelt sich von den vielfältigen magischen und emotionalen Beziehungen, mit denen die Menschen bisher mit der Welt verbunden waren. Die Erfolgsgeschichte ist bekannt. An ihrem Ende steht das gierige Subjekt, das sein Wollen zum Maßstab seines Handelns macht. Die hochgetriebene Subjektivität der Spätmoderne, die ihre Egozentrik zur maßgeblichen Perspektive auf die Welt erklärt, ist die vorläufig letzte Steigerung dieser Entwicklung. Der Export des marktförmigen Subjekts erfolgt darum nicht nur mit jedem einzelnen Konsumprodukt, sondern vor allem über die Menschendarstellung, wie sie die Kommunikationsweisen der westlichen Öffentlichkeit verlangen.

Der Anteil der westlichen Welt am CO_2-Ausstoß ist also nicht nur überproportional größer als seine Bevölkerung, sondern vor allem ihre Art zu leben hat sich über die ganze Welt ausgebreitet.[91] Der Klimaprotest verändert durch seine symbolpolitischen Aktionen nicht nur nichts an den materiellen Bedingungen, sondern er reproduziert die rechthaberische Subjektivität. Würden die Protestierenden ihr Anliegen in seiner ökologischen Dimension begreifen, so müsste sich als erstes die Art ihres Protestes verändern. Der Protest müsste dem gierigen und selbstherrlichen Subjekt gelten, und ein solcher Protest müsste Formen finden, bei denen die Aktionen selbst schon eine Negation des Kritisierten sind. Mahatma Ghandis gewaltfreier Widerstand war eine solche Protestform. Er stellte sich ohne Waffen der hochgerüsteten Armee des britischen Empires entgegen. Die Weisheit dieser Methode bestand darin, dass er begriffen hatte, dass mit Waffen gegen diese Armee nichts auszurichten war, und dass er deswegen zur Waffe der Sympathie gegriffen hat. Wer sich ohne Gewalt einer Übermacht entgegenstellt, gewinnt als erstes die Unterstützung der Öffentlichkeit.

Greta Thunbergs Protest, bei dem sie jeden Freitag statt zur Schule vor das schwedische Parlament ging, steht durchaus in dieser Tradition und konnte eine weltweite Bewegung entfachen.[92] Dass die Schüler von Fridays for Future ihren Unterricht am Freitag geopfert haben, um zu protestieren, hat ihnen anfangs viel positive Aufmerksamkeit verschafft. Die Gegenstimmen, die den Unterricht als wichtiger erachtet haben und den Protest als Schulschwänzen abtun wollten, haben letztlich den Protesten genutzt, da sie kleinherzig und weltfremd erschienen. Ein eigenes Opfer hat die Aura des Protestes vergrößert und ihn zugleich vor der identitätspolitischen Spaltung bewahrt. Leider hielt diese Phase nur wenige Monate, und dann begannen die üblichen Rituale der Feindbildproduktion und symbolpolitischen Aktionen. Wären die Protestierenden den Weg des eigenen Opfers weitergegangen und hätten z. B. einen Konsumverzicht vorgelebt, wären ihre Aktionen wie ein Meteorit in die Konsumgesellschaft eingeschlagen.[93] Ihnen wäre nicht nur die Aufmerksamkeit der Konsumindustrie gewiss gewesen, sondern sie hätten viele Nachahmer in den reichen Ländern finden können. Ein Protest, der im Verzicht besteht, wäre ein erster wichtiger Schritt zu einer Veränderung der geistigen Einstellung zur Welt gewesen.

Doch stattdessen wird die Struktur der Empörungsöffentlichkeit immer weiter bedient. Sie erzeugt große Aufmerksamkeitswellen, in dem sie symbolische Engführungen von Themen erschafft, bei denen Fronten zwischen Gut und Böse entstehen. Die Erfolge oder Niederlagen bemessen sich dann vor allem nach dem öffentlichen Image der Parteien. Dass der Imagekonflikt zwischen den Parteien aber nur ein reduziertes Abbild der Realität ist, wird vergessen, je länger der Protest sich in der Ordnung der symbolischen Politik aufhält. Protest und Symbolpolitik brauchen die Gut/Böse-Unterscheidung, um Öffentlichkeit für sich zu interessieren. Doch die gleiche Reduktion führt dazu, dass sich die Symbolpolitik immer mehr um sich selbst und die von ihr propagierten Symbole dreht und dabei aus dem Blick gerät, dass es ein reales Problem gab, das zum Protest geführt hat. In der Protestkommunikation ist das Problem einer Kommunikation, die das Gute will und stets etwas anderes schafft, im Brennglas zu studieren. Oder, um ein Zitat von Niklas Luhmann zu paraphrasieren: Jeder Protest erzeugt sein eigenes Problem.[94]

Wir hatten bereits oben gezeigt, wie die neoliberalen Gesellschaften die Adresse für Proteste gegen das Kapital weitestgehend unsichtbar gemacht haben. Die Methode besteht darin, dass es zugleich zu viele Adressaten und zu wenige gibt, die der Protest erreichen kann. Aus der gefühlten Ohnmacht entspringen die Übersprungshandlungen des Protestes, der sich dann ein anderes Ziel sucht, das er greifen kann und das in seinem direkten Umfeld erreichbar ist. So werden Flüchtlingsheime in Brand gesteckt oder die Scheiben von Banken eingeschlagen, als wären flüchtende Menschen in irgendeiner Weise Schuld an der eigenen prekären Lage oder die Filiale einer Bank ein relevanter Faktor in der systemischen Gewalt des Kapitalismus. Die materialistische Erkenntnis, dass nicht die einzelnen Menschen allein für die Lage verantwortlich sind, und dass deswegen der Kapitalismus und nicht der einzelne Kapitalist bekämpft werden muss, ist in der Spätmoderne wieder vergessen worden. Das gegenständlich Vorhandene, gegen das sich der Protest nun richtet, ist gerade nicht das Konkrete, von dem die dialektische Gesellschaftskritik gesprochen hat. Doch je mehr sich die Zusammenhänge dem Begreifen entziehen, desto eher wird auf die falschen aber sichtbaren Objekte zurückgegriffen. Sie werden durch den Protest zu Symbolen des Widerstands geformt, anhand dessen der ungleich komplexere Widerspruch in ein einfaches schwarz/weiß Bild gebracht wird.

Der heimatlose Protest hat jedoch noch eine weitere, ebenso machtvolle Ursache. Die Systemtheorie hat die spätmodernen Gesellschaften als ein komplexes Gefüge ausdifferenzierter Systeme beschrieben. Der Clou einer solchen Gesellschaft besteht darin, dass sie nicht mehr »aus einem Guss« ist.[95] Damit ist gemeint, dass ihre einzelnen Systeme eine unabhängige Funktionsweise haben, die nur durch lose Kopplungen miteinander verbunden sind, und dadurch der Durchgriff des einen Systems auf alle anderen fast unmöglich ist. Kommt es doch dazu, so ist die Verwunderung groß. In der Weltfinanzkrise 2008 hatten die zusammenbrechenden Märkte und Banken plötzlich eine solche Macht, oder in der Corona-Krise 2020 bekamen ein Virus und mit ihm die Virologen die Dominanz über alle anderen Systeme. Was eigentlich nicht mehr vorgesehen war, wird durch einen externen Faktor plötzlich doch Realität, und die Politik, deren Funktion darin besteht, kollektiv bindende Entscheidungen herbeizuführen, rückt in die Rolle, die Entscheidungen, die an anderer Stelle getroffen wurden, so zu kommunizieren, dass sie noch wie politische Entscheidungen wirken. Dann kommt es zu bemerkenswert unpolitischen Formulierungen wie von Angela Merkel, die die Maßnahmen zur Eindämmung der Weltfinanzkrise als »alternativlos« bezeichnet hat. In diesem Wort steckt seitdem das ganze Dilemma einer Politik, die einerseits mit der Offenheit einer ausdifferenzierten Gesellschaft umgehen will, und andererseits mit Zwängen konfrontiert wird, die anscheinend keine Wahlmöglichkeiten mehr zulassen.

Protestkommunikation versucht, eine solche Situation des Zwangs gegenüber dem politischen System herzustellen. Die Argumentation der Umweltbewegung lautet darum, dass man der Wissenschaft folgen solle. Damit ist gemeint, dass es keine Diskussion über die Tatsachen der Wissenschaft geben könne, da die Tatsachen objektiv gültig sind und für sich selber sprechen.[96] Die Wissenschaft ist alternativlos und darum ist ihr zur folgen. Eine solche Behauptung übt großen Druck auf die politischen Entscheidungen aus, da sie impliziert, dass es nur noch eine richtige Wahl gibt. Die Weltfinanzkrise und die Corona-Krise haben gezeigt, dass auch in komplexen Gesellschaften so ein Handeln »aus einem Guss« möglich ist. Vor allem die Corona-Krise wird darum als Vorbild für die Umweltbewegungen genommen, da in dieser die Wissenschaft der Politik für einige Wochen diktieren konnte, wie sie entscheiden soll. Die sehr harten Einschnitte in das alltägliche Leben, die die Existenz vieler Menschen an den Rand des Ruins gebracht haben, wurden ohne vorherige Debatte in einer Art Ausnahmezustand verhängt. Dass ein solches Reagieren auf äußeren Druck möglich ist, wird seitdem als Beweis genommen, dass die Politik die Forderungen der Klimaproteste durchaus erfüllen könnte. Und wenn sie den Anweisungen nicht folgt, kann es sich darum nur um mangelnde Einsicht und Bereitschaft handeln. Protest fordert seinem Wesen nach die alternativlose Befolgung seiner Forderungen. Er ist das »große Nein«,[97] das in einer multiperspektivischen Gesellschaft zwar öffentlich kommuniziert werden kann, dass aber zugleich zum Scheitern verdammt ist.

Um das große Nein öffentlich wirksam zu machen, vollführt Protestkommunikation ein besonderes Kunststück. Sie bringt sich selbst in eine Opposition zur Gesellschaft, durch die diese wieder wie aus einem Guss wirkt. Protest etabliert einen sichtbaren Widerspruch, an dessen Bruchlinie die Welt in Gut und Böse eingeteilt werden kann. Beispielsweise fordert der Protest eine sofortige Senkung des CO_2-Aussstoßes. Reagiert die Gesellschaft nicht, ist der Beweis erbracht, dass »die« Gesellschaft und »die« Politiker das Thema nicht ernst genug nehmen. Die Protestierenden sind dann enttäuscht und verärgert von der Unwilligkeit und beziehen daraus die Energie, um ihren Protest weiter anzufachen. Damit ist ein Kreislauf etabliert, der sich selbst immer weiter anheizt. Je absoluter die Forderungen werden, desto weniger kann die Gesellschaft darauf reagieren, und desto frustrierter und aggressiver wird der Protest. Je schärfer die Forderungen, desto unwilliger erscheint die Gesellschaft und desto berechtigter wirkt der Protest.

Eine solche Situation erinnert an Eltern, die ihren störrischen Kindern gute Ratschläge geben, die diese jedoch ignorieren. Bleiben beide unnachgiebig ist die Eskalation vorprogrammiert. Die protestierenden Jugendlichen von FfF sind darum nicht zufällig in die Elternrolle der vernünftigen Ankläger gegen eine infantile Konsumgesellschaft gerückt, sondern sie erfüllen damit die jedem Protest innewohnende Logik. Um zum großen Nein zu kommen, müssen alle Protestierenden, die in einer ausdifferenzierten Gesellschaft leben, ausblenden, dass sie gerade nicht in der Funktion der Eltern sind, und dass die Gesellschaft nicht wie ein unmündiges Kind vor ihnen steht. Das Kunststück besteht also darin, sich selbst und alle anderen glauben zu machen, dass bei dem besonderen Thema des Protestes alle Regeln einer ausdifferenzierten Gesellschaft außer Kraft gesetzt werden müssen. Dieser Eindruck muss erweckt werden, da der Protest nur in dieser maximalen Differenz zu allen anderen Differenzierungen seine Bedeutung bekommt.

Doch genau hier liegt der blinde Fleck, der durch jede Protestwelle vergrößert wird und zur tragischen Dialektik des Protestes führt. Denn entweder beharrt der Protest auf seiner maximalen Forderung und darf sich nicht auf die Aushandlungsprozesse der Kompromissbildung einlassen. Dann bleibt er zwar in der radikalen Position des großen Nein, ist aber auch wirkungslos. Oder er lässt sich auf die »Mühen der Ebene« ein, dann verliert er aber seine Protest-Position und muss sich am Ende mit womöglich sehr kleinen Brötchen abspeisen lassen. Das war der Kern des süß vergifteten Angebots von Joe Kaeser an die FfF-Aktivistin. Sie bekommt Verantwortung und verliert ihre Position der maximalen Forderungen. Lehnt sie diesen Eintritt in die ökonomische Realität ab, bleibt ihr die Aura des Protestes, sie geht aber das Risiko ein, dass diese im symbolischen Raum verpufft.

Die Hoffnung der Protestierenden besteht darin, dass ihre maximalen Forderungen eine maximale Aufmerksamkeit erreichen und damit das eintritt, was Jürgen Habermas die Belagerung der politischen Entscheidungsfindung genannt hat. Die öffentliche Stimmung soll durch den Protest beeinflusst werden, so dass durch Wahlen und Debatten die Entscheidungen in Richtung des Protestes verschoben werden. Diese Hoffnung ist durchaus berechtigt. Doch klaffen hier Forderung und Realität mindestens so weit auseinander, wie beim Gang durch die »Mühen der Ebene«. Aus diesem Grund fokussiert sich der Protest auf wenige, symbolisch aufgeladene Entscheidungen. Hier ist ein Erfolg in der Realität möglich, und dann wird z. B. der kleine Rest des Hambacher Forstes nicht abgeholzt. Und an diesem Beispiel ist gut zu erkennen, wie groß die Folgen des blinden Flecks sind. Denn die symbolischen Erfolge haben mit dem eigentlichen Ziel der Proteste nur wenig zu tun. Dass der Hambacher Forst gerettet wurde, ist aus vielen Gründen zu begrüßen. Doch zum Ziel der globalen CO_2-Minderung trägt er nichts bei.

Darum setzt hier die nächste tragische Folge der Protestkommunikation ein. Da sie auf einer maximalen Differenz zum Bestehenden beharren muss, um überhaupt als Protest wahrgenommen zu werden, stößt sie sehr viel mehr Menschen vor den Kopf, als es der Sache nach nötig ist. Protestkommunikation formt nicht nur aus einer ausdifferenzierten Gesellschaft einen Adressaten, gegen den der Protest sich richtet, sondern sie spaltet dadurch die öffentliche Meinung in einer Weise, wie es aufgrund der sachlichen Dimension nicht notwendig gewesen wäre. Indem aus der Vielzahl der Widersprüche einer herausgegriffen und zum Symbol erklärt wird, kristallisieren sich an dieser Frage Freund und Feind. So können zwar aus Sympathisanten überzeugte Mitstreiter werden, doch zugleich können indifferente Beobachter durch die Frontstellung zu Gegnern des Protestes werden.

Protestkommunikation bringt in doppelter Hinsicht einen neuen Widerspruch in die Gesellschaft. Die Form des Protestes macht aus sachlichen Widersprüchen fundamentale Spaltungen, und die symbolhafte Zuspitzung führt dabei zu neuen Konflikten. Beides dient der öffentlichen Sichtbarkeit des Protestes, doch beides hat Auswirkungen auf die Art der Lösungen. Die Form der Protestkommunikation verbindet sich mit den Inhalten des Protestes und kann diese befördern oder verhindern. Bei den Klimaprotesten in

Deutschland ist zu beobachten, wie die große Aufmerksamkeit, die aus den hier gewählten Zuspitzungen folgte, zugleich Widerstand hervorgerufen hat. Ob es sich dabei um ein Nullsummenspiel handelt, ist schwer zu beurteilen. Doch es gibt noch eine weitere negative Folge der aktuellen Form der Klimaproteste.

Der Widerspruch zwischen einer konfliktschürenden Kommunikation und einem ökologischen Ziel wird in der Protestkommunikation vergrößert. Solange die Klimaproteste in der gleichen Form geführt werden wie die Proteste für alle anderen politischen Forderungen, verlieren sie mehr von ihrem Ziel, als sie an Aufmerksamkeit gewinnen. Die Protestkommunikation muss, um Aufmerksamkeit in einer chaotischen Öffentlichkeit zu erreichen, aus sachlichen Problemen kulturelle Kämpfe machen. Der Kampf gegen den Klimawandel wird dann auch zum Kampf zwischen den Generationen, Geschlechtern und Hautfarben erklärt. Die Schaffung von Allianzen gehört zum kleinen Einmaleins des politischen Aktivismus, sie führt beim Widerspruch des Anthropozäns aber zu Frontstellungen, die nichts mehr mit einer politischen Ökologie gemein haben. Der neue Widerspruch besteht darin, dass es sich bei der Ökologie gerade nicht um ein kulturelles Phänomen handelt. Für das System Erde ist es gleichgültig, ob es durch eine kapitalistische oder sozialistische Fabrik, durch alte weiße Männer oder chinesische Wanderarbeiter zerstört wird. Solange die Fragen einer politischen Ökologie mit den Kategorien einer politischen Kultur behandelt werden, die aus allen Zusammenhängen identitätspolitische Frontstellungen machen, wird die Ökologie vielleicht zum Streitthema der Politik, aber die Politik wird nicht ökologisch.

So wie in der menschlichen Kommunikation die Erde nur

als Thema vorkommen kann, das von Menschen formuliert wird, so macht der politische Streit aus der Erde einen Zankapfel, der in den Korb mit allen anderen Widersprüchen gelegt wird. Doch das Verhältnis der Menschen zur Erde ist keines, das so wie alle anderen Verhältnisse verstanden werden kann. Diese Verwechslung ist gerade die Ursache des Anthropozäns. Denn das Problem besteht darin, dass die Menschen die Erde zu einem Ding gemacht haben, über das sie nach ihren Kategorien verfügen wollen. Weil die Erde zu einem menschlichen Objekt gemacht wurde, sind wir in diese tragische Situation geraten. Die Hoffnung kann also nur darin bestehen, den Protest aus dem System der anthropozentrischen Politik zu befreien und sich auf den Weg zu einer politischen Ökologie zu machen.

ANGSTKOMMUNIKATION

Die Angstkommunikation findet in einer spätmodernen Öffentlichkeit besonders große Aufmerksamkeit. Wer Angst hat, hat immer recht. Denn wer wollte ihm widersprechen? Angst lässt sich nur mit Sorge begegnen oder mit Ignoranz. Angstkommunikation verändert also das Klima der Kommunikation.[98] Nicht mehr Argumente zählen, sondern Gefühle. Und so vergrößert die Angstkommunikation den Bereich, in dem intime Verhältnisse herrschen. Da die Angst keine Weltanschauung kennt, taugt sie als ideologieübergreifendes Gefühl. Der Parteiname »AfD« wurde auch schon als »Angst für Deutschland«[99] übersetzt, und die Jugendlichen der Klimaproteste von Fridays for Future tragen ihre Angst demonstrativ vor sich her.

Offensiv gezeigte Angst ist inzwischen die wirkungsvollste Waffe, mit der die Öffentlichkeit beeinflusst werden kann. Die Ängste sind nicht nur ein Mittel, um im Rauschen der Kommunikation Aufmerksamkeit zu bekommen, sondern sie erfüllen innerhalb des Chaos eine paradoxe Funktion, indem sie die herrschende Ordnung verteidigen. Jeder Angst-Protest würde diese Beschreibung empört ablehnen, denn er meint, gerade mit seiner Angst die größtmögliche Opposition darzustellen. Doch das emotionale Regime des Kapitalismus erlaubt nicht nur kollektive Ängste, es scheint sie zu brauchen. Wer sich um den Wald sorgt oder Angst vor Ausländern hat, macht eher seinen Frieden mit der ungerechten Bezahlung und hat keine Zeit, den Anteil des Kapitalismus an Migration und Klimawandel zu erforschen. Die Konflikte verlaufen nicht mehr zwischen Kapital und Menschen, sondern zwischen den jeweiligen Angstregimen, die in zähen Anschuldigungen darum kämpfen, die berechtigten von den unberechtigten Ängsten zu trennen. Die Angstwettkämpfe beschäftigen sich dabei vor allem mit sich selbst und nur sehr wenig mit den systemischen Ursachen. Ängste sind ein Ventil für angestauten Unmut, dessen entweichender Druck viel Lärm macht und wenig bewegt. Die böse Dialektik der spätmodernen Öffentlichkeit besteht darin, dass nichts so sicher den schlechten Zustand bewahrt wie möglichst viele Alarmrufe, die den schlechten Zustand beklagen. So wie der Kapitalismus den privaten Egoismus zum Antrieb allgemeiner Betriebsamkeit gemacht hat, so hat die spätkapitalistische Öffentlichkeit die panischen Gefühle zu Erregungen im Aufmerksamkeitsmarkt domestiziert.

Die Angst vor dem Klimawandel hätte die Möglichkeit, sich von der bekannten Angstkommunikation zu unterscheiden, da sie einen unverstandenen Kern in sich trägt. Sie ist insofern besonders, als sie sich sowohl aus einer materiellen Seite als auch einer emotionalen Resonanz speist. Das macht sie zu einem Gefühl, das die geläufigen Kommunikationsformen überfordert. Aus diesem Grund kippt die Klima-Angst-Kommunikation entweder auf die Seite der aufgeregten Panik, oder sie bleibt ein wirkungslos nüchterner Bericht. Beide Folgen sind aktuell zu beobachten. Wenn die Klimaforscher in der nüchternen Sprache der Wissenschaft von ihren Ergebnissen berichten und dabei ihren größten Wert, die Widerlegbarkeit von wissenschaftlichen Erkenntnissen, herausstellen, finden sie in der chaotischen Öffentlichkeit wenig bis keine Aufmerksamkeit. Zugleich liefern sie den Skeptikern des Klimawandels ungewollt Argumente, da diese die vorsichtige Art der Wahrheitsformulierungen polemisch verdrehen und als Eingeständnis von Unwissenheit missbrauchen.

Greifen die Wissenschaftler hingegen zu emotionalen Tönen und schmücken ihre Erkenntnisse mit drastischen Bildern und pathetischen Ansprachen aus, so müssen sie sich den Vorwurf des Populismus machen lassen. Der Übergang von den wissenschaftlichen Tatsachen zur öffentlichen Wahrnehmung ist also kompliziert, und er ist sogar noch komplizierter, als es bisher erscheint. Denn es ist nicht nur so, dass die besondere Qualität von wissenschaftlichen Tatsachen in der Öffentlichkeit entweder wirkungslos ist oder zu unwissenschaftlichen Mitteln greifen muss, sondern das Verhältnis von Tatsachen und politischer Öffentlichkeit ist auf einer tieferliegenden Ebene vergiftet.[100] Bevor wir dieses letzte und vielleicht größte Hindernis betrachten, soll die Angstkommunikation des Klimawandels näher betrachtet werden.

Um sich dieser Frage zu nähern, soll an eine Episode erinnert werden, die sich 2019 zutrug. An der Oberfläche reproduziert Greta Thunbergs Protestkommunikation ein altes Muster der Jugendrevolte. Sie verknüpft ihr jugendliches Alter mit einem durchdringenden Gefühl und zieht daraus den Schluss, dass die Älteren zu Schuldigen erklärt werden müssen. Bekannt ist diese Verknüpfung von Jugend mit dem Recht auf Protest vor allem seit der 1968er Bewegung. Doch Greta fügt dem einen neuen Aspekt hinzu, indem sie das Jungsein selbst zu einem neuen Argument macht. Weil junge Menschen noch eine längere Lebensspanne vor sich haben, ist ihre Angst vor dem Klimawandel besonders groß und begründet. Jungsein bedeutet nun nicht mehr, wie z. B. bei den 68ern ungezähmten Mut und Veränderungslust, sondern sie wiederholt ein Gefühl, das bisher zum Repertoire der Erwachsenenwelt gehörte: die Sorge. Greta ist das Kind, das die Rolle der Eltern übernimmt, weil diese ihrer Aufgabe nicht gerecht geworden sind. Die Formel, die daraus folgt, ist genial einfach: Greta ist jung und hat Panik vor der eigenen Zukunft. Schuld haben die Älteren, die sie als Kind in eine solche Situation gebracht haben. Die Älteren sind damit doppelt schuldig, weil sie einerseits die Umwelt zerstört haben und andererseits nicht ausreichend an die Zukunft ihrer Kinder gedacht haben. Aus dem abstrakten Problem des Klimawandels wird so der bekannte Konflikt des Generationenkampfes, der jedoch unter verdrehten Vorzeichen ausgetragen wird.

Der Clou an dieser Wendung ist, dass sie das unübersichtliche Gesamt von Globalisierung, Klimawandel und Ideologie in einem einzigen Gefühl zusammengefasst hat. Und sie nimmt dazu nicht irgendein Gefühl, wie es z. B. die Sorge oder der Zweifel sein könnten, sondern sie greift zum Ausnahmezustand des Gefühls, der Panik. Das Handeln der Älteren hat sie, das Kind, in Panik versetzt. Nimmt man ihre

Reden ernst, wie es 2019 weltweit Millionen getan haben, so sind schlechtes Gewissen und schnelles Handeln die einzig angemessenen Reaktionen. Und genau in diesen ungeduldigen Modus wollte Greta Thunberg die öffentliche Debatte über den Klimawandel versetzen.

In der politischen Kommunikation nennt man diese Rhetorik Populismus. Neu ist an dieser Anwendung, dass Greta Thunberg den Populismus auf den Klimawandel anwendet. Der Populismus ist eine »dünne Ideologie«.[101] Damit ist gemeint, dass es sich um eine Art der kommunikativen Zuspitzung von Themen und Widersprüchen handelt, die sich mit unterschiedlichen Inhalten verbinden lässt. Es handelt sich um Populismus, wenn drei Kriterien erfüllt werden: Es wird eine Grenze zwischen Freunden und Feinden gezogen. Es werden einfache Antworten für komplexe Probleme gegeben. Und der Sprecher ist dann populistisch, wenn er sich zur wahren Stimme einer bestimmten Gruppe erhebt. Die Wirkung der populistischen Rede besteht vor allem darin, dass sie die eigenen Zuhörer in ihrer Gefühlslage bestätigt und die Bedrohung in einem Außen sieht. Schuld sind immer die anderen, die zu langsam sind, zu unfähig, zu böse oder zu blöd.

Die Folgen einer solchen Kommunikation sind inzwischen vielfältig beschrieben.[102] Einig sind sich die meisten Beobachter, dass Populismus vor allem in atomisierten Gesellschaften sehr wirkungsvoll ist und als ein gefährliches Folgeproblem einer entsolidarisierten Öffentlichkeit betrachtet werden muss. Populismus reagiert also auf ein Problem, das er selber nicht hervorgebracht hat, aber er verschärft es, indem er die Spaltung der Gesellschaft vertieft, um sie für seine Interessen zu nutzen. Die populistischen Spaltungen verlaufen nicht mehr zwischen den einzelnen

Menschen, die auf dem Markt miteinander konkurrieren, sondern es entstehen Interessensgemeinschaften, die sich gegeneinander abgrenzen und argwöhnisch beobachten. Dabei befeuert die populistische Rede eine regressive Art von Gemeinschaftsbildung, da sie andere Gruppen zu Feinden erklärt. Dadurch verändert sich der öffentliche Raum. Die universellen Grundlagen der Gesellschaft geraten immer weiter in die Defensive, und an ihre Stelle tritt der permanente Kampf zwischen den einzelnen Communities, die jede für sich besondere Rechte und Regeln verlangen. Identitätspolitik ist die hässliche Schwester des Populismus und die inzwischen häufigste Anwendung seiner Spaltungsmethode.

Die Panik-Reden von Greta Thunberg nutzen Elemente des Populismus und fügen sie in einen anderen Kontext ein.[103] Es handelt sich bei ihnen um einen uneigentlichen Populismus, in dem sich eine Selbstsakralisierung mit Freund/Feind-Rhetorik und klimareligiösen Elementen[104] verbindet. Gretas öffentliche Inszenierungen der Selbstsakralisierung sind z. B. ihre Reisen über den Ozean mit einem Segelschiff. Der eigene Weg wird durch mühevolle Prüfungen zu einem Heilsweg, der exemplarisch vorführt, wie entbehrungsreich ein Leben ohne CO_2-Emissionen ist. Das eigene Tun ist nicht mehr nur Mittel zum Zweck wie eine Anreise zum Weltklimagipfel, sondern es bekommt eine Bedeutung, die den Nutzen weit übersteigt. Insofern verkennt die Kritik an dieser Segelreise, dass sie doch viel mehr CO_2 verbraucht hätte als ein einfacher Transatlantikflug, ihren Zweck. Es geht nicht um die CO_2-Einsparung, sondern die symbolische Botschaft. Die ist in diesem Fall eindringlich, weil die Überfahrt einer jungen Frau auf einem Segelschiff zahlreiche mythologische und religiöse Resonanzräume öffnet.

Die Mischung aus Naivität und wirkungsvoller Öffentlichkeitsarbeit, aus Panik und strategischen Überlegungen macht den Klima-Populismus uneigentlich. Die Wir/Sie-Unterscheidung wird mit der raffiniert gewendeten Gefühlspolitik des Kindes, das die Rolle der Erwachsenen übernehmen muss, verknüpft. Ein solcher Populismus wird nicht völlig zum Zitat, aber er wird auch nicht so gebraucht, wie er von politisch rechter oder linker Seite verwendet wird. Aus der Selbstsakralisierung und der zugespitzten Kommunikation entsteht schließlich der klimareligiöse Sound ihrer Reden. Diese Aura ist bemerkenswert, da Greta Thunberg selbst weder über eine wissenschaftliche Expertise, noch über die Autorität eines politischen Amtes verfügt. Ihre Autorität begründet sich damit, dass sie als panisch warnende Stimme einer bisher unkonkreten und zu wenig gehörten Veränderung auftritt.

KLIMA-PANIK

Bei der Einschätzung, was der Panik-Modus bewirkt, gilt es zwei unterschiedliche Folgen auseinanderzuhalten. Unbestritten ist die Aufmerksamkeit, die durch den Greta-Hype und die Fridays for Future-Proteste weltweit auf das Thema gelenkt wurde. Schaut man nur auf die Quantität der Berichte und den Raum, den seitdem der Klimawandel in der Öffentlichkeit einnimmt, so könnte man von einer eindeutig positiven Wirkung sprechen. Schaut man hingegen auf den zweiten Aspekt der Aufmerksamkeit, so ist Kritik angebracht. Sowohl die Panik-Rhetorik als auch die Aufgeregtheit der Protestierenden steigert zwar die Aufmerksamkeit, aber das Anschlagen der hohen Töne der Empörung führt zu genau den Problemen der Kommunikation, die das Verhältnis von Erde und Menschen in diese Katastrophe gelenkt haben. Eine solche Art des Sprechens ist Ausdruck einer Subjektivität, die man als Verkörperung des neoliberalen Menschen bezeichnen könnte. Sein Hauptcharakteristikum besteht darin, seine eigenen Gefühle als Argumente und Waffen im Wettbewerb der Meinungen und Werte zu verwenden. Was den Menschen in der Spätmoderne als normales Verhalten erscheint, erweist sich im historischen Vergleich als irritierende und destruktive Art, miteinander zu sprechen.

In der antiken Demokratie wäre der Redner, der seine eigenen Gefühle zum Maßstab der Argumente gemacht hätte, und der sie dafür einsetzt, dass alle anderen ihm nun folgen müssten, ausgelacht worden. Und gefolgt wäre ihm niemand. Die realistische Logik der Zuhörer bestand darin, dass es für sie unvorstellbar gewesen wäre, einem Menschen zu vertrauen, der öffentlich die Nerven verliert. Wie soll so jemand die Wahrheit erkennen und die Autorität haben, für andere zu entscheiden, wenn er doch für alle sichtbar das Opfer seiner eigenen Gefühle ist? Von einer Person, der in der Öffentlichkeit vertraut werden soll, wurde erwartet, dass sie als erstes sich selbst beherrschen kann. Eine solche Erwartung an das öffentliche Sprechen ist anspruchsvoll, da es zwar souverän wirken soll, aber zugleich nicht kalt gegenüber dem Gegenstand und seinen Zuhörern sein darf.

In einer Demokratie wird die Macht durch die Mehrheit der Stimmen verliehen. Darum ist der öffentliche Auftritt, bei dem um Zustimmung geworben wird, ein komplexes System, bei dem sich verschiedene Beobachtungen wechselseitig beeinflussen und kontrollieren. Menschen verfügen offensichtlich über ein feines Gespür, Gefühle unterscheiden zu können. Werden Gefühle öffentlich geäußert, so stehen sie unter einer ganz besonderen Beobachtung. Mit nichts kann der Redner mehr Macht über seine Zuhörer erlangen, als wenn er Gefühle hervorrufen und lenken kann. Und mit nichts kann er sich schneller lächerlich machen, als wenn ihm dieses misslingt. Der Königsweg zu den Gefühlen der Zuhörer ist seit der Antike der glaubwürdige Gefühlsausdruck des Redners. Dieser wird mindestens so aufwändig geschult wie die Argumente und die laute Stimme. Doch was unter einem glaubwürdigen Gefühlsausdruck verstanden wird, ändert sich ebenso wie die Mode und die Themen. Anhand der Frage, was als glaubwürdiger Gefühlsausdruck anerkannt wird, lassen sich darum die Veränderungen des politischen Sprechens und der damit einhergehenden Ideologien beschreiben.

Der Unterschied zwischen dem neoliberalen Gefühlsregime und der antiken Rhetorik besteht vor allem darin, dass die antike Rhetorik die Gefühle mit einem anderen Interesse hervorgebracht und eingesetzt hat. Das Stilmittel der Aposiopese beschreibt diesen Vorgang genau. In den Redetext sind Formulierungen hineingeschrieben, an denen der Redner von den eigenen Worten überwältigt werden soll. Hier versagt ihm die Stimme, Tränen treten ihm in die Augen, er kann nicht weitersprechen. Die offensiv zur Schau gestellte Überwältigung soll, so die rhetorische Strategie, die Zuhörer von der Glaubwürdigkeit des Redners überzeugen. Die Besonderheit dieses Mittels besteht darin, dass es kühl eingesetzt wird, um mit Gefühlen zu überwältigen. Der Unterschied zur heutigen Gefühlsexpression besteht also darin, dass der Redner zwar von seinen eigenen Worten und seinem Gegenstand berührt wird, aber dass er nicht seine Ohnmacht zum Argument werden lässt.

Die Zuhörer der Antike sollen dem Redner aufgrund der Aposiopese glauben, dass er es ernst meint, und sie sollen zugleich seinen Argumenten folgen, weil sie ihnen schlüssig erscheinen. Sie wollen dem Redner in einer doppelten Hinsicht vertrauen: Er soll es ernst meinen, und er soll die ihm übertragene Macht verantwortungsvoll ausüben können. Die Zuhörer heute sollen dem Sprechenden folgen, weil sie von seinen Gefühlen dazu genötigt werden. Die Überwältigung des Sprechenden durch seine eigenen Gefühle wird zur emotionalen Erpressung. Es ist nicht mehr nur ein Mittel, um die Glaubwürdigkeit des Redners zu vergrößern, sondern das abschließende Argument, vor dem alle Gegenargumente versagen. Wer öffentlich weint, dem kann nicht mehr widersprochen werden.[105] Wer öffentlich Panik hat, dem muss geholfen werden. Wenn die Gefühle zu Argumenten werden, verändert sich der öffentliche Raum der Kommunikation und übernimmt die Eigenschaften, die dem privaten Raum der Intimkommunikation vorbehalten waren. Jetzt werden vor allem moralische Appelle laut, und jeder ist dazu aufgerufen, seine inneren Überzeugungen zu Markte zu tragen. Die spätmoderne Öffentlichkeit zeichnet sich dadurch aus, dass die Intimkommunikation zur maßgeblichen Form öffentlicher Rede geworden ist.

Schaut man unter einer solchen Perspektive auf den »How dare you«-Auftritt von Greta Thunberg vor der UNO im Herbst 2019, so stellen sich zahlreiche Fragen. Handelt es sich hierbei um das alte Mittel der Aposiopese? War ihr emotionaler Ausbruch mit Tränen und erstickter Stimme ein kalkulierter Einsatz, um die globale Bühne möglichst wirkungsvoll zu nutzen? Ich neige zu dieser Interpretation, da Verschiedenes dafür spricht. Bisher war sie durch eine kühle und sachliche Art der Rede aufgefallen. Selbst die Panik-Reden wurden nicht im Modus der Panik vorgetragen. Auch der Anklage-Modus, dass »die« Erwachsenen »den« Kindern ihre Zukunft zerstören würden, war scharf in den Worten und populistisch in den Entgegensetzungen, doch war auch hier der Ton sachlich ernst bis unterkühlt. Doch das entscheidende Argument dafür, dass es sich um einen kalkulierten Gefühlsausbruch handelt, liegt meiner Meinung nach darin, dass man nicht unterscheiden kann, ob er gemacht oder echt war. Da die Wirkung indifferent ist, konnte jeder das darin sehen, was er sehen wollte. Das führte dann zu der Diskussion, die exemplarisch für eine spätmoderne Öffentlichkeit ist. Die Verfechter des Gefühlsarguments sahen den Wert von Gretas Aussagen bedroht, wenn jemand ihren Auftritt als gelungene Strategie bewertet. Sie sahen in dem Auftritt einen realen Nervenzusammenbruch, der zum abschließenden Argument erklärt wurde. Widerspruch ist ab jetzt Gotteslästerung. Die Gegenseite, zu der ich gehöre, sieht in dem Auftritt das alte Muster der Aposiopese und würde die Debatte der Klimakatastrophe eher bedroht sehen, wenn eine prominente Stimme öffentlich einen Nervenzusammenbruch erleidet. Letztlich ist diese Frage nicht zu entscheiden, und das macht sie zu einem charakteristischen Ereignis in der spätmoderne Öffentlichkeit.[106]

Was es an dieser Stelle festzuhalten gilt, ist die bemerkenswerte Tatsache, dass durch Gretas Aufruf zur Panik eine neue Argumentation in die Debatte gekommen ist. Das Problem, dass die Zukunft ungewiss und die Klimaprognosen beängstigend, aber auch abstrakt sind, ist zu einem konkreten Gefühl geworden. Indem ein junger Mensch seine Angst vor der Zukunft ausdrückt, wird die abstrakte Prognose zu einer nachvollziehbaren Sorge, auf die in der Gegenwart reagiert werden muss. Das Problem der unbekannten Zukunft wird durch die biographische Angst vor der Zukunft zu einem Ereignis, das in der Gegenwart verhandelt werden kann. Durch diese neue Wendung wird das Ungewisse zu einem bekannten Gefühl, von dem eine Handlungsaufforderung ausgeht.

Indem Greta Thunberg diese neue Wendung eingebracht hat, hat sie der globalen Klimadebatte einen wichtigen Schub gegeben. Denn das Gefühl der Zukunftsangst ist nicht nur für alle jungen Menschen anschlussfähig, sondern es taugt auch zur Provokation für alle älteren Menschen, sich der Verantwortung zu stellen, diese Lage mitverschuldet zu haben und sie nun ändern zu müssen. Die Emotionalisierung der Rede ist also noch immer ein wirkungsvolles Mittel der politischen Kommunikation. Gretas Innovation besteht darin, dass sie die bekannte Aposiopese mit der spätmodernen Form der öffentlichen Intimkommunikation verbunden hat. Das war nur möglich, weil sie selbst noch sehr jung ist und darum ihre Gefühle glaubwürdiger wirken. Und zugleich verhalf ihr eine distanzierte Sprechweise zu einem Ton, der nicht Intimität fordert, sondern Abstand zu sich und allen anderen signalisiert. Was der antike Redner als kühle Technik beherrschen musste, ist Greta als Person zu eigen. Ihr Talent ist die Steigerung der emotionalen Glaubwürdigkeit durch eine Gefühlsexpression, die gerade nicht spontan ist, sondern von der Sprecherin kalkuliert und wirkungsvoll eingesetzt wird. Damit hat sie wie die Wanderin, die durch einen Fußtritt eine Lawine auslöst, deren Potenzial sich seit Jahrzehnten aufgestaut hat, eine weltweite Bewegung in Gang gesetzt.

Um zu zeigen, aus welchem ideologischen Horizont die Panik-Reden und das Bild von der Lawine, die uns alle überrollt, kommen, ist es sinnvoll, die Situation noch einmal anders zu betrachten. Man könnte die Klima-Proteste auch als eine politische Bewegung beschreiben, bei der gesellschaftliche Gruppen ihre Interessen durchsetzen wollen. Sogleich fällt dann auf, dass in den wohlhabenden Ländern vor allem die besser ausgebildeten Milieus daran mitwirken. Fridays for Future ist ein Schulstreik vor allem von großstädtischen Gymnasiasten und Studenten. Er ist kein Streik derjenigen, die in der ressourcenintensiven Industrie oder im Niedriglohnsektor arbeiten, oder derjenigen, die arbeitslos sind. Es sind die Vertreter immaterieller Werte, deren Lebensgrundlage von kognitiver oder emotionaler Arbeit abhängt, die demonstrieren. Mit einem Wort: Die Klimabewegung ist der neue Ausdruck eines alten Klassenverhältnisses. Die einst Bourgeoisie genannte Klasse, die für die Kontrolle der Arbeit und Innovation der Produkte zuständig ist und darum vom Kapital höher entlohnt und besser behandelt wird, macht im Klimaprotest ihre Sorgen zur allgemeinen Panik.

Mit etwas historischem Bewusstsein ist in der Klimabewegung die bekannte Verbindung der Klasseninteressen mit dem Weltuntergang zu erkennen. Die bürgerliche Klasse hat es schon immer verstanden, ihre Interessen dadurch zu vertreten, dass sie sie zu allgemeinen Interessen erklärt hat. Der Bürger hat sich selbst immer als Modell-Menschen verstanden. War er bedroht, dann war die Menschheit bedroht. Was ein bewährtes Mittel des Klassenkampfes ist, erfährt aktuell eine perverse Verdrehung. Denn indem die bürgerliche Klasse ihre Angst vor dem Klimawandel auf die Straße trägt, verleiht sie der Erde tatsächlich eine Stimme. Das könnte der Anfang einer Politik sein, wie sie dem Anthropozän angemessen wäre. Es ist aber ebenso wahrscheinlich, dass nicht die Erde eine Stimme bekommt, sondern dass die Stellung der bürgerlichen Macht gefestigt wird, indem sie ihre Sorge um die Erde dafür nutzt, um die eigenen Interessen wirkungsvoll durchzusetzen.

Es ist ein bewährtes Mittel, partikulare Interessen dadurch durchzusetzen, dass sie eine allgemeine Stimmung oder ein kollektives Gefühl für sich ausnutzen. Die gesamte neoliberale Ideologie beruht auf der Verknüpfung von vermeintlich allgemeinen Interessen mit den Interessen der Besitzenden. Das Mittel, mit dem sich die individuellen Interessen der Mächtigeren in anscheinend fairen Verfahren durchsetzen, ist der Markt. Hier gelten zwar weitestgehend für alle die gleichen Regeln. Doch die Fairness des Marktes ist ungefähr so, als würde ein Boxkampf ausgetragen, bei dem zwar für beide Seiten die gleichen Regeln gelten, in der einen Ecke aber ein Profiboxer steht, während in der anderen Ecke ein verhungertes Kind hockt. Gleiche Regeln bei ungleichen Voraussetzung ist die ideologische Form, die Gewalt und Ausbeutung heute angenommen haben. Übertragen auf den Klassenstandpunkt der Klimaproteste liegt die Vermutung nahe, dass sich hier eine gut ausgebildete Jugend sorgt, dass ihr bisher privilegiertes Leben durch den Klimawandel bedroht werden könnte. Ein solcher Protest ist innerhalb der kapitalistischen Logik legitim, er hat aber nur sehr entfernt etwas mit der geistigen Krise des Anthropozäns zu tun.

Für die Hoffnung auf eine ökologische Politik ist es verhängnisvoll, wenn die Erde immer weiter in das Denken der Kulturkämpfe verstrickt wird. Denn dann würde sie auf eine neue abschließende Formel im Streit der Ideologien reduziert: »Die Erde will! Die Erde verbietet! Du musst der Erde gehorchen!« Eine so missbrauchte Erde würde das Schlechte der Religionen mit dem Schlechten der Kulturkämpfe und dem Gefährlichsten der totalitären Regime verbinden. Sie wäre unentrinnbar, da es keinen Ort jenseits der Erde gibt. Und sie hätte immer recht, da sich für und gegen alles ein Ereignis auf ihr finden lässt. Und eine solche Protest-Erde wäre endgültig verstummt, da ihre Botschaften nur noch als Waffen verwendet werden. Ein solcher Missbrauch ist angesichts der Art, wie die spätmoderne Öffentlichkeit mit anderen Problemen umgeht, mehr als wahrscheinlich. Hat eine Seite erst einmal damit begonnen, mit der Erde zu argumentieren, so gewinnt sie aufgrund des fortschreitenden Klimawandels immer mehr Macht. Die Erde wird zu einer Art von Superidentität, die immer recht hat. Je spürbarer der Klimawandel wird, desto totalitärer kann dann die Seite auftreten, die es geschafft hat, als wahre Stimme der Erde aufzutreten. Dass diese Partei zuvor die Stimme der Erde vernommen hat, ist aber ebenso unwahrscheinlich wie die Behauptung der Geisterseher, die mit den Toten gesprochen haben wollen, um den Lebenden Anweisungen zu geben.

Die Lage ist insofern von drei Seiten bedrohlich: Es gibt eine politische Kultur, die bis in die kleinsten Verästelungen marktförmig organisiert ist und dadurch jeden Protest zu einem Faktor im Wettbewerb der Ressourcenverteilung macht. Es gibt die sich häufenden Krisen des Anthropozäns. Und es gibt die ungelöste Aufgabe, der Erde eine Stimme zu geben. Der aktuelle Stand zwischen diesen drei Fronten sieht so aus: Die Stimme der Erde wird von der aktuell mächtigsten Position, der bürgerlichen Klasse, für sich beansprucht. Die Mittel, mit denen dieses geschieht, sind die einer neoliberalen Öffentlichkeit. Die Folge ist, dass die Erde wie ein Ereignis aus dem Silicon Valley erscheint, und die Klimakatastrophe so spricht, als wäre sie vor allem eine Bedrohung für die Zukunft von Gymnasiasten. Der Klimawandel und die Angst um die Erde werden dadurch zu einem neuen Baustein in der herrschenden Ideologie. Ungehört bleibt die Erde, und ihre Kipp-Punkte ereignen sich weiterhin jenseits unserer Aufmerksamkeit. Die Grenzen der Kommunikation liegen also genau an der Stelle, an der die eigentlichen Probleme des Anthropozäns anfangen. Der Versuch, diese Grenze zu überschreiten ist jedoch von vielfältigen Blockaden erschwert, die man unter dem Begriff einer Transzendenzuntauglichkeit zusammenfassen könnte.

5.
DIE KRISE DER ÖFFENTLICHKEIT IM ANTHROPOZÄN

»Wenn wir die Tatsache, dass wir den Planeten
zerstören, zwar akzeptieren, sie aber nicht glauben,
sind wir nicht besser als die, die den menschen-
gemachten Klimawandel ganz verleugnen.«

Jonathan Safran Foer[107]

ÖKOLOGISCH UNMUSIKALISCH

Am Anfang des 20. Jahrhunderts drückte Max Weber die Skepsis gegenüber seiner Gegenwart mit der treffenden Formulierung aus, dass er selbst religiös unmusikalisch sei. Er bezog damit eine Gegenposition zu Nietzsches Verdikt, dass Gott nunmehr tot sei und wir Menschen ihn umgebracht hätten. Mit Nietzsches Philosophie erhebt sich der Mensch zum Gottesmörder, wenn nicht gar zum neuen Gott. Mit Webers Unmusikalität wird hingegen das Verschwinden des Göttlichen in einer säkularen Welt beschrieben. Nicht Gott ist tot, sondern die Menschen können nicht mehr an ihn glauben.[108] Welche der beiden Haltungen man zur Transzendenz einnimmt, bestimmt, in welcher Form sie für die immanente Welt real werden kann.

Lange galt Nietzsches toter Gott als Signum der Moderne und vor allem die postmodernen Theorien haben hieraus ihre nihilistischen Forderungen erhoben, dass es ohne Gott auch keine erkennbaren Zusammenhänge mehr geben dürfe. Die Folgen eines solchen Paradigmenwechsels haben zu der chaotischen Spätmoderne geführt, in der wir alle leben. Indem jeder Zusammenhang dekonstruiert werden muss, zersplittern nicht nur die Erzählungen über die Welt, sondern auch die Subjekte selbst geraten in den Strudel des flexiblen

Ichs. Wenn alles verflüssigt wird, schwindet jeder feste Grund und alle müssen strampeln, um nicht unterzugehen. Genau diese allgemeine Verunsicherung ist die politisch gewollte Konsequenz, deren Nutznießer die neue Ideologie des Neoliberalismus ist. Hierdurch werden die Menschen nicht nur immer weiter voneinander getrennt, indem sie in zahlreiche Konkurrenzverhältnisse verstrickt werden, sondern die Wachstumsgier wird von einer individuellen Leidenschaft zu einer systemischen Eigenschaft.

Das postmoderne Denken und ihre neoliberale Ideologie sind die Brandbeschleuniger des Anthropozäns. Sie steigern nicht nur den Ressourcenverbrauch, indem sie den letzten Winkel der Erde als Absatzmarkt und Rohstofflager erobern, sondern sie zerreißen die letzten Bindungen, die Menschen untereinander und Menschen zur Natur noch haben konnten. Was früher Entfremdung genannt wurde und die Menschen ziemlich grobschlächtig von ihrem Leben getrennt hat, wird in der Spätmoderne zu einem molekularen Geschehen, das in jeder einzelnen Handlung wiederholt wird. Die Menschen in den am weitesten neoliberal entwickelten Gesellschaften fühlen sich nicht mehr nur im Recht, die Natur unterwerfen zu dürfen, für sie ist Natur zu einem weiteren Produkt auf dem Markt und zu einer weiteren Challenge im Wettbewerb geworden. Und als Beweis, dass ihre Ideologie hegemonial ist, erscheint ihnen ihre eigene Gegenwart nicht mehr als historische Form, sondern als natürliche Lebensweise.

Die destruktiven Tendenzen des Kapitalismus haben sich radikalisiert und dabei eine Schwelle überschritten, durch die eine Ideologie absolut gültig wird. Der Neoliberalismus braucht keinen Zwang mehr, wie noch der alte Kapitalismus, sondern der Zwang hat sich in jedem einzelnen Menschen als Wunsch nach Konsum, als Schuldner-Existenz und verfügbare Arbeitskraft eingeschrieben. Das neoliberale Subjekt ist Unternehmer und Ausgebeuteter in einer Person. Darum braucht es auch keine äußere Instanz mehr, die es antreibt, denn wenn es scheitert, ist es für sich selbst verantwortlich. Die vom Neoliberalismus konstituierten Subjekte können über sich selbst und die Erde nur noch in den Kategorien der herrschenden Ideologie nachdenken. Die Erde als Gesamtheit der ökologischen Systeme wird zwar immer genauer erforscht, doch dient die wissenschaftliche Sensibilität vor allem der besseren Vernutzung.

So wie die cartesianische Wende das denkende Ich in eine absolute Opposition zur Materie gesetzt hat und daraus die naturwissenschaftliche Erforschung und technische Ausbeutung der Natur folgte, so versetzt die heutige Zeit die Subjekte in ein neues Verhältnis zur Welt. Neu ist an diesem Verhältnis, dass es den Menschen nicht mehr wie Entfremdung und Ausbeutung erscheint, sondern dass es wie die Natur selbst wirkt. Die verblüffende Folge davon ist, dass jede Kritik an der Selbst- und Naturausbeutung wie ein Vorschlag zur weiteren Perfektionierung der Ausbeutung aufgenommen wird. Die Ideologie hat sich zur umfassenden Wahrheit gemacht, wenn kein Außerhalb zu ihr vorstellbar ist, und wenn Kritik zum Verbesserungsvorschlag verdreht werden kann. So kommt es zur eigentlichen Pointe des postmodernen Denkens. Nachdem der Tod Gottes verkündet war und die Dekonstruktion aller Zusammenhänge zur vordringlichen Aufgabe ausgerufen wurde, ist die neue absolute Wahrheit des neoliberalen Subjekts entstanden, die umso radikaler und mächtiger herrschen kann, da niemand mehr den archimedischen Punkt findet, von dem aus man ihre Macht aushebeln könnte.

Die nietzeanische Gottestötung findet in unserer Gegenwart mit der Postmoderne zusammen und bildet eine neue ungläubige Religion. In den Industriegesellschaften der Spätmoderne existieren die Subjekte als Götter, die absolute Anerkennung ihrer Gefühle erwarten, und sie leben als Knechte, die sich in unablässigen Konkurrenzkämpfen bewähren müssen. Der Energieaufwand, den jeder Einzelne und das Gesamt der Systeme aufbringen müssen, wächst unentwegt. Das oberste Ziel lautet Wirtschaftswachstum und die täglichen Börsenkurse unterrichten angeblich darüber, wie gut es uns gerade geht oder wie nah der Abgrund ist. Wäre da nicht die Erde, die zu dieser Party nicht eingeladen wurde, und die nun anfängt zu stören, würde das Wettrennen um die lukrativsten Plätze im Wettbewerb noch lange so weitergehen. Doch im Anthropozän treten die Folgen einer solchen umfassenden Enthemmung immer deutlicher zutage. Der globale Konkurrenzkampf hat die Erde und die Menschen in einen Strudel gerissen, dessen permanente Beschleunigung in den Untergang führt.

Bei der Suche nach Auswegen aus diesem umfassenden Verhängnis ist die Suche nach der verlorengegangenen Transzendenz vielleicht die wichtigste Anstrengung. Die Transzendenz des Anthropozäns ist die Ökologie. Max Webers religiöse Unmusikalität gibt einen Hinweis, an welcher Stelle die Suche beginnen könnte. In der mangelnden Musikalität wird ein Defizit beschrieben, das viele Menschen kennen. Wenn sie Musik hören, freuen sie sich über die Klänge und Rhythmen, aber sie spüren zugleich, dass sie niemals in der Lage wären, einen solchen Zauber selbst hervorbringen zu können. Ihnen fehlt die Musikalität und das musikalische Können, was sie aber nicht daran hindert, Musik genießen und hochschätzen zu können.

Wer sich als unmusikalisch erfährt, will nicht die Musik abschaffen, und er prahlt auch nicht damit, die Musik getötet zu haben, sondern er steht eher traurig vor einem Phänomen, das ihn fasziniert, aber dessen Bedeutung sich ihm niemals ganz erschließen wird. Überträgt man die Unmusikalität auf die Religion, so wird anerkannt, dass der Zugang zu ihr nicht unmöglich ist, sondern dass er aufgrund einer eigenen Beschränkung verstellt ist. Doch in der Gegenwart zeichnet sich nur noch eine Minderheit von Suchenden durch einen derart tastenden Versuch aus. In der westlichen Welt hat sich die große Mehrheit mit der globalen Rivalität des Relativismus arrangiert. In der übrigen Welt verweigert sich eine ebenso große Mehrheit der Säkularisation und beharrt auf den unzähligen Variationen eines vorsäkularen Religionsglaubens. Hier soll es um die Unmusikalischen im Westen gehen, die die Vorteile der Säkularisation täglich erleben, und die dennoch an ihrer eigenen religiösen Taubheit zusehends verzweifeln.[109]

Man könnte die religiös Unmusikalischen in drei Gruppen einteilen. Die wohl auffälligsten Mitglieder hat die Gruppe der Esoteriker. Hier finden sich die unterschiedlichsten Spielarten von magischem Denken, Naturreligionen, heidnischen Ritualen und privaten Mythologien. Erdstrahlen werden mit Pendeln gesucht, böse Geister mit Räucherstäbchen vertrieben und Kristalle am Körper getragen. Magisches Denken ist noch nicht und nicht mehr religiöses Denken. Es ist eine Vorform und Verfallsform zugleich. Insofern passt es zu einer Zeit, in der die Ablösung vom Glauben zur allgemeinen Vernunft geworden ist, und wo zugleich die Zusammenhänge so komplex sind, dass das Bedürfnis nach Aufgehobenheit nicht mehr rational zu befriedigen ist. In dieser Gruppe wird das Paradox der Transzendenz dadurch gelöst, dass in den Erscheinungen der Materie nach Anzeichen für die immaterielle Welt gesucht wird. Die Nähe zum ökologischen Denken ist offensichtlich, die Differenzen sind hingegen schwer zu erkennen, aber wesentlich.

Die zweite Gruppe hat jenseits der säkularen Gesellschaften den größten Zulauf. Es handelt sich um die religiösen Fanatiker. Was auf den ersten Blick irritiert, entpuppt sich jedoch als größtes Hindernis der religiösen Musikalität. Denn Religion ist für die Fanatiker vor allem ein starkes Identitätsmerkmal, durch das sie sich im Krieg mit anderen Kulturen als überlegen empfinden. Die Gläubigen kämpfen hier gegen die Ungläubigen, und die eigene Religion erhebt ihre Anhänger über alle anderen. Diese Gruppe ist besonders mächtig, da sie das Paradox der Transzendenz zu einer Machttechnik aufgehoben hat. Dabei verwendet sie die paradoxe Strategie der Identitätspolitik, indem sie den Glauben zu einem Machtinstrument säkularisiert und zugleich diese Einsicht in die eigene Ungläubigkeit verweigert. Der Fundamentalismus ist politisch so mächtig, weil er die transzendente Kraft des Glaubens in eine weltliche Macht überträgt und zugleich diese Übertragung ausblendet. Fundamentalismus ist die aggressivste Form der religiösen Unmusikalität.[110]

Dass der Fundamentalismus auch in der säkularen Welt eine große Rolle spielt, ist darum kein Widerspruch zum allgemeinen Transzendenzverlust. Es ist im Gegenteil eine der wichtigsten Folgen der Säkularisation, dass der Glaube zur Quelle einer weltlichen Macht werden kann. Aus der Religionsgeschichte ist dieses Phänomen hinlänglich bekannt. Die Eiferer und Fanatiker waren immer die größere Gefahr für den Glauben als die offensichtlichen Atheisten und Glaubensskeptiker. Dass immer mehr Menschen ihren

Glauben vor allem im Modus des Fundamentalismus leben, ist ein Kennzeichen für die globale Glaubenskrise. Die
Transzendenzuntauglichkeit zeigt sich hier besonders aggressiv, zumal die eigenen Anhänger nicht bereit sind, sich
über ihren blinden Fleck aufklären zu lassen. Sie verharren
in der Täuschung, dass ihr Fundamentalismus die einzig
richtige Form des Glaubens ist. Ihr blinder Fleck verleiht
ihrer Identität ein robustes Selbstvertrauen, das für sie selbst
wie ihre Umwelt täuschend echt wie ein tief empfundener
Glauben wirkt.

Die dritte Gruppe schließlich setzt sich aus den säkulari-
sierten Teilen der Gesellschaft zusammen, die sich für die
Behauptung ihrer Identität der postmodernen Volte bedienen. Diese Gruppe macht in westlichen Gesellschaften den
weitaus größten Teil aus und entspricht einer postmodernen Variante von Fundamentalismus. Dieser wurde oben
bereits unter dem Phänomen der Identitätspolitik behandelt. Die Gläubigen der Postmoderne glauben zwar nicht an
eine transzendente Identität, aber sie nutzen den postmodernen Fundamentalismus, das alles relativ sein soll, für die
Durchsetzung der eigenen Interessen. Man pflegt also einen
strategischen Umgang mit den Kräften des Glaubens. Diese
Einstellung ist innerhalb der spätmodernen Industriegesellschaften vor allem in den urbanen und akademischen Milieus sehr verbreitet. Ein solcher Umgang mit dem Glauben
findet seine abschließende Pointe darin, dass man zwar die
Bevorzugung der eigenen Interessen als absolut legitim betrachtet, aber zugleich jede religiöse Begründung zurückweisen würde. Man ist zutiefst davon überzeugt, dass man
an nichts glaubt und darum auch nichts mit Religion zu
tun hat, hält es jedoch für eine unwiderlegliche Wahrheit,
dass die eigene Identität über eine göttliche Besonderheit

verfügt, der alle anderen huldigen müssen. Dieser Widerspruch findet sich im Mantra der Postmoderne zusammengefasst: Alles ist relativ, außer der Wahrheit, dass alles relativ ist. Alle sind verschieden, doch meine Verschiedenheit ist besonders.

Diese Form der religiösen Unmusikalität stellt das unüberwindliche Hindernis für eine postsäkulare Suche nach einer ökologischen Transzendenz dar. Esoterik und Fanatismus sind leicht als unmusikalische Formen von Religion zu erkennen. Die Esoteriker sind in die Schieflage eines privaten Glaubens geraten. Damit praktizieren sie einen Zugang zur Transzendenz, der nicht mehr mit anderen zu teilen ist. Das entlastet sie aller Mühen der Religion, die gerade darin bestanden, die Transzendenz zu einem Gemeinschaft stiftenden Ereignis zu machen. Das subjektive Gefühl, irgend etwas da Draußen zu vermuten, ist der mögliche Anfang eines religiösen Empfindens.[111] Verbleibt es jedoch bei der einsamen Vermutung, so wird dieser Keim nicht zur Provokation für ein die Immanenz überschreitendes Denken. Es bleibt idiosynkratisch, da es sich nicht der Gefahr aussetzt, sich anderen gegenüber zeigen zu müssen. Esoterik meidet die Hürden, die von Bekenntnis und Gemeinschaft ausgehen. Solange sie ein subjektives Ahnen bleibt, stellt sie auch den Ahnenden nicht vor die Frage, was sein Vermuten bedeuten könnte. Die Grenzen der Esoterik liegen in der doppelten Verweigerung. Man will sich anderen gegenüber nicht formulieren müssen, und zugleich will man sich selbst gegenüber im Zustand des Ungefähren verbleiben. Esoterik ist wie Musizieren ohne Zuhörer.

Die Fanatiker und Fundamentalisten gehen in die genau entgegengesetzte Richtung. Sie vernachlässigen die Gefühle der Transzendenz, weil ihnen der Glaube vor allem zur Steigerung ihrer Kampfkraft dient. Ihr Gewinn aus der Religion ist strategischer Natur. Er besteht darin, dass sie für ihre Wahrheit eine Letztbegründung in Anspruch nehmen können, die niemand mehr widerlegen kann. Dass eine instrumentalisierte Transzendenz alles verliert, was die Transzendenz auszeichnet, scheint sie dabei nicht zu stören. Solange sie zur Waffe in einem Konflikt umgemünzt werden kann und solange sie der eigenen Identität Kraft verleiht, um im Kampf den Gegner zu delegitimieren, erfüllt sie ihre politische Funktion. Fundamentalismus ist wie Punkmusik: Man kann nur drei Akkorde spielen. Tut dies aber voller Inbrunst und manchmal auch Hass auf das Publikum und die Welt.

Die Esoterik macht aus der Transzendenz einen privaten Zauber, der Fanatismus ignoriert die Transzendenz und macht aus der Religion eine Ideologie. In beiden Zerfallsformen ist die Dimension, die Religionen haben können, noch als Nachhall erfahrbar. Am präsentesten ist in unseren Gesellschaften jedoch der postmoderne Glaube. In ihm ist Religion omnipräsent, und zugleich hat sie eine Gestalt angenommen, durch die sie vollständig abwesend ist. Diese Volte dominiert alle Konflikte und macht gleichzeitig vergessen, dass sie sich religiöser Triebkräfte bedient. Indem das religiöse Fundament zugleich genutzt und geleugnet wird, ist es selbst nicht mehr zu denken und nicht mehr zu fühlen. Die Menschen sind darin gefangen, auch wenn sie meinen, es zum eigenen Vorteil nutzen zu können. Die religiöse Unmusikalität der Postmoderne ist wie das Musikstück »4'33« von John Cage. Wird dieses Werk aufgeführt, so schweigen alle Instrumente für genau vier Minuten und dreiunddreißig Sekunden. Die Geräusche, die die Zuhörer nun selbst beim Warten auf die Musik machen, sind die Musik. Ein solches Musikstück ist unkritisierbar, weil jeder dabei mitwirkt und jeder etwas anderes dabei hört. Es ist die Reinform der postmodernen Ideologie. Die Frage nach der Musikalität stellt sich nicht mehr, da alle auf sich selbst zurückgeworfen sind, und sich Nicht-Musiker und Nicht-Zuhörer gleich werden.

Die ökologische Unmusikalität hat in der Gegenwart zahlreiche Gründe. Wie bei allen Glaubensfragen, liegt der Schlüssel zur magischen Abkürzung nicht in unserer Hand. Erst indem wir die Provokation, die Transzendenz zu allen Zeiten bedeutet hat, wieder anerkennen, scheint etwas von der Dimension auf, die die Ökologie für uns bedeuten müsste. Denn Transzendenz und Ökologie haben eine verblüffende Gemeinsamkeit. Beide entziehen sich unserem rationalen Denken und unserem sinnlichen Vorstellungsvermögen. Sie stellen eine unlösbare Herausforderung für jede öffentliche Kommunikation dar. Die Religionen erfanden hierfür die unterschiedlichsten Glaubenssysteme. In jedem wird der Versuch unternommen, etwas, das sich dem immanenten Geist entzieht, dennoch gegenwärtig verhandelbar zu machen. Gebet und Meditation umkreisen den Abgrund, den die Transzendenz von der Immanenz trennt. Und die Gemeinsamkeit des Gottesdienstes, so unterschiedlich er auch in den verschiedenen Religionen zelebriert wird, stiftet durch die rituell geformte Begegnung mit dem Nicht-Menschlichen ein besonderes Band zwischen Menschen und Welt.

Den Abgrund zwischen der immanenten und transzendenten Welt zu überspringen liegt nicht allein im menschlichen Wollen. Es braucht immer den Akt göttlicher Gnade, der die Transzendenz ins Jetzt der Menschen holt. So wird der Akt des Glaubens zum Beweis des Göttlichen, da in ihm etwas vernommen werden kann, was ohne eine transzendente Instanz nicht vorhanden wäre. Wenn die Erde und ihre Lebewesen nicht mehr als große Maschine betrachtet werden sollen, die wir erforschen können, um sie auszubeuten, braucht es eine Empfänglichkeit für ihre ökologische Dimension. Die Öffnung für eine solche Resonanz liegt aber nicht allein in unserer Hand. Was hingegen von uns entschieden werden kann, sind die Anstrengungen, die wir dafür unternehmen. Und was wir wissen können, sind die Bedingungen, die in unserer Gegenwart solche Anstrengungen erschweren oder gar verhindern. Eine Öffentlichkeit, die jeden Weltbezug in paradoxe Machtkämpfe verstrickt, verhärtet den Kontakt und reduziert die Erfahrung auf den Weltausschnitt, den die Entfremdungsstrukturen noch zulassen. Eine solche Öffentlichkeit macht ökologisch unmusikalisch.

TATSACHEN UND MEINUNGEN

Die besondere Komplexität des Anthropozäns besteht darin, dass es einerseits menschengemacht ist, und andererseits eine Dimension hat, die jedes menschliche Maß übersteigt. Man könnte das Anthropozän als ein transzendentes Ereignis beschreiben. Es übersteigt die sinnliche Wahrnehmung und das Vorstellungsvermögen. Zugleich muss es aber im menschlichen Maßstab gedacht werden, um das Handeln dergestalt zu verändern, dass die katastrophalen Entwicklungen nicht weitergehen. Transzendente Ereignisse spielten in der menschlichen Geschichte zu allen Zeiten eine herausragende Rolle. Und für ihre alltägliche Bewältigung bildeten sich die unterschiedlichen Systeme des Glaubens heraus. Begreift man das Anthropozän als eine

Provokation des Glaubens, so stellt man unmittelbar fest, wie quer eine solche Anforderung zu allem liegt, was in einer spätmoderne Öffentlichkeit überhaupt verhandelt werden kann. Um zu einer ökologischen Politik gelangen zu können, könnte es aber mehr als nur rationale Argumente brauchen.

Greta Thunbergs mit zornigen Tränen herausgepresstes »How dare you« beim UN-Klimagipfel 2019 war insofern eindrucksvoll und offenbarte zugleich die Sackgasse, in der die Öffentlichkeit des Anthropozäns steckt. Das Gefühl des emotionalen Ausnahmezustands ist vielleicht der wahre Ausdruck für eine jedes menschliche Maß übersteigende Gefahr. Doch ein solcher Aufschrei trifft auf eine nach intimen Momenten gierenden Öffentlichkeit. Hier erfährt er maximale mediale Aufmerksamkeit, und so reduziert die öffentliche Angstkommunikation die komplexe Krise des Anthropozäns auf ein subjektives Gefühl. Der unverstandene Widerspruch wird zu einem weiteren Thema im allgegenwärtigen Kulturkampf. Jung gegen Alt, Frauen gegen das Patriarchat und Anywheres gegen Somewheres, mit nichts ist im Chaos der spätmodernen Öffentlichkeit mehr Aufmerksamkeit zu erreichen als mit der Zuspitzung in identitätspolitische Feindschaften. Doch nichts steht einer politischen Ökologie mehr im Weg als die falschen Oppositionen, mit denen Populismus und Identitätspolitik die Öffentlichkeit spalten. Die Kulturkämpfe der Spätmoderne sind Ausdruck der geistigen Krise und blockieren jede Entwicklung, die aus dieser Krise herausführen könnte. Darum ist Gretas Rhetorik wirkungsvoll, um eine globale Aufmerksamkeit herzustellen, und zugleich verhängnisvoll, wenn die populistischen Anteile ihrer Reden von ihren Anhängern herausgegriffen werden, um sie dann in den Mustern der gerade modernen Kulturkämpfe auszutragen.

Eine politische Ökologie benötigt als erstes eine andere Art der Argumentation. Das Denken in Separationen wiederholt die Entfremdung, und die Paradoxien versetzen Menschen und Welt in die unlösbare Situation eines double binds. Die paradoxe Aufforderung des double binds – mach, was ich dir sage, aber tue es aus freiem Willen – führt in die Sackgassen blockierter Widersprüche. Wer die Sinne für die ökologischen Zusammenhänge öffnen will und dies als wütende Forderung herausschreit, macht es unmöglich, darauf zu reagieren. Vor dem Geschrei kann man nur die Ohren verschließen, die doch gerade weit geöffnet werden sollten, und man antwortet selbst mit Geschrei. So werden die Menschen noch schwerhöriger, weil ihnen wie Schwerhörigen entgegengeschrien wird. Oder sie werden selbst zu schreiend anspruchsvollen Egozentrikern, weil sie gelernt haben, dass nur die Lauten gehört werden.

Eine ökologische Kommunikation muss sowohl die paradoxen Machttechniken vermeiden wie auch das Denken in Separationen. Die wenigen Beispiele, die man dazu bisher findet, sind als tastende Versuche anzusehen. Im Tumult der Aufmerksamkeitsökonomie haben sie kaum eine Chance auf Gehör, und auch vor der kühlen Rationalität müssen sie sich wegen ihrer unvollständigen Argumente schämen. Will man dennoch etwas von ihnen lernen, so muss man ihre zaghaften und brüchigen Stimmen als Symptom dafür nehmen, wie tiefgreifend unsere geistige Einstellung zur Erde von unseren instrumentellen Absichten beherrscht wird. Dass die Versuche eines ökologischen Denkens wenig Strahlkraft haben, ist kein Zeichen für ihre Vergeblichkeit oder Schwäche, sondern sie ist im Gegenteil ein Zeichen dafür, wie abgestumpft unsere Sinne für die ökologischen Zusammenhänge sind.

An drei Beispielen kann gezeigt werden, wieviel Mut es erfordern würde, ökologisch zu denken. Das erste Beispiel kommt von dem Philosophen Charles Eisenstein. Er stellt die verblüffend einleuchtende Forderung, dass der Mensch ein Opfer bringen muss, wenn er ökologisch denken will. »Es mag Lebenszeit, Energie oder Geld sein. Es mag die Preisgabe von Sicherheit und Kontrolle sein, ein Akt, der sich wie ein Schritt in das wahrlich Unbekannte anfühlt. Es könnte echte Hingabe sein. Es könnte ein Verzicht sein, zu ›gewinnen‹ – der Verzicht auf die Genugtuung, wenn der Gegner eingestehen muss, im Unrecht gewesen zu sein. Es könnte auch das Opfer bedeuten, die Situation nicht so zu gestalten, dass Sie der Anführer sind oder das Lob für den Erfolg einheimsen. Es könnte bedeuten, die polarisierende, entmenschlichende Sicht auf die Gegenseite aufzugeben, die Sie selbst als gut dastehen lässt. Es könnte auch die Aufgabe eines Selbstbildes sein, beispielsweise die Person zu sein, die immer eine Antwort parat hat.«[112]

Das Opfer beschreibt also das genaue Gegenteil der Existenzweise, die in unseren Gesellschaften als erfolgreich gilt. Und die Provokation führt Eisenstein im nächsten Schritt sogar noch weiter. Hier verbindet er das Opfer, das er bisher als Psychologie des Loslassens charakterisiert hat, mit der Religion. Das ernstgemeinte Gebet bedeutet für ihn, wirklich um etwas zu bitten. Er beobachtet zutreffend, dass die meisten Bitten heute in Form eines double binds vorgebracht werden. Man bittet und formuliert die Bitte eher als Befehl oder als vorweggenommene enttäuschte Erwartung. Man hätte gerne eine Forderung erfüllt, tut aber alles dafür, dass man im Falle der Verweigerung nicht als der abgeblitzte Bittsteller dasteht. Eine solche Bitte sichert sich gegen Enttäuschung ab und führt zu einer weiteren paradoxen Gesprächssituation. Das Gegenteil dazu ist der ehrliche Versuch, eine Instanz um etwas zu bitten, von der weder gewusst werden kann, ob es sie überhaupt gibt, noch ob sie meine Bitte erhören wird. Michel Serres bringt diesen Zusammenhang von ehrlicher und ernstgemeinter Kommunikation ebenfalls mit der Religion zusammen. Für ihn ist die Verneinung der Religion nicht der Atheismus, sondern die Nachlässigkeit.[113] Religion ist für ihn das ernste Bemühen, die Verbindungen in der Welt nachzuvollziehen. Eisenstein fasst diesen Aspekt des Glaubens in die Zuversicht, dass keine ernst gemeinte Handlung je vergebens ist.[114]

Der US-amerikanische Philosoph Timothy Morton ist mit seinen Schriften zur ökologischen Ontologie bekannt geworden. Seine Grundannahme besteht darin, dass wir alle ökologisch sind, dass wir es aber durch unsere Lebensweise fast vollständig vergessen haben. Beim Versuch, das ökologische Bewusstsein zu beschreiben, bedient er sich eines verstörenden Bildes. »Es ist, als ob jemand ihr Wesen mit einem scharfen und deshalb unmerklichen Skalpell aufschlitzt. Man fängt überall an zu bluten.«[115] Diese körperliche Metapher für eine Öffnung der Sinne führt er anschließend in einem betont harmlosen Beispiel aus. Hier beschreibt er, dass man bereits ökologisch zu empfinden beginnt, wenn man eine Katze hat, die man gerne streichelt. »Sie haben also etwas für ein nichtmenschliches Wesen übrig und dies ohne jeden besonderen Grund. Sie sind also schon ökologisch.«[116] Das Gegenteil zum ökologischen Bewusstsein ist für ihn das Zumüllen mit Informationen über ökologische Katastrophen. Damit wird wiederum nur die Empörungsmaschinerie befeuert und zugleich das eigene Handeln mit einer frustrierend übergroßen Aufgabe konfrontiert.

Die weitreichendsten Anstrengungen, um das cartesianische Subjekt zu überwinden, unternimmt der französische Wissenschaftssoziologe Bruno Latour. Mit seinen Gedanken kann man wiederum direkt an die Rhetorik der Klimaproteste anschließen. Neben dem Populismus der Angst gibt es noch eine zweite Ebene in Gretas Reden, die in dem Jahr ihres Aufstiegs immer wichtiger wurde. Die emotionale Anklage der Panik und des Aufrufs, sich zu schämen, wurde zusehends mit dem Slogan: »Follow the Science«, ersetzt. Auf die Vorwürfe, sie sei doch eine junge Frau, die sich in Dinge einmische, von denen sie noch zu wenig verstehe, antwortete sie mit der immer gleichen Wendung. Nicht sie spreche hier, sondern sie verweise nur auf die Tatsachen der Wissenschaft.

Damit sind wir im Zentrum der Überzeugungskraft, die den Klima-Populismus antreibt, und stehen zugleich vor dem Hindernis, an dem bisher jeder Versuch gescheitert ist, der Erde eine Stimme zu verleihen. Um dieses Hindernis zu vermessen, ist eine andere Perspektive auf die Wahrheit der Wissenschaften nötig. Bruno Latour weist in seinen Schriften beharrlich auf das komplizierte Verhältnis von politischer Kommunikation und wissenschaftlichen Tatsachen hin. Die Unterscheidung zwischen bloßen Meinungen und harten wissenschaftlichen Tatsachen geht seiner Einschätzung nach bis zur platonischen Philosophie zurück, und sie ist verantwortlich für die Krise des Anthropozäns.[117]

Im Höhlengleichnis[118] sieht Latour die erste Beschreibung einer Welt, in der zwei unterschiedliche Wahrheitsregime zugleich existieren. In dieser philosophischen Erzählung wird das menschliche Leben als eine klägliche Existenz vorgestellt. Die Menschen sind in einer Höhle gefesselt und können nur in einer Richtung auf eine Wand schauen. Hinter ihren Rücken werden Gegenstände an einer Lichtquelle vorbeigetragen, so dass sie auf der Wand als Schattenspiel erscheinen. Die gefesselten Menschen in der Höhle halten diese flackernden Abbilder für die echte Welt. Einigen wenigen gelingt es, die Höhle zu verlassen. Dort erkennen sie, in welcher Zwangslage alle anderen Menschen stecken und wie eingeschränkt ihre Wahrnehmung der Realität ist. Kehren sie in die Höhle zurück, so haben sie einen kategorischen Wissensvorsprung vor allen anderen. Die Unterscheidung, die Platon hier trifft, hat das gesamte Denken der europäischen Philosophie bestimmt. Es gibt die normale Sicht der Dinge, die jedoch nur einen sehr eingeschränkten Zugang zur Realität hat. Und es gibt die Schau der echten Realität, die diejenigen, die einmal die Höhle verlassen durften und dabei die Wahrheit gesehen haben, von allen anderen trennt.

Das eine Regime, wo die schwachen Schatten der Ideen herrschen, ist das Reich der sozialen Welt, in der die Politik regiert. Und das andere Regime, wo die Wahrheit geschaut werden kann, ist je nach historischer Epoche die Philosophie oder die Religion, und seit der Neuzeit ist es die Wissenschaft. In diesem Wahrheitsregime werden Tatsachen herausgefunden, die zurückgetragen werden in die Schattenwelt des Sozialen und der Politik, wo sie dann als undiskutierbare Wahrheiten auftreten. Wer also in der Welt der Politik beansprucht, dass durch ihn die Stimme der wahren Tatsachen spricht, geht von einer solchermaßen geteilten Welt aus. Diese Teilung wird seit der platonischen Ideenlehre in vielen Gesellschaften reproduziert, und Bruno Latour sieht seine Lebensaufgabe darin, diese Teilung aufzuheben. Denn die Folgeprobleme sind sowohl für das Reich der Meinungen als auch das Reich der Tatsachen negativ. Beide würden, so Latour, gewinnen, wenn sie diese Unterscheidung auflösen könnten. Und vor allem verhindert diese

Lehre der zwei Wahrheitsregime, dass die Erde darin eine Stimme bekommen kann. Denn auch sie fällt unter das Verdikt, dass entweder in Form der wissenschaftlichen Tatsachen über sie gesprochen wird, oder dass es nur eine Meinung ist, die sich ihrer annimmt.

In der Öffentlichkeit sind die Auswirkungen dieser zwei Wahrheiten alltäglich zu beobachten. Politische Forderungen untermauern ihre Dringlichkeit immer öfter mit einer wissenschaftlichen Notwendigkeit. Die Tatsachen werden dann als unverrückbare Wahrheiten verwendet, um sie in der politischen Diskussion zu möglichst scharfen Waffen zu machen. Damit werden die wissenschaftlichen Tatsachen in doppelter Hinsicht pervertiert. Denn zum einen zeichnen sie sich seit der Neuzeit gerade dadurch aus, dass sie nur solange gelten, bis sie widerlegt sind. Sie sind also gerade keine absoluten Wahrheitsbehauptungen. Und zum anderen erhält jedes Argument durch seine Übertragung in die Politik eine zweite Dimension. In dieser wird danach gefragt, wessen Interessen in der Tatsache vertreten werden. Und es wird darauf hingewiesen, dass es nicht nur eine Tatsache gibt, sondern je nach Art der Suche noch unendlich viele andere Tatsachen. Wer z. B. sagt, dass es eine Tatsache ist, dass mit der Beimischung von Biosprit der Ölverbrauch reduziert werden kann, dem wird entgegnet, dass die reichen Länder damit Lebensmittel in ihre Autotanks füllen, weil kostbares Ackerland für den Anbau der Pflanzen für Biosprit vergeudet wird.

Der politische Streit entbrennt dann auf zwei verschiedenen Feldern. Zum einen wird darüber gestritten, wessen Tatsachen mehr Tatsachen-Objektivität haben, und zum anderen wird darum gerungen, wessen Tatsachen größere Bedeutung zugemessen werden muss. Damit ist eine folgenschwere Spaltung in die politische Debatte gekommen. Denn es wird nicht mehr nur darüber gestritten, wessen Interessen eine Mehrheit gewinnen können und damit zu einer demokratisch legitimierten Macht werden. Sondern es wird genauso darüber gestritten, welcher Tatsache die absolute Gültigkeit aus dem Wahrheitsregime der Wissenschaft zugestanden wird und welcher nicht. Die Aufforderung, doch einfach der Wissenschaft zu folgen, bedeutet im Feld des Politischen die Abschaffung des demokratischen Aushandlungsprozesses, und für die Wissenschaft bedeutet sie die Abschaffung des wissenschaftlichen Wahrheitsbegriffs. Eine solche Forderung macht aus der wissenschaftlichen Wahrheit eine Glaubenswahrheit, die ihren Absolutheitsanspruch nicht aus dem Glaubensakt der Gnade herleitet, sondern aus der wissenschaftlichen Rationalität. Diese soll jedoch nicht in ihrem vorläufigem Wahrheitswert begriffen werden, sondern wird als absolut gültige Wahrheit gepredigt. Vielleicht ist das die aktuell beste Form, um den Widerspruch von politischer und wissenschaftlicher Kommunikation aufzuheben. Doch es könnte auch darauf hinweisen, dass die Trennung der beiden Wahrheitsregime zu unlösbaren Problemen führen.

Denn solange die Tatsachen dazu gebraucht werden, um den demokratischen Aushandlungsprozess zu überstimmen und an die Stelle von menschlichen Kompromissen absolute Wahrheiten zu setzen, bleiben sie ein Angriff auf den Bereich des Politischen. Und solange die kommunikativen und sozialen Prozesse die Tatsachen zu Waffen in ihren Kämpfen machen wollen, stellen sie eine Forderung an den Bereich der Wissenschaften, die Tatsachen den sozialen Widersprüchen gemäß zu formulieren. Die Wissenschaften geraten so unter einen doppelten Druck. Sie sollen zum einen die Beweise für die jeweiligen politischen Positionen liefern, und zum anderen sollen ihre Tatsachen zu Produkten der sozialen Verabredungen gemacht werden. Ihnen wird Parteilichkeit vorgeworfen und damit ihre Objektivität abgesprochen, und ihre Tatsachen werden als Produkte einer menschlichen Herstellung begriffen, damit sollen sie in den gleichen Bereich des Relativen fallen wie alle sozialen Tatsachen und subjektiven Meinungen.

Die Art der Frontstellung zwischen dem Bereich des Politischen und dem der Wissenschaften führt dazu, dass beide Wahrheiten und Prozesse sich gegenseitig entwerten. Auf der einen Seite werden die Wissenschaften des sozialen Konstruktivismus und der Relativität verdächtigt, und die politischen Entscheidungen werden als ungenügend und fehlerhaft im Vergleich zur Eindeutigkeit der Wissenschaft abgewertet. Auf der anderen Seite sollen die Wissenschaften aber eine absolut gültige Wahrheit besitzen. Damit verlieren sie die Besonderheit ihres Wahrheitsregimes, das gerade darin besteht, dass Wahrheiten falsifizierbar sein müssen. Ist die Wissenschaft zu einer neuen Form absoluter Wahrheit gemacht worden, erscheint die Politik demgegenüber als mindere Form der Wahrheit, da sie nur ein Kompromiss ist. Und zugleich wird die absolute wissenschaftliche Wahrheit zu einem Machtmittel der Politik, gegen das kein gewaltfreies Argument mehr etwas ausrichten kann. Beide Systeme verlieren ihre je besondere Qualität und damit die dringend benötigte Kompetenz, um die neuen Probleme des Anthropozäns angehen zu können.[119] Denn nur eine Wissenschaft, in der frei jede Hypothese überprüft werden kann, kann das menschliche Wissen über die Welt so erweitern, dass die ökologischen Zusammenhänge langsam besser verstanden werden können. Eine Wissenschaft, die einen politischen Auftrag erfüllen soll, bleibt weit unter ihren Möglichkeiten. Ebenso kann nur eine politische Öffentlichkeit, in der alle Probleme und Meinungen miteinander kommunizieren können, die Gesellschaft auf die neuen komplexen Probleme des Anthropozän vorbereiten. Sobald eine Wahrheit alternativlos gültig ist, endet die politische Debatte.

In der spätmodernen Öffentlichkeit treffen die beiden Wahrheitsregime auf eine Kommunikation, in der egoistische Subjekte gelernt haben, wie sie ihre Interessen durch den strategischen Einsatz von Paradoxien durchsetzen können. Das Ergebnis ist eine Öffentlichkeit, in der Wahrheiten zugleich zu Waffen und zu folgenlosen Meinungen werden. Die Blockade unserer Zeit besteht darin, weder mit den immanent möglichen Wahrheiten noch mit dem transzendent Ungewissen einen angemessenen Umgang zu finden.

Will man sich einem ökologischen Bewusstsein nähern, müssen als erstes die eingeschliffenen Verhaltensweisen erkannt werden, mit denen Paradoxien produziert werden, um schwarz/weiß-Unterscheidungen zu erzeugen, und mit denen ein Denken in Zusammenhängen dekonstruiert wird, um Kritik unmöglich zu machen. Wie schon Gregory Bateson, einer der großen Vordenker einer »Ökologie des Geistes«,[120] vor Jahrzehnten bemerkte: »Wenn wir uns die Tragödien anschauen, die sich an den Grenzflächen zwischen zwei menschlichen Kulturen ereignen, ist es nicht überraschend, daß sich ähnliche Tragödien an der Grenzfläche zwischen menschlichen Gesellschaften und Ökosystemen ereignen und zu extremer Reduktion oder langsamem Verfall führen.«[121] Die moderne Gesellschaft zerstört die Erde nicht nur praktisch, sondern auch mit Hilfe ihrer theoretischen Einstellung. Sie greift in die ökologischen Kreisläufe ein, um von ihnen zu profitieren, hat aber zugleich nur ein mangelhaftes Wissen von deren Komplexität. Sie dilettiert im Umgang mit der Erde, weil ihre Gier größer ist als ihr geistiges Vermögen. Zugleich hat sie die individuelle Gier durch die ökonomischen Regeln des Kapitalismus zu einer systemischen Gier gemacht, weswegen die einzelnen Fehler milliardenfach reproduziert werden. Und schließlich hat sie die Öffentlichkeit, in der die Gesellschaft sich über sich selbst verständigen kann, derselben Mechanik von Steigerung, Wettbewerb und paradoxer Lastenverteilung unterworfen. Ein Schritt auf die Erde zu ist darum immer auch ein Schritt aus den eingefahrenen Bahnen der spätmodernen Öffentlichkeit und den Mustern, in denen sie kommuniziert.

DIE ÖKOLOGIE DER GRENZE

> *»Man macht sich nicht klar genug, dass die*
> *gesamte Politik der Gegenwart auf das*
> *Problem der Klimaverleugnung fokussiert ist.«*
> Bruno Latour[122]

Der Mensch ist im Anthropozän die neue Naturgewalt, die es zu verstehen gilt. Das Nachdenken über die Natur des Menschen wie seiner Umwelt bildet den roten Faden der menschlichen Zivilisation. Die religiösen, philosophischen und künstlerischen Angänge suchen seit jeher nach den Geheimnissen der Natur wie der menschlichen Existenz, und dabei beschreiben sie die menschliche Existenz immer wieder als ein Geheimnis, das sich von der Natur unterscheidet. Der Mensch ist Natur und Kultur in einem, was zur Folge hat, dass die Natur des Menschen wie auch die seiner

Umwelt immer durch seine Kultur geformt ist. Mit der berühmten Wendung des Soziologen Helmut Plessner kann man sagen, dass der Mensch von Natur aus künstlich ist.

In dieser besonderen Fähigkeit liegt die Ursache der Entwicklung, die zum Anthropozän geführt hat. Um die Dimension, die sich mit dem Anthropozän auftut, überhaupt ermessen zu können, muss der Mensch sich selbst in seinen Eigenschaften verstehen, die zu dieser neuen Erdepoche geführt haben. Doch dieses Nachdenken über das Ich und die Erde ist vielfältig blockiert. Es ist belastend, da es die bisherigen Werte und Wahrheiten in Frage stellt, und es ist frustrierend, weil das Ich sich vor der Erde wie vor der Aufgabe, sie zu verstehen, so klein und ohnmächtig fühlt. Wie soll man die Kraft aufbringen, sein Leben grundsätzlich zu verändern, wenn man weiß, dass allein 4,5 Milliarden Menschen auf dem asiatischen Kontinent[123] nichts mehr begehren, als das konsumfreudige Leben eines Mitteleuropäers zu führen?

Die Reaktionen auf die eigene Ohnmacht fallen unterschiedlich aus. Die meisten verschließen die Augen vor einem Problem, von dem sie berechtigterweise annehmen, dass sie es sowieso nicht bewältigen können. Zugleich hoffen sie, dass es zu ihrer Lebenszeit noch halbwegs gut gehen möge. Eine kleine Minderheit versucht, sich die überwältigende Aufgabe bewusst zu machen. Hier findet man dann die panischen Gefühlslagen der Klimaproteste, aber auch deren Verwandlung in die gewöhnliche Aufregung auf dem Markt der Aufmerksamkeit. Eine andere Form der Verdrängung besteht in der betont nüchternen Bestandsaufnahme. Jonathan Franzen hat mit seinem Essay »Wann hören wir auf, uns etwas vorzumachen?« diese Geste wirkungsvoll vorgeführt.[124] Seine Botschaft lautet: Die Erde wird untergehen, und wir können nur noch versuchen, das Schlimmste so lange wie möglich zu verhindern. Was auf den ersten Blick wie ein erfrischend aufrichtiger Ton inmitten der Empörungs- und Protestkommunikation wirkt, ist jedoch auch nur eine weitere Bestätigung des Status quo. An seinem Leben nichts ändern zu müssen, weil man sich ehrlich und nüchtern mit der Vergeblichkeit auseinandergesetzt hat, macht in der Konsequenz keinen Unterschied zum unreflektiert kleinmütigen Weiter-so der Mehrheit.

Auf der anderen Seite des Spektrums gibt es die selbstbewussten Rettungspläne, die das gegenwärtige Wissen in die Zukunft hinein verlängern. Mit Geoengineering soll das Klima reguliert und mit Dämmen der steigende Meeresspiegel zurückgedrängt werden. Die Folgen sind wie bei allem menschlichen Tun unberechenbar, und sie kosten viel mehr Geld, als die Staaten bereit sind aufzubringen. Die Folgen solcher Zukunftsentwürfe sind für die Gegenwart noch sehr gering. Zugleich muss man sich immer wieder vergegenwärtigen, dass niemand wissen kann, was aus den Forschungsanstrengungen folgen kann. Der Kernfusionsreaktor, der als weltweite Anstrengung in Frankreich gebaut wird, soll 2025 seine Forschung beginnen. Sollte er erfolgreich sein, so wäre eine unerschöpfliche Energiequelle erschlossen. Damit wäre der Technikglaube bis an den Punkt gesteigert, wo der Mensch zum neuen Gott geworden ist.[125]

Den größten Abstand zu den Hoffnungen nimmt die absolute Regression der Klimaleugner ein. Ihr weltanschaulicher Kern ist brisant, denn sie gehen davon aus, dass es auf der Welt nicht mehr genug Platz für alle geben wird. Darum müssen die Klugen und Wohlhabenden nun anfangen, ihre Länder zu einer bewaffneten Arche Noah umzubauen. Ab nun gilt »America first«. Man schlägt politisches Kapital daraus, dass man eine Gefahr, die alle betrifft, leugnet, und erklärt damit eine Politik, die für alle gut sein will, für beendet. Auch diese Politik kann die Pose des nüchternen Realisten für sich beanspruchen. Sie stellt fest, für alle reicht es nicht, und der Klimawandel wird die Erde ungleichmäßig betreffen. Die pragmatische Schlussfolgerung einer solchen Politik lautet darum: Die reichen Länder sind gut beraten, wenn sie für ihre Territorien bestmöglich vorsorgen. Vor allem müssen sie verhindern, dass die gewaltigen Flüchtlingsströme aufgrund des Klimawandels bis zu ihnen vordringen können. Der Realismus einer solchen Politik besteht darin, das Glück, auf der richtigen Seite der Erdkugel zu leben, möglichst lange aufrechtzuerhalten. Eine solche Politik ist die radikalste Konsequenz der kapitalistischen Ideologie und des cartesianischen Menschenbildes. Sie ist darum das wahre Gesicht des Anthropozäns. Da wir in Europa oder Nordamerika im Herzen spätkapitalistischer Gesellschaften leben, fällt uns die Annäherung an eine ökologische Politik denkbar schwer. Und zugleich stehen unsere Gesellschaften als Erfinder von Kapitalismus und cartesianischem Menschenbild in der historischen Konsequenz, den ersten Schritt über beides hinaus zu wagen. Leben im Anthropozän bedeutet, wenn man es ernst nimmt und nicht nur als radikale Pose hochhält oder nüchtern-kokett resigniert, die Bedingungen, die zu dieser Epoche geführt haben, in Frage zu stellen.

Will man sich aus dem verhängnisvollen Dreieck von Hybris, unendlicher Steigerung und Paradoxien befreien und sucht nach Wegen, die zu einem anderen Verhältnis von Menschen und Erde führen können, steht man vor einer unlösbaren Aufgabe. Denn um den gegenwärtigen Horizont zu erweitern, braucht es genau die Anstrengung, die als permanente Grenzüberschreitung zum Problem geworden ist. Die Vorstellungskraft sprengt alle Ketten des Gegenwärtigen. Das bedeutet zugleich, dass sie alle ökologischen Zusammenhänge zerreißt. Die Vorstellungskraft ist Segen und Fluch zugleich. Sie hat durch unzählige Grenzüberschreitungen zur Moderne geführt. Und zugleich ist die Moderne die erste Kultur, in der die permanente Grenzüberschreitung zur allgemeinen Lebensweise geworden ist und zum leitenden Wert der Gesellschaft erklärt wurde. Die Überdynamisierungskrise des Neoliberalismus betrifft alle Systeme in einer modernen Gesellschaft. Das psychische System ist dem Druck der Flexibilität ausgesetzt und droht von Depressionen zerstört zu werden. Das ökonomische System erfordert unendliches Wachstum, das die Ressourcen der Erde zerstört. Und das biopolitische System steht vor der Aufgabe, die nervösen und vereinzelten Subjekte für den Arbeits- und Konsummarkt fit zu halten, und erzeugt zugleich die orientierungslose Wut, die die Öffentlichkeit zerstört.

Die Überschreitung aller Grenzen ist die geistige Einstellung, die Fortschritt und Fortschrittsprobleme gleichermaßen hervorgebracht hat. Da die Grenze zu den Bedingungen des Lebens gehört, betrifft ihre Ziehung wie ihre Überschreitung den Kern des Problems. Die Systemtheorie bietet eine anspruchsvolle Argumentation für ein Denken der Grenze. Bei der Grenze handelt es um eine Unterscheidung, die getroffen wird, um zwischen verschiedenen Bereichen eine Trennung einzuführen. Die Grenze zieht eine Unterscheidung, um einen Unterschied zu machen. In dieser Operation sind zahlreiche geheimnisvolle Schritte verborgen. Nehmen wir das Beispiel der Grenze zwischen den Tatsachen und den Meinungen. Auf den ersten Blick scheinen wir alle zu verstehen, was damit gemeint ist. Es ist eine Tatsache, dass die Erde eine Kugel ist. Und es ist eine inzwischen als falsch beurteilte Meinung, dass die Erde eine flache Scheibe ist. Verwirrend wird die Grenze, wenn man erkennt, dass es ebenso eine Meinung ist, wenn man sagt, dass die Erdkugel mit dem Nordpol nach oben im Weltraum hängt, so wie es uns jeder Globus vorgaukelt. Es handelt sich dabei um eine Meinung, da die Erde nirgendwo angehängt ist und sie auch nicht in einem Gestell auf einem Tisch steht. Außerdem gibt es im Universum kein Norden und Süden, da diese Himmelsrichtungen nur durch den Magnetismus der Polkappen auf der Erde existieren. Zugleich ist der geographische Nordpol aber keine Meinung, sondern eine Tatsache.

Um sich diese Konfusion ein wenig klarer zu machen, hilft ein kleines gedankliches Experiment.[126] Stellen Sie sich einmal die Frage, warum in Ihrem Spiegelbild rechts und links vertauscht sind, oben und unten aber nicht. Wenn Sie in den Spiegel schauen und sich mit der linken Hand an die Stirn fassen, so bewegt Ihr Spiegelbild seine rechte Hand. Die Stirn ist aber in beiden Fällen oben an ihrem Kopf. Die Antwort besteht darin, dass das Orientierungssystem rechts und links von der menschlichen Perspektive ausgeht, während das Orientierungssystem oben und unten auf die Erde bezogen ist. Etwas ist rechts oder links immer von einem Betrachter aus, es ist aber oben oder unten in Bezug auf die Erdoberfläche.

An diesem Beispiel erkennt man, wie viele verschiedene Parameter in eine Unterscheidung eingehen. Und als wäre dieses nicht schon kompliziert genug, fehlt hier noch der entscheidende Parameter, der für einen Großteil der Verwirrungen verantwortlich ist. Dafür müssen wir noch einmal zur Unterscheidung von Tatsachen und Meinungen zurückkehren. Denn nun ist fraglich geworden, ob rechts und links sowie oben und unten jeweils Tatsachen beschreiben oder eine Meinung. Bisher schien klar zu sein, dass es über beide

Unterscheidungen keine Meinungsverschiedenheit geben kann, so dass es sich um Tatsachen handeln muss. Doch nun bemerken wir, dass beide klaren Unterscheidungen eine Perspektive brauchen, um getroffen werden zu können. Einmal ist es der menschliche Standpunkt, rechts von mir und links von mir, und einmal ist es eine menschliche Festlegung, unten ist da, wo die Erde ist, oder physikalisch formuliert, unten ist da, wohin die Gravitation die Materie zieht.

Was also ist der Unterschied zwischen den Tatsachen und den Meinungen? Die Tatsachen sind Behauptungen, die ihre Vorgeschichte vergessen haben, und die Meinungen sind Behauptungen, die von sich selbst wissen, dass es Bedingungen gibt, die zu ihrer Wahrheit führen. Der Einwand gegen diese Beschreibung lautet berechtigterweise, dass der Apfel doch auch dann nach unten fällt, wenn kein Mensch ihn beobachtet und niemand das Fallen so benennt. Dieser Einwand ermöglicht den Tatsachen ihr robustes Auftreten im Raum des Politischen. Wer behauptet, dass die Gravitation nur eine Meinung ist, der könnte zur Bekräftigung seiner Behauptung ohne Fallschirm aus dem 10. Stockwerk springen. Eine solche Argumentation wiederholt jedoch nur die eingeübte Haltung den Tatsachen und den Meinungen gegenüber. Und dass sie zuverlässig jedes Nachdenken über die Unterscheidung von Tatsachen und Meinungen beendet, ist Teil ihrer Absicht.

Worum es hier geht, ist die Öffnung dieser vermeintlichen Sicherheit, um die Grenze zwischen den Tatsachen und den Meinungen in Frage zu stellen. Die Gefahr, die hierbei automatisch auftaucht, besteht darin, dass die Grenze aufgehoben wird, und ab jetzt die Tatsachen nur wie Meinungen behandelt werden. Das ist der Schluss, den die postmodernen Theorien gezogen haben. Ein solches Denken führt in die Sackgasse, dass alles nur noch relativ ist. Bruno Latour sucht hingegen, einen Weg zwischen der Skylla des Tatsachen-Rigorismus und der Charybdis des postmodernen Relativismus zu finden. Dabei kehrt er zu den Quellen, aus denen sowohl Tatsachen als auch Meinungen schöpfen, zurück und entdeckt dort, dass beide Seiten der Unterscheidung Konstruktionen sind und zugleich einen Resonanzraum bieten für etwas, das er Propositionen nennt.

Sowohl Tatsachen als auch Meinungen sind Konstruktionen, weil sie aus menschlichen Handlungen, etwa durch Grenzziehungen, hervorgegangen sind. So gelten die Fallgesetze nur für Objekte ab einer bestimmten Größe. Im subatomaren Bereich sind sie außer Kraft gesetzt. Der Apfel fällt vom Baum. Die Atome und ihre Bestandteile werden dabei von der Gravitation beeinflusst, aber auch von vielen anderen Kräften, die es unmöglich machen, von einem Fallen zu sprechen, das berechenbar wäre. Die Tatsache des Fallens ist also eine Konstruktion, die viele andere Bedingungen der Materie ausblendet. Die newtonschen Fallgesetze machen die Bewegung von Objekten einer bestimmten Größe berechenbar, für andere Dimensionen wie den subatomaren Bereich gelten sie nicht. Um die Welt der Quanten verstehen zu können, braucht es andere Annahmen und Gesetze. Die Konstruktionen, aus denen die Tatsachen folgen, ermöglichen also, dass durch sie etwas in Erscheinung treten kann, was ohne sie zwar da ist, aber für den Menschen jenseits seiner Wahrnehmbarkeit geblieben wäre. Das Fallgesetz kann man nicht sehen, geschweige denn die statistische Wahrscheinlichkeit, mit der Quanten sich im Raum verhalten.

Um diese Unterschiede zu begreifen, ist es sinnvoll, sich sowohl die Arbeit der Grenzziehung als auch die Arbeit, die technische Hilfsmittel für uns machen, vorzustellen. Bakterien haben Milliarden Jahre lang gelebt, sie konnten jedoch erst durch das Mikroskop beobachtet und durch Experimente untersucht werden. Niemand würde sagen, dass das Mikroskop die Bakterien erst hervorgebracht hat, aber für das menschliche Bewusstsein konnten sie erst durch dieses technische Hilfsmittel zu einer denkbaren Existenz werden. Insofern hat das Mikroskop die Bakterien für den Menschen erst hervorgebracht. Für sich selbst wie ihre Umwelt waren Bakterien schon immer vorhanden. Ihre Existenz wird jedoch erst durch die besondere Fragestellung des Menschen zu einem Objekt, das erforscht werden kann. Oder in den Worten Werner Heisenbergs: »Was wir beobachten, ist nicht die Natur selbst, sondern Natur, die unserer Art der Fragestellung ausgesetzt ist.«[127] Die so gewonnenen Antworten der Natur werden dann Tatsachen genannt, denen das Adelsprädikat »wissenschaftlich« angehängt wird, wenn die methodischen Standards der Zeit angewendet wurden. Die Erforschung erfolgt also nicht zufällig und nimmt das auf, was die Natur ausplaudert, sondern sie nimmt die einzelnen Phänomene in die Zange des Experiments und hält die so gewonnenen Erkenntnisse für die wahren Tatsachen der Natur.

Die Grenze zwischen der Konstruktion und der Realität verläuft also nicht so rigoros und absolut, wie die einfache Unterscheidung von Meinungen und Tatsachen behauptet, sondern sie betrifft eine Vielzahl von verschiedenen Dimensionen, in denen menschliches Denken und Realität miteinander im Verhältnis stehen. Und genau diese Komplexität der gegenseitigen Grenzen und Durchdringungen wird ausgeblendet, wenn eine harte Unterscheidung von Tatsachen und Meinungen vertreten wird. Das ökologische Denken, an dem Bruno Latour arbeitet, meint darum nicht ein Denken, das sich mit den Fragen des Umweltschutzes befasst, sondern ein Denken, das aus den harten und falschen Unterscheidungen ökologische Unterscheidungen macht.

Eine harte Unterscheidung liegt immer dann vor, wenn die Ursache und die Bedingungen der Unterscheidung absichtlich oder aufgrund der Zeit vergessen worden sind. Eine ökologische Unterscheidung öffnet das Denken für die Vielzahl der verschiedenen Dimensionen, die durch die Unterscheidung zum Sprechen gebracht werden, und es kann dadurch die Bedingungen der Unterscheidung angemessener berücksichtigen. Im ökologischen Denken können Fragen gestellt werden, wie etwa: Zu welcher Proposition verhilft die Unterscheidung, um von Menschen gehört zu werden? Und welche menschliche Unterscheidung verhindert, dass nicht-menschliche Propositionen gehört werden können.[128]

Am Beispiel der Entfremdung und ihrer Kritik können die alltäglichen Folgen abgelesen werden. Die Entfremdung gehört zu den Hilfsmitteln, die der menschliche Geist einsetzt, um sich in der Realität zu orientieren. Er misst die Zeit mit Uhren, um seine Stunden effektiver zu nutzen, er braucht Mikroskope, um Bakterien zu erforschen, Gesetze, um das Zusammenleben zu organisieren, usw. Zugleich dient die Entfremdung der instrumentellen Ausbeutung aller Ressourcen und der Verschleierung der dabei stattfindenden Gewalt. Die Arbeit in Industriegesellschaften ist durch immer feinmaschigere Regeln zu immer größerer Effektivität getrimmt worden. Die Ressource Arbeitskraft wird ebenso wie die Ressourcen Emotionen, Bewusstsein oder Lebendigkeit ausgeschöpft. Zugleich werden alle Ressourcen, die die Erde und ihre Lebewesen haben, in diesem Verwertungswettbewerb unterjocht. Die zweite Wirkung der Entfremdung besteht darin, die Folgen dieser globalen Ausbeutung von dem Genuss der dabei entstandenen Konsumgüter und Dienstleistungen zu trennen. So wie auf einem Kreuzfahrtschiff kein Passagier die beengten Kabinen der Besatzung sehen will oder beim T-Shirt-Kauf den Arbeitstag einer Näherin in Bangladesch erleben möchte, so möchte auch niemand erst durch einen Schlachthof geführt werden, bevor er an der Fleischtheke seine Mettwurst kauft.

Die Entfremdung wirkt also in zwei Richtungen. Sie grenzt die einzelnen menschlichen Handlungen und Fähigkeiten so ein, dass sie einem Verwertungsprozess bestmöglich zur Verfügung stehen. Sie zwingt die Erde und ihre Lebewesen dazu, zum Teil einer globalen Fabrik zu werden. Und auf der anderen Seite verhindert Entfremdung, dass der Teil des menschlichen Bewusstseins, der zu einem ökologischen Denken befähigt ist, davon Kenntnis nimmt. Die geistige Entfremdung verhindert, dass die Propositionen, die die Beteiligten im Arbeitsprozess machen, gehört werden können. Das mühsame Leben der Näherinnen ist in den glitzernden Verkaufsräumen abwesend. Und das Schreien der Tiere ist durch die Mauern des Schlachthofes und seine mechanischen Arbeitsabläufe ebenso stumm gemacht wie durch die lügenhaften Etiketten, die auf den sauber verpackten Fleischpaketen in der Kühltruhe kleben. Aus dem Leid der Tiere und dem blutigen Geschäft des Tötens wird durch Verpackung ein reines Produkt, das ein glückliches Tierleben vorgaukelt.[129] Der modebewusste Konsument wird um die Propositionen der Vorgeschichte seiner Kleidung betrogen, und der Fleischkonsument wird um die Proposition der Geschichte des Stücks Tierleben, das er essen will, betrogen.

Da unser ganzes Leben von solchen Entfremdungen bestimmt wird, erscheint uns unser eigenes Leben in der Entfremdung als neue Natur, in der die verstummte Welt nur noch als Produkt auftritt. Könnten hingegen die Waren ihre Verpackung aufbrechen und begännen zu sprechen, so käme der gesamte Markt zum erliegen. Zugleich entstünde eine neue Öffentlichkeit, in der das reale Stimmengewirr aller Beteiligten hörbar würde. Der politische Streit um die Kennzeichnungspflicht von Lebensmitteln zeigt, wie sehr den Nutznießern der Entfremdung bewusst ist, welcher Sprengstoff darin liegt, die Propositionen der Arbeitsbedingungen, der Tiere und der Erde öffentlich hörbar zu machen. Gegen nichts wehrt sich die Industrie mehr als gegen eine realitätsnahe Kennzeichnung ihrer Produkte. Dass diese Vermeidung so vehement betrieben wird, hätte die Öffentlichkeit schon lange misstrauisch stimmen können. Dass die Konsumenten aber weiterhin den kleinsten Preis entscheiden lassen, zeigt, wie weit der Weg zu einer politischen Ökologie ist.

Die Entfremdung ist ein hochentwickeltes Grenzregime, das für die Aufrechterhaltung des globalen Kapitalismus absolut notwendig ist. Und zugleich ist sie ein Modell dafür, wie komplex und wirkungsvoll Grenzen entwickelt werden, um ein bestimmtes Ziel zu erreichen, indem Propositionen mundtot gemacht werden. Die Grenzen der Entfremdung leisten permanent nützliche Dienste für die bestehende Ordnung. Sie zwingen in Verhältnisse, die für die eine Seite gewinnbringend sind und die andere Seite an ihren Propositionen hindern. Die Entfremdung in der Spätmoderne hat diese Grenzen so weit perfektioniert, dass die Gezwungenen wie die Nutznießer ihre Gewalt nicht mehr konkret benennen können. Der Aufstand gegen die Grenzen der Entfremdung ist fast unmöglich geworden, denn die Entfremdungsgrenzen des globalen Marktes haben sich als Natur verkleidet und sind damit die perverse Anwendung des ökologischen Denkens.

Die Entfremdung leistet so gute Dienste für die Ausbeutung der Welt, weil sie es schafft, die Zusammenhänge unsichtbar zu machen. Im Konsumprodukt gibt es weder Hinweise auf seine Produktionsbedingungen noch auf die Gewinnung der Ressourcen, die darin eingegangen sind, geschweige denn auf die Eigentumsverhältnisse. Die Entfremdung macht in jeder Hinsicht das Gegenteil von einem ökologischen Denken. Ein erster Schritt zu diesem neuen Denken in Zusammenhängen besteht darin, nicht die alten Unterscheidungen, die zur gegenwärtigen Krisenlage geführt haben, zu reproduzieren. Dazu muss die Art der Grenzziehungen und die Art, wie Unterscheidungen getroffen werden, anders verstanden werden, um zu anderen Verfahren zu kommen.

Am Beispiel der Grenze zwischen den Tatsachen und den Meinungen können erste Risse im Dogmatismus, mit dem diese Grenze als objektive Tatsache vorausgesetzt wird, ausgemacht werden. Die logische Operation, mit der diese Selbstabsicherung vollzogen wird, besteht darin, dass die Unterscheidung auf der einen Seite des Unterschiedenen wiederholt wird. Für unser Beispiel bedeutet das, dass die Unterscheidung von Tatsachen und Meinungen wie eine Tatsache behandelt wird. Diese Operation passiert immer, wenn Unterscheidungen zu robusten Werkzeugen gemacht werden sollen.[130] Oben haben wir einige Beispiele dafür gefunden, wie in der öffentlichen Kommunikation die jeweiligen Meinungen durchsetzungsfähiger werden, wenn sie es schaffen, dass ihre Position zugleich die Art der Unterscheidung bestimmt. Die identitätspolitische Unterscheidung in Opfer und Täter erfüllt genau diese Funktion, da sie nur von der Opfer-Seite getroffen werden darf, und nur von hier aus die Tätern bestimmt werden dürfen. Die Unterscheidungsgewalt, die in Opfer und Täter einteilt, liegt auf der Seite der Opfer.

So wie die Unterscheidung von Tatsachen und Meinungen selbst zur Tatsache erklärt wird und eben keine Meinung sein soll, so gehört die Unterscheidung in Opfer und Täter auf die Seite der Opfer und gerade nicht auf die der Täter. Aus diesem Grund ist die identitätspolitisch beklagte Täter-Opfer-Umkehr für sie so ein großes Ärgernis. Denn hierbei wird der Versuch unternommen, die Entscheidungsgewalt darüber, wer Täter und wer Opfer ist, neu zu verteilen. Die Macht in dieser Unterscheidung hat immer derjenige, von dessen Seite aus die Unterscheidung getroffen wird. Darum wird der Status quo der Unterscheidung mit allen Mitteln verteidigt. Die Ursache der Macht liegt darin, dass die Seite, die über die Anwendung der Unterscheidung bestimmt, die andere Seite zwingt, ihre Argumentation in der Wertung der getroffenen Unterscheidung zu formulieren. Wer die Macht über die Art der Unterscheidung hat, der hat die Macht über die Kommunikation. Die gegenwärtigen Kulturkämpfe entfachen sich an dem Konflikt, welche Seite über die Anwendung der Unterscheidung entscheiden darf. Es geht also nicht mehr um einen Interessensgegensatz, sondern darum, welches Interesse die Regeln bestimmen darf, innerhalb derer die Interessen aufeinandertreffen. Es geht nicht mehr um einen konkreten Widerspruch, sondern um die Regeln der Kommunikation. Je mehr Themen im Modus der Kulturkämpfe ausgetragen werden, desto unversöhnlicher werden die Gegensätze. Bei dieser Machttechnik handelt es sich also um eine Sackgasse.

Wie verhängnisvoll diese Technik ist, zeigt sich daran, dass sogar ihre eigene Kritik nur noch so argumentieren kann. Soll Kritik an dieser Unterscheidungsweise geübt werden, so greifen die Kritiker anfangs zum naheliegenden Mittel, den Wert der Unterscheidung auf ihre Seite des Unterschieds zu ziehen. Dann soll z. B. die Unterscheidung von Tatsachen und Meinungen eben keine Tatsache sein, sondern auch eine Meinung. Diese Verschiebung haben vor allem die postmodernen Theorien unternommen. Das Problem an einer solchen Art von Kritik ist, dass sie die Existenz der Unterscheidung nicht betrifft, sondern allein ihre Wertung verändert. Auch für die postmodernen Kritiker soll es noch einen Unterschied machen, ob es sich um Tatsachen oder Meinungen handelt, sie wollen nur die Begründung dafür auf die Seite der Meinung verschieben. Die Folge ist eine Konfusion darüber, was denn nun als Tatsache zu gelten habe. Dass eine Tatsache noch immer einer ganz anderen Art von Wahrheitsregime entspricht als die Meinung bleibt davon aber unberührt. Die Unterscheidung bleibt bestehen, nur die Macht, welche Seite die Grenze bestimmt, wird verschoben. Daraus entsteht die Verwirrung, was nun als Tatsachen zu gelten hat, und was damit eigentlich noch gemeint ist. Dadurch dass die Entscheidung von der Seite der Tatsachen auf die Seite der Meinung übergegangen ist, gibt es also nicht weniger, sondern mehr Probleme. Denn nun kann jeder seine eigene Meinung zu einer Tatsache erklären und umgekehrt jede Tatsache zu einer bloßen Meinung machen. In den Paradoxien der Identitätspolitik oder der populistischen Rhetorik von Donald Trump wird diese Verwirrung zum Programm erhoben und bestimmt inzwischen die politische Öffentlichkeit. In der Identitätspolitik soll die Identität die Folge von Entscheidungen sein, zugleich soll es aber Identitäten geben, die – wie Opfer und Täter – jenseits davon »identisch« sind. Bei Trump soll die eigene Meinung als objektive Tatsache gelten, die der anderen hingegen als Fake-News.

Durch die Verschiebung der Wertung bleibt die alte Unterscheidung von Tatsachen und Meinungen bestehen, ihr Gebrauch wird jedoch zum Teil einer politischen Strategie, womit die Unterscheidung erschwert oder sogar unmöglich gemacht wird. Wenn jede Tatsache auch nur eine Meinung sein soll, wie z. B. das biologische Geschlecht, und zugleich jede Meinung wie eine Tatsache behandelt werden soll, wie z. B. die Selbstbeschreibung als Opfer, dann ist die Unterscheidung zu einer Machttechnik innerhalb von kulturellen Kämpfen geworden. Und hier gilt die politische Regel: Wer es als erster schafft, die Macht darüber zu erreichen, welche Seite der Unterscheidung über die Anwendung der Unterscheidung bestimmt, der hat einen uneinholbaren Vorteil.[131]

Es ist also nichts damit gewonnen, wenn eine Unterscheidung dadurch kritisiert wird, indem man die Wertung von der einen Seite auf die andere verschieben will. Darum ist es wenig sinnvoll, auf die Trumpsche Rhetorik mit dem Hinweis zu reagieren, dass es doch einen Unterschied zwischen Tatsachen und Meinungen gebe. Genau diesen Unterschied leugnet er nicht. Er nimmt nur für sich in Anspruch, die wahren Tatsachen zu kennen.

Eine dem Anthropozän angemessene Veränderung besteht hingegen darin, die Art der Unterscheidung in Frage zu stellen. So wie in der Moral die Ethik dazu befähigt sein soll, die Frage zu stellen, ob es überhaupt gut ist, etwas in Gut und Böse einzuteilen, so müssen die grundsätzlichen Unterscheidungen, mit denen die Menschen sich von der Erde abgrenzen, überprüft werden. Will man die Unterscheidung von Tatsachen und Meinungen anders denken, so muss man den Blick darauf lenken, durch welche Verfahren etwas einen Tatsachen- oder Meinungscharakter erhält. Die

Natur spricht nicht selbst in Form von Tatsachen, und ebenso wenig spricht der Mensch in Form von Meinungen. Sowohl Tatsachen als auch Meinungen brauchen Bedingungen, durch die sie als solche erkannt werden können. Nur wenn die Geschichte dieser Bedingungen entfaltet wird, kann das Denken die eingefahrenen Bahnen des Konflikts verlassen. Doch diese Bedingungen werden ausgeblendet, wenn Tatsachen und Meinungen sich gegenseitig blockieren.

Die öffentliche Kommunikation des Anthropozäns ist vielfältig blockiert. Es sind nicht nur die sozialen Konflikte, die von den materiellen Bedingungen in den Bereich der moralischen Ideologiekämpfe verschoben worden sind und damit unlösbar gemacht wurden. Es sind vor allem die komplexen Fragestellungen des Anthropozäns, die nicht öffentlich verhandelt werden können. Die blockierte Öffentlichkeit ist untauglich, das Unbekannte sichtbar machen zu können. Das wäre aber die vordringlichste Aufgabe, wenn sich eine Gesellschaft einer unbekannten Bedrohung gegenübersieht.

Wie schwierig die Vorbereitung auf das Unbekannte ist, hat der chinesische Weltbestseller der »Drei Sonnen«[132] von Cixin Liu vorgeführt. In diesen Romanen wird die irdische Zivilisation mit der Nachricht konfrontiert, dass eine überlegene außerirdische Lebensform die Erde in 450 Jahren angreifen und wohl vollständig zerstören wird. Die Handlung führt nun vor, auf welche absurden, panischen und raffinierten Strategien die Menschheit verfällt, um die Katastrophe, von der sie nicht genau weiß, worin sie genau bestehen wird, abzuwenden. Die drei Bände sind eine anschauliche Beschreibung der systemtheoretischen Einsicht, das man nicht wissen kann, was man noch nicht weiß. Oder wie das Zitat im englischen Original lautet: »You cannot see, what you cannot see.« Der einzige Weg, das noch nicht Bekannte sichtbar zu machen, ist die Arbeit daran, dem Unbekannten gegenüber würdig zu werden. Eine solche Vorbereitung kann in der konkreten Neugierde bestehen, einer Frage nachzugehen, deren Antwort niemand kennt. So stellte sich der 16-jährige Einstein die seltsame Frage, wie es sein könne, dass ein Beobachter, der mit Lichtgeschwindigkeit parallel zu einer Lichtwelle reist, diese nur als Punkt sehen würde. Die Antwort war die allgemeine Relativitätstheorie, die die gesamte Physik auf den Kopf stellte.

Die öffentliche Kommunikation heute ist hingegen durch vielfältige Konfliktstrukturen blockiert. Sie weckt keine Neugierde auf das Unbekannte, sondern sie bestätigt immer wieder die Wissensbestände. Sie öffnet das Denken nicht für das noch nicht Gedachte, sondern versichert sich selbst der eigenen Identität. Vor allem diejenigen, die den Klimawandel als reale Bedrohung empfinden, sehen sich in einem lähmenden Konflikt gefangen. Ihre Aussagen werden so getroffen, als müssten sie sich gegenüber Einwänden rechtfertigen und zugleich eine träge Masse mobilisieren. Dadurch werden die wissenschaftlichen und darum befragbaren Tatsachen zu absoluten Wahrheiten erklärt und ihre Meinung zu einer Glaubensfrage stilisiert. Die Folgen sind die gleichen wie in allen anderen Kulturkämpfen. Die Fronten verhärten sich, und aus sachlichen Fragen werden ideologische Kriege. Nur dass die Konsequenzen in diesem Fall ungleich folgenreicher sind. Denn das Tatsachenwissen über das Anthropozän ist noch in einem Zustand wie der Wissensstand der Menschheit in dem Roman von Cixin Liu. Sie hat gesicherte Erkenntnisse, dass etwas Schreckliches passieren wird, doch wie sie sich davor schützen kann, ist absolut unbekannt. Und in alledem ist das größte Rätsel, wie die

Menschheit zu einer gemeinsamen Anstrengung kommen kann, solange jeder seinen eigenen Plänen folgt. Das Anthropozän ist auch für uns noch das »Hyper-Object«, das zu groß ist, um es zu begreifen, und das zu kompliziert ist, um es denken zu können. Es bleibt eine abstrakte Gefahr, die auf das gegenwärtige Handeln keine Auswirkungen hat. Die Übersetzung der abstrakten Gefahr in das gegenwärtig Denkbare wäre aber die zentrale Aufgabe der Öffentlichkeit.

Die einzige Chance, eine komplexe Gesellschaft in all ihren Facetten auf das Anthropozän vorzubereiten, liegt darum im genauen Gegenteil zur gegenwärtig abschließenden Kommunikation. Unwissenheit müsste zum allgemeinen Horizont des Nachdenkens werden und die Fragen nach dem Unbekannten die Gespräche bestimmen. Doch das würde bedeuten, dass die Kommunikation der Tatsachen und Meinungen nicht im Modus der Kulturkämpfe ablaufen darf, sondern eine neue Art der Öffentlichkeit erfinden muss. Der Grundton einer solchen Öffentlichkeit wäre nicht der Kampf, sondern das Eingeständnis der Ratlosigkeit angesichts der komplexen Probleme, die auf uns zukommen werden. Oder, um ein konkretes Beispiel zu geben: Warum werden die Tatsachen der Klimaforscher nicht als drängende Fragen formuliert, auf die wir alle eine Antwort brauchen, um weiterleben zu können? Warum werden die verwirrenden Details der Ökologie nicht alltäglich vor uns ausgebreitet, um uns mit den Rätseln des Lebens zu konfrontieren? Warum wird unser vermeintlich sicheres Wissen über die Welt nicht permanent in Frage gestellt? Statt die offenen Fragen in alarmierende Panikmeldungen umzuwandeln, wäre ein kollektiv fragendes und sich wunderndes Bewusstsein der Lage ungleich angemessener. Eine fragende Öffentlichkeit würde zu einem Ort, an dem sich nicht Feinde bekämpfen, sondern sie wäre eine Problemgemeinschaft, die anfängt zu begreifen, dass es keine einfachen und vor allem keine individuellen Rettungswege aus dem Verhängnis gibt. Die Chance besteht darin, dass immer Menschen anfangen, sich für diese ungelösten Probleme zu interessieren. Sie werden nach Änderungsmöglichkeiten im Kleinen wie im Großen suchen. Sie werden bei jeder Konsumhandlung kurz darüber nachdenken, welche Vorgeschichte sich in dem Produkt verbirgt und welche Folgen ihr Handeln wohl haben könnte. Junge Menschen werden sich vielleicht vermehrt entscheiden, Naturwissenschaften zu studieren, um die Zusammenhänge besser begreifen zu lernen, und alle Generationen werden die Widersprüche wieder als Aufforderung zur Veränderung begreifen und nicht als Gelegenheit, in den Kampf ziehen zu können. Sie würden anfangen, ökologisch zu denken.

Die aktuelle Öffentlichkeit ist weit von einer solchen neugierigen und suchenden Kommunikation entfernt. Die Hinderungsgründe werden in jedem einzelnen Kommunikationsakt reproduziert. Und auch der hier versuchte Vorschlag einer fragenden Öffentlichkeit kann entweder konstruktiv kritisiert oder diffamiert werden. Da er sich selbst als Vorschlag einer offenen und gewaltfreien Kommunikation versteht, wird ihm hoffentlich ebenso begegnet. Bis zu einer komplexitätstauglichen Öffentlichkeit ist es ein langer Weg. Der entscheidende Grund, diesen Weg dennoch einzuschlagen, besteht in der Einsicht, dass die Gewalt der Erde um ein Vielfaches größer sein wird als die Gewalt, die Menschen gegeneinander richten können. Die neue, noch nicht öffentliche Einsicht besteht darin, dass der Kampf um die Erde nur gewonnen werden kann, wenn er nicht als Kampf geführt wird.

ENDE

Die spätmoderne Öffentlichkeit ist in mehrfacher Hinsicht blockiert. Der einzelne Mensch fühlt sich angesichts der Dimension, die der Klimawandel hat, ohnmächtig. Er kann weder fühlen, welchen Anteil sein einzelnes Handeln daran haben soll, noch fühlt er sich in der Lage, an der Erdveränderung etwas aufzuhalten. Folgen sind die bekannten Ausbrüche von Panik oder kollektiver Resignation. Die breite Gegenwart mit ihrem Chaos von Aufregung und Spektakel ist das wahre Bild einer blockierten Gesellschaft. Jede Empörungswelle dient mehr dem Erhalt des Status quo als der Veränderung. Sie stillt das Bedürfnis nach Erregung und hält damit die Maschine der täglichen Ablenkung am Laufen. Bis hierher steht die Bestandsaufnahme in der Tradition klassisch linker Kritik an der bürgerlichen Öffentlichkeit. Deren Analyse der Kulturindustrie beschreibt den affirmativen Charakter der öffentlichen Kommunikation, in der die bestehende Ordnung gerade dadurch verteidigt wird, dass sie sich permanenter Kritik aussetzt. Doch dem Dilemma der Aufmerksamkeitsökonomie ist im Anthropozän ein weitaus gefährlicherer Bruder erwachsen. Hierbei handelt es sich um das Verhältnis, das der Mensch zur Natur einnimmt. Das cartesianische Subjekt zeichnet sich durch den einfachen, aber folgenreichen Gedanken aus, seine Selbstreflexivität zum Machtmittel über die Natur zu machen und zugleich diese

Fähigkeit als Legitimation zu verwenden, Macht über die Natur ausüben zu dürfen. In der spätmodernen Öffentlichkeit treffen nun virtuos trainierte Individuen aufeinander, die vor allem eigene Bedürfnisse zum Maßstab des Handelns machen und die gelernt haben, sich mit Hilfe von Empörung durchzusetzen und für Erregungen zu begeistern. Aus dem geistigen Vermögen, das den Menschen zum Herrscher über die Natur gemacht hat, wird eine Gier nach permanenter Steigerung: Mehr Konsum, mehr Flexibilität, mehr Innovation, mehr Empörung, mehr Erlebnis, mehr Individualität.

Damit wird ein Weg verfolgt, der immer weiter von dem entfernt, was einst Transzendenz genannt wurde und heute vielleicht Ökologie getauft werden könnte. Die Transzendenz besteht in der Provokation, den menschlichen Geist mit einer Instanz zu konfrontieren, die er nur als unerreichbaren Fluchtpunkt erfahren kann. Die Begeisterung durch den unverfügbaren Geist der Transzendenz unterscheidet sich kategorisch von der alltäglichen Begeisterung durch die Erregungsspiele der Spätmoderne. Eine solche profane Begeisterung hatte lange den politisch gewünschten Effekt, die Menschen in Unruhe zu versetzen, um Wachstum zu generieren und die bestehenden Verhältnisse durch Aufregung zu betonieren. Im Anthropozän wird diese Funktion durch die Emergenz komplexer Systeme kategorisch verschärft. Nun ist es nicht mehr nur so, dass die Verwandlung von Widersprüchen in Erregung die Verhältnisse affirmiert und die Steigerungsspirale die Grundlagen des Lebens zerstört, sondern das Verhältnis, das der Mensch zu sich selbst und zu seiner Umwelt einnimmt, wird hierdurch dergestalt blockiert, dass der Weg zu einem anderen Denken nicht gefunden werden kann. Die allgemeine, leerlaufende Erregung dient nicht mehr nur der jeweiligen Ordnung, sondern sie verhindert, dass die geistige Krise des Anthropozäns individuell empfunden und öffentlich kommuniziert werden kann. Jeder Versuch endet zwangsläufig in den Mustern der Aufmerksamkeitsökonomie und verwendet die Erregungsmittel, die es braucht, um überhaupt öffentlich gehört zu werden.

Die Lage ist also nicht nur ernst, weil der Klimawandel unabhängig von den menschlichen Versuchen, ihn denken oder beeinflussen zu wollen, weiter voranschreitet, sondern sie ist auch tragisch, weil die drohende Katastrophe zwar menschengemacht ist, aber von Menschen nicht mehr öffentlich kommuniziert werden kann. Die bekannten Pfade der Angstrhetorik, wie sie in Katastrophenerzählungen ausgemalt werden, lösen das gleiche folgenlose Lustgruseln aus wie alle anderen Versuche, kollektive Erregungen herzustellen. Die nüchterne Sprache der Wissenschaftler hingegen ist in dem Dilemma gefangen, die Autorität, die sich aus der selbstkritischen Methode speist, zu verlieren, wenn aus wissenschaftlichen Wahrheiten politische Propaganda wird. Umgekehrt bleiben die seriösen Fakten folgenlos für die Gesellschaft, wenn sie keine Übersetzung in die Sprache der politischen Handlungen finden. Die Protestkommunikation will auf diese Blockaden reagieren und versucht, in immer neuen Experimenten die Systemgrenzen zu sprengen. Indem sie ihr großes Nein gegen die ausdifferenzierten Systeme stellt, will sie die komplexe Gesellschaft wieder auf einer Frontlinie vereinen. Die Spaltungen des Protestes verwenden also die gleichen Mittel wie die Identitätspolitik oder der Populismus. Sie arbeiten an der Sichtbarkeit der eigenen Stimme, indem sie das Gesamt der Öffentlichkeit in einen Konflikt versetzen. Der künstlich hervorgerufene Ausnahmezustand kennt nur noch Freunde und Feinde. Er wiederholt genau die Mechanik, mit der sich das cartesianische Subjekt über die Natur stellt. Es wird eine kategorische Grenze gezogen, anhand derer sich die Welt neu ordnen soll. Der umweltfreundlichste Protest wiederholt damit die Methode, mit der die Erde überhaupt erst in die katastrophische Lage des Anthropozäns gekommen ist.

Demgegenüber hat das ökologische Denken seit jeher einen schweren Stand. Da das Denken in Macht und Opposition tief verwurzelt ist, finden die ungleich anspruchsvolleren Gedanken der Kybernetik, der rekursiven Verhältnisse und der symbiotischen Vernetzungen nur in pervertierten Formen Eingang in die öffentliche Kommunikation. Das fängt im Alltäglichen damit an, dass mit Ökologie als erstes der Bioladen assoziiert wird. Früher standen dort die weichen Ökos mit Latzhosen hinter Theken mit schrumpeligem Obst, heute stehen teure Autos davor, deren Besitzer durch Statuskonsum vorführen, dass sie zu den besseren Menschen gehören. Wenn es ein Bild gibt, in dem sich das ganze Dilemma des ökologischen Denkens anschauen lässt, dann sind es die Klischees der Bio-Bewegung.

Nun kann man mit Adorno resigniert feststellen, dass es eben im Kapitalismus kein ökologisches Denken geben kann,[133] und daraus trotzig folgern, dass es besser ist, etwas nicht ganz Richtiges zu versuchen, statt dem Falschen hinterherzulaufen. Ich neige auch eher zu dieser Einschätzung und halte das Klischee eines Versuchs für besser als die zynische Abgeklärtheit derjenigen, die sich darüber lustig machen. Doch zugleich sehe ich die Gefahr, dass der nur zum Viertel geglückte Versuch schließlich als ganzer Erfolg gefeiert wird. Ich verstehe diesen Text nicht als Kritik an denjenigen, die an irgendeiner Stelle anfangen, auf die Krise des Anthropozäns im Rahmen ihrer Möglichkeiten reagieren zu wollen. Doch ich behaupte, dass neben den vielen Formen des Protestes auch eine neue Form der geistigen Einstellung entwickelt werden muss. Denn nur ein weiter Blick für die ökologischen Zusammenhänge kann begreifen, wie unüberwindlich die Hürden sind, innerhalb einer cartesianisch-kapitalistischen Logik die Erde anders denken zu wollen.

Darum fürchte ich, dass es sehr viel mehr Mut und Ausdauer braucht, um sich dem Anthropozän mit einem ökologischen Bewusstsein nähern zu wollen. Der Mut besteht darin, die bekannten Wege der spätmodernen Erregung und der cartesianischen Distanz zu verlassen. Gefahren, die drohen, wenn man in die Esoterik der Privatreligion und individuellen Verweigerung fällt, sind bekannt. Sie sollten jedoch kein Hinderungsgrund sein; denn es besteht die Notwendigkeit, einen Schritt ins Unbekannte zu gehen. Der eigentliche Hinderungsgrund liegt an einer anderen Stelle. Was es braucht, um sich der Ökologie zu nähern, ist Demut. Es gibt in der Spätmoderne wohl kein menschliches Gefühl oder Verhalten, das weniger verlockend klingt und so abschreckend erfolglos ist wie Demut. Den Lauten, den Panischen, den Auftrumpfenden gehört die Welt. Und genau das ist das Problem. Ihnen gehört die Welt, und die Erde geht dabei kaputt.

Doch den Demütigen gehört die Zukunft, denn ohne sie wird es keine Zukunft geben. Sie hören besser zu, denn ihre Ohren sind feiner, weil sie nicht dauernd selbst schreien. Sie sind nicht frustriert, wenn ihr kleiner Beitrag nicht die ganze Welt rettet. Und sie verfallen nicht in Resignation, weil es unmöglich erscheint, das Unheil abzuwenden. Demut bedeutet, anzuerkennen, dass wir leben, weil es etwas gibt, das sehr viel komplexer und mächtiger ist als wir Menschen. Demut ist die psychologische Antwort auf die Transzendenz der Ökologie. Die in jeder Hinsicht heimatlosen Zeitgenossen der Spätmoderne verbringen ihre Lebenszeit damit, ihre Ängste und Ansprüche zu steigern. Der soziale Rahmen, den sie damit reproduzieren, erscheint ihnen so unveränderlich wie eine natürliche Ordnung. In dieser ideologischen Blindheit liegt das gesamte Problem einer demutsuntauglichen Gesellschaft. Denn weder ist die herrschende Ordnung so unveränderlich wie die Natur, noch ist die Natur etwas, das unveränderlich ist.

Die Natur ist für uns heimatlose Spätkapitalisten vollständig zu einem menschlichen Phantasma geworden. Sie ist Quelle des Reichtums und schützenswerte Idylle. Zugleich haben wir unsere sozialen Verabredungen zu einem natürlichen und darum zu einem von Menschen nicht zu verändernden Verhängnis erklärt. Alle diese Bilder der Natur sind falsch, und alle werden für die falsche Anstrengung benötigt, um die unendliche Gier im einzelnen Menschen wie in den Systemen zu befeuern. Das Verhängnis unseres Naturbildes besteht darin, dass es die eigene Lage für notwendig und unveränderlich hält und damit die Ökologie der Zusammenhänge unsichtbar macht. Die radikale Gegenbewegung besteht darin, die Ökologie als Provokation anzuerkennen. Wenig ist schwerer vorstellbar als ein dergestalt neues transzendentes Verhältnis. Doch statt vor dieser Unerfahrenheit zu resignieren, könnte sie die erste Provokation sein, die das hochmütige Denken wieder auf die Erde lenkt. Wir sind ökologisch unmusikalisch und diese Unmusikalität ist so groß, dass für unsere Ohren ein Satz über den Zustand der Welt, wie er noch vor wenigen Jahrzehnten formuliert werden konnte, heute schal klingt. Dass nur ein Gott uns noch retten kann,[134] erscheint wohl den meisten wie eine hohle Phrase. Mit ihr lassen sich eigene Untätigkeit und autoritäre Anweisung gleichermaßen begründen. Dass uns ein solcher Satz kalt lässt, ist jedoch kein Zeichen für eine gesellschaftliche Entwicklung, die fortschrittlich oder sinnvoll ist, sondern ein Alarmsignal dafür, wie komplex das Anthropozän uns konfrontiert und wie eindimensional das menschliche Bewusstsein nur noch darauf reagieren kann.

Die Transzendenz der Ökologie zeigt sich uns nicht von sich aus, und wir haben die kulturellen Mittel verlernt, mit denen frühere Gesellschaften versucht haben, das Transzendente in die menschliche Gegenwart zu holen. Oder, um es mit den Worten der Bibel zu sagen, es wird kein Moses mehr aus Ägypten ausziehen und zu Gott auf den Berg gerufen werden, um die Gesetzestafeln zu erhalten, und es wird ebenso wenig ein kollektives Ritual entstehen, das die Ohren für das Göttliche wieder öffnen kann. Das Anthropozän ist die Epoche, in der die Transzendenz ohne Gott und ohne Ritual erscheint. Ob es der Auszug von Millionen oder Milliarden Menschen sein wird, die durch den Klimawandel heimatlos werden und über die Erde ziehen, oder ob es die Viren sind, die unsichtbar unser Zusammenleben zur tödlichen Gefahr machen und sich dabei der menschlichen Kontrolle entziehen, oder ob es die sozialen Systeme selbst sind, deren Funktionen nicht mehr zu den Ansprüchen und Emotionen der Menschen passen und die darum rettungslos blockiert zugrunde gehen. Wir können die Apokalypse nicht voraussehen. Doch wir können uns daran erinnern, dass die demütige Arbeit an der Transzendenztauglichkeit einst auch den Zweck erfüllt hat, den Weltuntergang aufzuschieben. Wer die Nachtigall mit dem Herzen hören kann, der fühlt, dass nur ein Gott uns noch zu retten vermag. Wer aber weiß, dass Menschen die Augen der Singvögel ausstechen, damit sie in ewiger Nacht immer weitersingen, der ahnt, dass sich kein Gott finden wird, um uns zu retten.

ANMERKUNGEN

1 Das ist nicht neu, schon Balzac beschrieb in »Verlorene Illusionen« die Pariser Öffentlichkeit des 19. Jahrhunderts als launische Diva, die jeden jungen Mann und jede junge Frau aus der Provinz zugrunde richtet. Neu ist an der unberechenbaren Öffentlichkeit der Spätmoderne, dass jeder an ihr teilnehmen kann und darum auch jeder in ihr zum Thema werden kann. Bestand der Kampf vormoderner Öffentlichkeiten vor allem darin, überhaupt in ihnen vorzukommen, also berühmt zu werden, so ist der Zugang heute kinderleicht. Ab wann man dann berühmt ist und was das heute noch bedeutet, ist eine andere Frage.

2 In den Zeiten, in denen das Thema »Umwelt« modische Konjunktur hat, wird überaus viel darüber berichtet. Doch ebenso schnell verschwindet das Thema wieder aus den Schlagzeilen. Mit dem Auftreten des Corona-Virus Anfang 2020 gab es für die Öffentlichkeit keinen Klimawandel mehr. Auf die Launen der medialen Öffentlichkeit zu vertrauen ist darum leichtsinnig.

3 Hier folge ich vor allem der Theorie von Niklas Luhmann. Seine Veröffentlichungen sind zahlreich. Für unseren Kontext sind vor allem diese relevant: Soziale Systeme, Frankfurt/M. 1984. Ökologische Kommunikation, Opladen 1986. Die Gesellschaft der Gesellschaft, Frankfurt/M. 1997. Die Politik der Gesellschaft, Frankfurt/M. 2000.

4 Humberto R. Maturana, Francisco J. Varela: Der Baum der Erkenntnis. Die biologischen Wurzeln menschlichen Erkennens. Bern, München, Wien 1987.

5 Dass wissenschaftliche Expertisen z. B. von Klimaleugnern dennoch gekauft werden, um die politische Debatte zu beeinflussen, ist ein Beweis dafür, wie robust die Systemgrenzen funktionieren. Denn ein Missbrauch ist nur sinnvoll, solange die Überzeugungskraft der wissenschaftlichen Erkenntnis weiterhin nicht von ihrer Käuflichkeit abhängt. Das Brechen der Regel verschafft dem Verbrecher nur dann einen Vorteil, wenn alle anderen sich noch an die Regel halten.

6 Niklas Luhmann: Macht, Münster 1967.

7 Niklas Luhmann: Die Politik der Gesellschaft, Frankfurt/M. 2000, S. 286.

8 Hier ist die Systemtheorie anschlussfähig an die Theorie von Bruno Latour, die uns im 5. Kapitel beschäftigen wird.

9 Das Motto der Brexit-Befürworter versprach: »Take back control.« Nach dem gewonnenen Referendum scheint die Kontrolle jedoch noch weiter zu entgleiten, als es zuvor gegenüber der EU-Bürokratie den Anschein hatte.

10 Hier wird also Greta Thunbergs Metapher vom brennenden Haus einmal anders verwendet.

11 Jürgen Habermas: Moralischer Universalismus in Zeiten politischer Regression. In: Leviathan 48. Jg. 1/2020, S. 23.

12 Immanuel Kant: Beantwortung der Frage: Was ist Aufklärung? In: Ders.: Schriften zur Anthropologie, Geschichtsphilosophie, Politik und Pädagogik 1. Werkausgabe Band XI, hrsg. von Wilhelm Weischedel, Frankfurt/M. 1968, S. 55.

13 Die berühmte Unterscheidung geht auf Karl Popper zurück. »Im folgenden wird die magische, stammesgebundene oder kollektivistische Gesellschaft auch die geschlossene Gesellschaft genannt werden; die Gesellschaftsordnung aber, in der sich die Individuen persönlichen Entscheidungen gegenübersehen, nennen wir die offene Gesellschaft.« In: Die offene Gesellschaft und ihre Feinde. Band 1, Tübingen 1992 (1. Auflage 1957), S. 207.

14 Hier denkt man unwillkürlich an die moderne abstrakte Kunst, bei der erst das Vorwissen ermöglicht, die Negationsgesten entschlüsseln zu können. Wer die Kunst der Moderne kontextlos betrachtet, neigt zu banausischen Kommentaren wie z. B., dass ein solches Nichtkönnen auch von Kindern hätte vollbracht werden können.

15 Wenn z. B. in einer frühen Inszenierung von Frank Castorf die Schauspieler ihr Spiel unterbrochen haben und sich an die Bühnenkante setzten, um aus dem Neuen Deutschland vorzulesen, so offenbaren sie die Propaganda dieser Texte und waren zugleich schwer dafür zu kritisieren. Der gleiche Vorgang würde vor einem westdeutschen Publikum, dem die Bildzeitung vorgelesen wird, zu einer ganz anderen öffentlichen Kritik führen. Zwar wäre die Propaganda der Bildzeitung ebenso deutlich, doch läge darin kein Erkenntnismoment für das Publikum, und auch wäre es kein Tabubruch, da die Bildzeitung nicht das offizielle Publikationsmedium des Staates ist.

16 Detailliert beschreibt Philip Manow: (Ent-)Demokratisierung der Demokratie. Berlin 2020, die Paradoxien, die sich beim demokratischen Kampf gegen die Antidemokraten ergeben: »Das, was sich selbst zur Aufklärung erklärt, schafft aus sich heraus ein wucherndes Gebiet, das es als ›Gegenaufklärung‹ betitelt, und hat längst vergessen, was mit Dialektik früher einmal gemeint gewesen sein könnte.« S. 144.

17 Siehe Immanuel Kant: Beantwortung der Frage: Was ist Aufklärung? In: ders. Schriften zur Anthropologie, Geschichtsphilosophie, Politik und Pädagogik 1. Werkausgabe Band XI, hrsg. von Wilhelm Weischedel, Frankfurt/M. 1968, S. 53–61.

18 Dieses Ideal einer öffentlichen Vernunft stellt Volker Gerhardt: Öffentlichkeit. Die politische Form des Bewusstseins, München 2012, ausführlich dar.

19 Jürgen Habermas: Strukturwandel der Öffentlichkeit. Frankfurt/M. 1990 (1. Auflage 1962).

20 Jürgen Habermas: Politische Theorie. Philosophische Texte 4, Frankfurt/M. 2009, S. 59.

21 Habermas (2009) S. 64.

22 Habermas (2009) S. 64.

23 Jürgen Habermas: Die Einbeziehung des Anderen. Studien zur politischen Theorie, Frankfurt/M. 1996, S. 283.

24 Habermas (1996) S. 287.

25 Habermas (1996) S. 288.

26 Hierzu Hannah Arendt: Was ist Politik? München 2003, S. 50 ff. Und für die aktuelle Diskussion um die Legitimation demokratischer Verfahren. Pierre Rosanvallon: Die Gegen-Demokratie. Politik im Zeitalter des Misstrauens. Hamburg 2017. Und Ivan Krastev, Stephen Holmes: Das Licht das erlosch. Eine Abrechnung. Berlin 2019.

27 Jürgen Habermas: Faktizität und Geltung, Frankfurt/M. 1998, S. 436.

28 Andreas Reckwitz: Die Gesellschaft der Singularitäten. Berlin 2017.

29 Klaus Merten: Wirkungen von Kommunikation. In: Die Wirklichkeit der Medien. Hrsg. von K. Merten, S. J. Schmidt und S. Weischenberg, Opladen 1994, S. 291–328, hier S. 320 f.

30 DIE ZEIT, 23. Mai 2019.

31 Niklas Luhmann: Die Politik der Gesellschaft. Frankfurt/M., S. 286.

32 Brief an Arnold Ruge vom September 1843. In: Internationale Revue, 2007.

33 Diese Versuche haben in manchen Teilen noch eine große Erklärungskraft. Einer ihrer prominentesten Vertreter ist Slavoj Žižek.

34 Für die globale Perspektive siehe Pankaj Mishra: Das Zeitalter des Zorns. Frankfurt/M. 2017.

35 Andreas Reckwitz: Das Ende der Illusionen. Berlin 2019.

36 Der Name des Instituts lautet beeindruckend weltläufig »Berkeley Institute Framing International«. Dass dieses Institut womöglich nur aus einer Person besteht und mit der berühmten Universität von Berkeley nur insofern etwas zu tun hat, als diese Person, Elisabeth Wehling, dort einige Jahre gearbeitet hat, gehört zu den zahlreichen Nebenschauplätzen des Skandals.

37 »Framing-Manual. Unser gemeinsamer und freier Rundfunk«. Das Dokument wurde geleakt, es gibt also keine offizielle Veröffentlichung. Die alleinige Urheberin ist wohl Elisabeth Wehling, die mit ihrem Buch »Politisches Framing«, München 2018, eine Zeit lang beliebte Expertin für Politikberatung war.

38 Siehe hierzu die Untersuchungen der Otto-Brenner-Stiftung.

39 Framing Manual, S. 27 und S. 88.

40 Hierzu Kapitel 3. Political Correctness.

41 Andreas Reckwitz: Die Gesellschaft der Singularitäten, Berlin 2017, und ders.: Das Ende der Illusionen, Berlin 2019.

42 Andreas Reckwitz: Die Gesellschaft der Singularitäten, Berlin 2017.

43 Bernhard Schlink: Olga. Zürich 2018.

44 Dirk Baecker: Postheroisches Management. Berlin 1994.

45 Erving Goffman: Wir alle spielen Theater, München 1983 (1. Auflage New York 1959).

46 Den Anfang macht Jean-Francois Lyotard: Das postmoderne Wissen, Wien 1994 (1. Auflage 1979).

47 Hierzu Jean-Francois Lyotard: Der Widerstreit, 2. Auflage, München 1989.

48 Mit der Aufhebung ist hier natürlich ihr dreifacher Wortsinn gemeint: Der Widerspruch wird beseitigt, er wird auf eine neue Ebene gebracht und er wird konserviert. Er ist also nicht einfach aus der Welt verschwunden, sondern lebt in einer veränderten Form weiter, bis es zu einer neuen Konfrontation kommt. Die jährlichen Rituale der Tarifparteien sind z. B. die nüchterne Wiederholung der einst revolutionären Aufhebung des Klassenkampfes.

49 Siehe Kapitel 1. Die deliberative Öffentlichkeit.

50 Und bei einigen ist bis heute nicht der Groschen gefallen. Sie leben

noch immer in der Selbsttäuschung, dass es sich bei ihrer Theorie um eine subversive und kritische Haltung gegenüber dem Kapitalismus handeln müsse. Dass gerade bei Anhängern der Postmoderne die Aufklärung ihres blinden Flecks so oft misslingt, ist wiederum ihrem Theoriedesign geschuldet. Und dass sie besonders häufig im Kulturbereich anzutreffen ist, erschwert die Aufklärung noch einmal.

51 Nancy Fraser: Für eine neue Linke oder: Das Ende des progressiven Neoliberalismus. In: Blätter für deutsche und internationale Politik. 2, 2017.

52 Michel Foucault: Die Geburt der Biopolitik. Geschichte der Gouvernementalität II, Frankfurt/M. 2004.

53 Michel Foucault: Die Ordnung der Dinge, Frankfurt/M. 1974 (1. Auflage 1966). Das berühmte Zitat lautet: »dann kann man sehr wohl wetten, daß der Mensch verschwindet wie am Meeresufer ein Gesicht im Sand.« S. 462.

54 Das lateinische »subiectum« bedeutet wörtlich: das darunter Geworfene.

55 Diese Epoche dauert von der Achsenzeit 500 v. u. Z. bis zum Beginn der Neuzeit im 16. Jahrhundert. Zum Begriff der Achsenzeit Carl Jaspers: Vom Ursprung und Ziel der Geschichte. München 1983 (1. Auflage 1949).

56 Benedict Anderson: Die Erfindung der Nation. Frankfurt/M. 2. Auflage 1996 (1. Auflage 1983), und Herfried Münkler: Die Deutschen und ihre Mythen, Reinbek bei Hamburg 2010.

57 Die Begründung von Macht hatte schon immer auf eine Traditionslinie zurückgegriffen. So haben die römischen Kaiser ihre Herkunft von Troja und Karthago her behauptet, und die Päpste sehen sich bis heute als Nachfolger von Petrus an. Dass man eine Tradition absichtlich erfinden und mit einer paradoxen Konstruktion vor der Enttarnung schützen kann, ist eine Entdeckung der Neuzeit. Die Parallele zur antiken Hegemonieabsicherung besteht darin, dass der Gläubige wie der römische Kaiser vergessen haben, dass es einen Zustand gab, in dem man sich für den Glauben oder eine ferne Abkunft entschieden hat. Im Moment der Entscheidung hat sich die Wahlmöglichkeit selbst ausgelöscht. Den unreflektierten Glauben gibt es in der politischen Theologie der Neuzeit nicht mehr.

58 So der Fall der Bürgerrechtsaktivistin Rachel Dolezal, der von Mark Pitzke beschrieben wurde: Die weiße Schwarze. In: Der Spiegel 27.6. 2016.

59 Die reflexhafte Antwort der identitätspolitischen Aktivisten lautet in einem solchen Fall, dass die Frau sich zu Unrecht als PoC bezeichnet hätte, weil sie aufgrund ihrer hellen Hautfarbe keine Diskriminierung erlebt habe. Dieses Argument widerspricht jedoch einem anderen Grundsatz der Identitätspolitik, der besagt, dass die Kränkungserfahrungen allein vom Opfer beurteilt werden können. Nach dieser Logik kann die hellhäutige Frau sich als PoC diskriminiert gefühlt haben, ohne dass dieses von anderen überprüft werden kann. Wer die Regeln logischer Gleichheit verlässt und durch Ausnahmen ersetzt, gerät in ein Chaos von Widersprüchen, die nicht mehr aufzulösen sind.

60 Exemplarisch Gayatri Chakravorty Spivak: »Can the Subaltern speak?« Neuaufgelegt Wien 2008.

61 Arlie Russel Hochschild: Fremd in ihrem Land. Frankfurt/M., New York 2017.

62 Die Zeit, 10. September 2016. Im englischen Original hat Clinton von einem »Basket of Deplorables« gesprochen, in den die Anhänger Trumps gehören.

63 Luc Boltanski und Ève Chiapello: Der Neue Geist des Kapitalismus. Konstanz 2003.

64 Zur Liebeskommunikation und wie sie authentische Momente kreieren muss, um erfolgreich zu sein, siehe Niklas Luhmann: Liebe als Passion. Frankfurt/M. 1984. Zum Verhältnis der Schauspielkunst zur Mimesis (Schein) und Authentizität (Sein) siehe vom Autor: Kritik des Theaters. Berlin 2013. Zur Rhetorik siehe Kapitel IV. und die Figur der Aposiopese.

65 Hans Ulrich Gumbrecht: Unsere breite Gegenwart. Berlin 2010.

66 Dialektisch formuliert, ist die breite Gegenwart ebenso ein Resultat der postmodernen Denkweise, wie diese eine Folge des marktförmigen Umgangs mit Widersprüchen ist.

67 Wie zuverlässig ergänzend das Bewusstsein auf Negationen und Auslassungen reagiert, kann jeder selbst überprüfen. Woran denken Sie, wenn Sie den Satz hören: »Jetzt nicht an einen Elefanten denken!« Negationen und Auslassungen rufen automatisch das hervor, was sie gerade vermeiden wollen.

68 Interview mit Giovanni die Lorenzo. Die Zeit, Nr. 28 / 2017.

69 Peter Richter: 89/90. München 2015.

70 Zahlreiche Beispiele gibt Hanno Rauterberg: Wie frei ist die Kunst? Berlin 2018.

71 Julia Ebner warnt vor der generellen Tendenz der sozialen Medien, diese Spaltungen zu verhärten. »Facebook versprach im Jahr 2004, ›die Menschen zusammenzubringen‹. Die Plattform eröffnete neue Möglichkeiten mit anderen in Verbindung zu treten und zu einem neuen Netzwerk dazuzugehören. Aber genau damit trieb Facebook auch einen Keil zwischen die Menschen. Die Architektur der Plattform verstärkt bei den Usern das tribalistische Denken. Es befördert eine ›Wir gegen die‹-Haltung, die Gruppen gegeneinander aufhetzt. Es generiert künstliche Bindungen und ermuntert zum Ausschluss, zur Diskriminierung, zur Denunzierung oder gar zur Bestrafung derjenigen, die nicht dazugehören. […] die sozialen Medien haben Randgruppen, die diese Risse noch weiter aufreißen wollen, die Waffen in die Hand gegeben, ihre Tribes künstlich zu vergrößern. Im Ergebnis ist das so verstörend wie wenig überraschend: Es gibt zunehmend einflussreiche Netzwerke von Digital Natives, die an die archaischsten Instinkte der Menschheit appellieren. […] Und egal ob wir von ›Wertetribalismus‹ oder von ›Identitätspolitik‹ sprechen: Das digitale Zeitalter hat diese Phänomene merklich verschärft.« In: Radikalisierungsmaschinen. Wie Extremisten die neuen Technologien nutzen, um uns zu manipulieren. Berlin 2019, S. 279 f.

72 Hierzu vom Autor: Die Politik des Hochmuts. In: Cicero Online. 23. August 2019.

73 Beispiele aus der US-amerikanischen Geschichte bietet Yoni Appelbaum: Der Kampf um die US-Demokratie. In: Blätter für deutsche und internationale Politik, Heft 4/2020.

74 Vor allem beim Umgang mit der AfD ist ein solches Taumeln zwischen kurzfristigen symbolischen Erfolgen und langfristigen Problemen zu beobachten. So wird während einer gesamten Legislaturperiode die Frage ausgeblendet, welche Folgen es für die Demokratie hat, wenn die Mehrheit im Bundestag sich weigert, einen AfD-Vizepräsidenten zu wählen, und damit die stärkste Oppositionsfraktion an grundlegenden Rechten gehindert wird?

75 Im Juli 2020 wurde im *Harper's Magazine* ein Brief für die Meinungsfreiheit von einer großen Zahl berühmter Schriftsteller veröffentlicht. Die Gegenreaktion ließ nur wenige Tage auf sich warten und vollzog den erwartbaren Twist. Diejenigen, die sich Sorgen um die Meinungsfreiheit machen, sorgen sich eigentlich nur um ihre Privilegien. Der Universalismus wird also ein weiteres Mal zu einer partikularen Meinung gemacht.

76 Der kanadische Präsident Justin Trudeau, ein Liebling der globalen Identitätspolitik, hat sich vor Jahrzehnten auf einer Party das Gesicht schwarz geschminkt. Blackfacing-Alarm! Zu weiteren Beispielen und einer materialistischen Analyse der moralischen Verknappung siehe Angela Nagle: Die digitale Revolution. Bielefeld 2018.

77 Der Tweet von Harald Uhlig lautet übersetzt: »Drückt Euch aus! Habt Spaß! Aber macht nichts kaputt, ok? Und seid um acht zurück.« Ein Interview mit ihm findet sich hier: »Tragisches Missverständnis«, Die Zeit, Nr. 26, 2020, S. 26

78 Hengameh Yaghoobifarah: All cops are berufsunfähig, in: Die taz, 15. Juni 2020.

79 Philipp Oehmke: Die Zeit der Neutralität ist vorbei, in: Der Spiegel online, 11. Juni 2020.

80 Peter Pomerantsev: Das ist keine Propaganda. Wie unsere Wirklichkeit zertrümmert wird, München 2020. S. 175. Pomerantsev zitiert hier einen Text aus *The New Republic* vom 1. Juli 2014.

81 Hintergrund dieser Empörung war, dass Dieter Nuhr in seinem Satireprogramm Witze über Greta Thunberg gemacht hat. Das führte dazu, dass seine Betonung des Unterschieds von Wissenschaft und Religion als weitere Kritik an der Parole von Fridays for Future verstanden wurde, die fordern, dass alle der Wissenschaft folgen sollen.

82 Pomerantsev (2019), S. 185.

83 Intimkommunikation ist ein systemtheoretischer Begriff, mit dem Kommunikation beschrieben wird, in der Alter auf die Gefühle von Ego reagiert, ohne dass Ego diese hätte explizit kommunizieren müssen. Eine Situation gilt z. B. als intim, wenn das Frösteln des einen dazu führt, dass der andere die Heizung höher stellt. Hierzu Niklas Luhmann: Liebe als Passion. Frankfurt/M. 1986.

84 Dass alle diese Bezeichnungen aus dem Amerikanischen kommen, ist kein Zufall, da die Zerstörung der Öffentlichkeit dort bereits sehr viel weiter fortgeschritten ist und die wesentlichen Faktoren darum schon besser verstanden wurden.

85 Dass dann verlangt wird, diese Meinung politisch zu korrigieren, womit der Beweis für die Existenz der Political Correctness erbracht wäre, wird dann von den Korrektoren ignoriert. Ein weiteres Beispiel aus den ermüdenden Spielen der doppelten Standards.

86 Im alltäglichen Disput zeigt sich diese Leugnung häufig in der Aufforderung, Identitätspolitik zu definieren. Wird dann eine Definition gegeben, so wird diese als unzureichend abgelehnt. Dieses Spiel kann ewig fortgesetzt werden, was im Interesse der Identitätspolitiker ist, da es so nie zu einer Kritik an ihr kommen kann. Bekannt ist diese Methode von allen Machtdiskursen. Wer den Kapitalismus anklagen wollte, musste sich lange anhören, dass es so etwas doch gar nicht geben würde, sondern dass das alles einzelne, clevere Unternehmer sind usw. Wer Zusammenhänge leugnet, von denen er profitiert, ist im Vorteil. Hierzu vom Autor: Cancel Culture. Nur ein Storno an der Supermarktkasse. In: Cicero online, 23. August 2020.

87 In der Frühgeschichte der Erde hatten die anaeroben Mikroorganismen eine ähnlich revolutionäre Wirkung auf das Klima. Deren Umwandlung von CO_2 in Sauerstoff zu einem radikalen Umbau der Atmosphäre geführt hat, an deren Ende sie selbst ihre eigene Lebensgrundlage zerstört haben. Gerne wird dieser Atmosphärenumbau mit dem Anthropozän verglichen, doch die Ereignisse sind in jeder Hinsicht verschieden. Das eine hat einige 100 Millionen Jahre gedauert und es waren Billionen von Mikroorganismen daran beteiligt, deren Handeln ohne Intention und Geist passierte. Das andere vollzieht sich heute innerhalb weniger menschlicher Generationen, und nicht Mikroorganismen sind die Urheber, sondern die »geistige Krone der Schöpfung«.

88 Diese Funktion wird in der Systemtheorie als die doppelte Kontingenz der Kommunikation beschrieben. Sie ist Vorteil und Problem in einem. Der Vorteil besteht darin, dass jede Kommunikation die Freiheit erzeugt, was und wie die mitgeteilte Information verstanden werden kann. Der Nachteil besteht darin, dass keine Kommunikation sicher sein kann, ob und was der andere verstanden hat.

89 Dieser komplizierte Mechanismus wurde in Kapitel 3. Gespräche unter Feinden, dargestellt.

90 Und damit sind viele gegenwärtige Verzögerungen erklärt. Gerade weil die ausdifferenzierten Gesellschaften keinen archimedischen Punkt haben, sind sie langsam. Doch die Abwesenheit einer solchen Machtkonzentration an einem Punkt ist der beste Schutz vor totalitärer Herrschaft.

91 Diese Phase neigt sich jedoch dem Ende zu. Mit dem Aufstieg Chinas zur neuen Weltmacht erwächst dem westlichen Modell eine mächtige Konkurrenz. Das Gesellschaftsmodell der liberalen, kapitalistischen Demokratie verliert im Zeitraffer an Zustimmung. Nicht nur entstehen in allen Teilen der Welt andere autoritäre Regierungen, auch in den alten, liberalen Demokratien erstarken die antiliberalen Kräfte. Die Krise des Liberalismus hat viele Ursachen. Im Zusammenhang unserer Überlegungen steht der selbstproduzierte Rückfall in die tribalistische Politik des Stammesdenkens im Vordergrund. In den westlichen Gesellschaften schaufelt sich die offene Gesellschaft ihr eigenes Grab, indem sie ihre Offenheit dem Dauerstress immer neuer Spaltungen und aggressiver Sonderinteressen aussetzt. Die Blindheit der Identitätspolitik besteht darin, dass sie nicht sehen will, wie sehr sie eine funktionierende liberale Öffentlichkeit braucht, um ihre Interessen in einer antiliberalen Art vorbringen zu können. Sie verhält sich der liberalen Gesellschaft gegenüber wie ein ressourcenverschlingendes Unternehmen, das den Regenwald abholzt und nicht begreifen will, dass der Regenwald irgendwann abgeholzt sein wird. Die Welt erscheint dem globalen Kapitalismus noch immer so unbegrenzt, wie die Toleranz und Konfliktlösungskraft der offenen Gesellschaft ihren Feinden unendlich erscheint.

92 Greta Thunberg erwähnt selbst in einem Gespräch, dass Mahatma Gandhi ein Vorbild für sie ist. In: Die Zeit, Nr. 36, 27. August 2020.

93 Wie weit sich FfF inzwischen von einer solchen Möglichkeit entfernt hat, zeigt wiederum symbolhaft die kurze Twitter-Ermahnung einer Aktivistin. Mit teuren AirPod-Kopfhörern im Ohr fragt sie in dem ihr eigenen, kokett naiven Gestus, was wohl wäre, wenn nach der Corona-Pause weniger konsumiert würde. In der kurzen Videosequenz sind alle Probleme des Protestes vereint: Die Aktivistin ermahnt andere, statt selbst zu handeln. Sie spricht im gerade modernen Gestus des ironischen Engagements. Und sie glaubt, mit einem Videoschnipsel könnte die Welt erreicht und gerettet werden.

94 Die Systemtheorie steht aufgrund der Logik ihrer Gesellschaftsbeschreibung kritisch bis verwundert vor dem Phänomen des Protestes. Zusammengefasst findet sich diese Skepsis in der Überschrift: »Dabeisein und Dagegensein«. Dieser und andere Texte von Niklas Luhmann finden sich in: Protest. Hrsg. von Kai-Uwe Hellmann, Frankfurt/M. 1996.

95 Diese passende Metapher verwendet Armin Nassehi: Das große Nein. Hamburg 2020.

96 Dass wissenschaftliche Tatsachen eben nicht absolut gültig sind, ist Hauptkennzeichen der neuzeitlichen Wissenschaft. Zu den Folgeproblemen siehe Kapitel 5. Tatsachen und Meinungen.

97 So der treffende Buchtitel von Armin Nassehi (2020).

98 Niklas Luhmann: Kann die moderne Gesellschaft sich auf ökologische Gefährdungen einstellen?, in: Protest. Frankfurt/M. 1996, S. 62.

99 So das gleichnamige Buch von Melanie Amann, München 2017.

100 Siehe dazu 5. Die Krise der Öffentlichkeit im Anthropozän.

101 Diesen Begriff verwendet Karin Priester in ihren Publikationen zum Populismus.

102 Einen guten Überblick gibt noch immer Jan-Werner Müller: Was ist Populismus? Ein Essay. Berlin 2016. Und vom Autor: Das Gespenst des Populismus. Ein Essay zur politischen Dramaturgie. Berlin 2017.

103 Damit unterscheiden sich ihre Reden deutlich von denen ihrer deutschen Anhänger, bei denen der Klima-Populismus unmittelbar mit der Identitätspolitik verknüpft wird. Aus der geistigen Krise des Anthropozäns wird dann ein Kampf gegen das Patriarchat oder, wie oben beschrieben, einen Manager von Siemens.

104 Hier scheinen vor allem die tiefenökologischen Texte von Arne Næss Eingang gefunden zu haben: »Die Zukunft in unseren Händen. Eine tiefenökologische Philosophie.« Wuppertal 2013.

105 Das musste Angela Merkel lernen, als sie 2015 öffentlich auf ein Mädchen traf, dass sie unter Tränen fragte, warum sie von Abschiebung bedroht sei.

106 Einen ähnlichen Fall gab es im Präsidentschaftswahlkampf von Hillary Clinton. Sie war in einem öffentlichen Gespräch in Tränen ausgebrochen. Nun ging der Streit darüber, ob diese gespielt gewesen seien oder echt. Und auch die Folgeargumentation entzweite sich über die Frage, ob gespielte oder echte Tränen schädlicher für ihre Kampagne seien.

107 Jonathan Safran Foer: Wir sind das Klima! Köln 2019, S. 31.

108 Die Glaubenskrise wird von den Nietzscheanern hingegen als Beweis für seinen Tod genommen. Denn für sie existiert Gott nur, weil die Menschen an ihn glauben. Insofern handelt es sich um eine zirkuläre Argumentation, da sie Gott zu einer Fantasie des Menschen macht, womit dann bewiesen wäre, dass es ihn nicht gibt.

109 Diese Fokussierung auf die westlich säkularen Gesellschaften ist naheliegend, da sie die Quelle des alten wie neuen Geistes des Kapitalismus sind.

110 Slavoj Žižek drückt es ähnlich aus: »Ein Fundamentalist glaubt nicht, er *weiß* unmittelbar. [...] kurz, die wahre Gefahr des Fundamentalismus besteht in der Tatsache, daß er ein Bedrohung nicht etwa für das säkulare wissenschaftliche Wissen, sondern für den authentischen

Glauben darstellt.« Fundamentalisten gegen den Glauben, in: Ratzin-
ger-Funktion, Frankfurt/M. 2006, S. 106–107.

111 William James: Die Vielfalt religiöser Erfahrung. Frankfurt/M., Leip-
zig, 1994 (1. Auflage Clifford Lecture 1901/2).

112 Charles Eisenstein: Klima. Eine neue Perspektive. Berlin 2019, S. 351.

113 Michel Serres: Der Naturvertrag, Frankfurt/M. 1994, S. 82 f.

114 Eisenstein (2019) S. 353.

115 Timothy Morton: Ökologisch sein. Berlin 2019, S. 119.

116 Timothy Morten (2019) S. 120.

117 Bruno Latour: Die Hoffnung der Pandora. Frankfurt/M. 2000. Und
für die weiteren Überlegungen Bruno Latour: Das Parlament der
Dinge. Frankfurt/M. 2001. Bruno Latour: Wir sind nie modern gewesen. Frankfurt/M. 2008. Und für die Frage des Klimawandels
Bruno Latour: Kampf um Gaia. Acht Vorträge über das neue Klima-
regime. Berlin 2017.

118 Platon: Politeia, 7. Buch.

119 Dieser Konflikt wird im Populismus wiederholt und emotional zuge-
spitzt, indem er die Grenze zwischen dem wissenschaftlichen Wahrheitsregime und dem normalen Leben durch die Grenze zwischen
der Wir-Gruppe und ihrer Feinde ersetzt. In der Identitätspolitik
wird diese Mechanik noch einmal überboten, da sie ihre doppelten
Standards strategisch einsetzt. Die destruktiven Folgen für den Bereich der Politik und die Spaltung der Gesellschaft werden zu Gunsten eigener Erfolge ausgeblendet. Ein solches strategisches Verhältnis
zur Wahrheit ist jedoch kurzatmig. Solange die eigene Gruppe von
der Identitätspolitik und ihrer populistischen Politik profitiert, gilt
sie als gut, profitiert jedoch eine andere Gruppe, gilt sie sofort als
böse. Solange die wissenschaftlichen Wahrheiten der eigenen politischen Ansicht entsprechen, sollen alle ihnen folgen. Widerspricht
die Wissenschaft sich selbst oder der eigenen Ansicht, so gilt sie als
nur eine Möglichkeit unter vielen. Der doppelte Standard ist vorprogrammiert und führt zu unlösbaren Folgekonflikten. Dass er immer
widerspruchsloser angewendet werden kann, ist bereits eine Folge
des paradoxen Politikstils und zeigt, wie ruiniert das gemeinsame
Bewusstsein für die universellen Regeln inzwischen ist. Das ist
verhängnisvoll, da ein solches Bewusstsein im Anthropozän nicht
nur benötigt wird, sondern eine Erweiterung erfahren müsste, die
weit über den Bereich der universellen Menschenrechte hinaus-
weist.

120 Gregory Bateson: Ökologie des Geistes. Frankfurt/M. 1981.

121 Gregory Bateson, Mary Catherine Bateson: Wo Engel zögern. Unterwegs zu einer Epistemologie des Heiligen. Frankfurt/M. 1993, S. 249 f. Und das Zitat geht noch weiter: »Die Prämissen solcher Begegnungen waren oft allzu simpel, wie sie die Interpretation von Nachrichten durchdrangen, die Wahrnehmung prägten und sich allmählich in der Entfaltung von Ereignissen ausdrückten. Die Prämissen, die zum Konflikt zwischen Siedlern und Indianern führten, waren die gleichen wie diejenigen, welche die Zerstörung der Hochgrasprärie zur Folge hatten und die heute die Regenwälder Südamerikas und ihre Bewohner bedrohen.«

122 Bruno Latour: Das terrestrische Manifest, Berlin 2018, S. 34.

123 Parag Khanna: Unsere asiatische Zukunft, Berlin 2020.

124 Jonathan Franzen: Wann hören wir auf, uns etwas vorzumachen? Hamburg 2020. Erstveröffentlichung 8. September 2019 in *The New Yorker.*

125 Yuval Noah Harari: Homo Deus. München 2017.

126 Dieses Gedankenspiel ist von Gregory Bateson.

127 Zitiert nach Fritjof Capra: Das Tao der Physik. München 2012 (1. Auflage 1975), S. 141.

128 Bruno Latour bringt in seinem kämpferischen terrestrischen Manifest diese Fragen in eine realpolitische Form: »Woran hängen Sie am meisten? Mit wem können Sie leben? Wessen Überleben hängt von Ihnen ab? Gegen wen werden Sie kämpfen müssen? Wie lassen sich alle diese Agentien und Akteure ihrer Wichtigkeit nach in eine Rangfolge bringen?« S. 111.

129 So werden Bilder von glücklich über die Wiese wandernden Hühnern auf plastikverpackte Hühnerschenkel gedruckt, deren Tiere zu Lebzeiten keine Sekunde Tageslicht gesehen haben. Und das neue Wort »Tierwohl-Label« bringt die Lüge in die graue Logik einer durch Marketing aufgehübschten Amtssprache.

130 Diese logische Operation wird in der Systemtheorie »re-entry« genannt. Sie klingt abstrakt, beschreibt aber ein alltägliches Verfahren, bei dem die Bewertung einer Unterscheidung auf der einen Seite des Unterschieds wiederholt wird. Die Unterscheidung von Gut und Böse begreift sich selbst als gut. Und die Unterscheidung von Wahr und Falsch begreift sich selbst als wahr. Viele dieser re-entrys werden nicht mehr bewusst vollzogen, weil sie sich in den Unterscheidungen durch langen Gebrauch naturalisiert haben. Solche naturalisierten Unterscheidungen – wie z. B. Geschlecht oder Ethnie – sind dankbare Untersuchungsobjekte für die Cultural Studies.

131 Darum ist es in erhitzten Debatten so vorteilhaft, als erster den anderen als Faschisten beschimpft zu haben. Die Anwendung der Unterscheidung Faschist/Antifaschist versetzt denjenigen, der als erster den anderen auf die Seite Faschist gestellt hat, automatisch auf die Seite Antifaschist. Dass daraus ein Wettlauf wird, der immer schneller zu immer größerer Verdammung neigt, führt wiederum in die Sackgassen, zu der spätmoderne Kommunikation tendiert.

132 Die Trilogie umfasst »Die drei Sonnen«, »Der dunkle Wald« und »Jenseits der Zeit«.

133 Gemeint ist hier natürlich das berühmte Zitat, dass es kein richtiges Leben im falschen gibt.

134 Martin Heidegger im Spiegel-Gespräch, Heft Nr. 23, 1976.